Roswitha Defersdorf

Drück mich mal ganz fest

HERDER / SPEKTRUM

Band 4041

Das Buch

Daniel ist ein scheinbar ganz normales Kind. Und doch: Warum versteckt er sich voll Angst, wenn er ein Flugzeug hört? Wieso reagiert er auf manche Geräusche nicht und zieht sich so häufig zurück? Es sind solche kleinen Auffälligkeiten, die die Eltern von Daniel bald beunruhigen. Doch sie müssen die Erfahrung machen, daß kaum jemand diese vielen kleinen Störungen ernst nimmt. Als Daniel mit viereinhalb Jahren noch erhebliche Schwierigkeiten beim Sprechen hat, stellt sich heraus, daß er an einer weit verbreiteten und doch kaum bekannten Störung leidet: Einer leichten Fehlfunktion des Gehirns, die sich in unterschiedlichen Wahrnehmungsstörungen, Auffälligkeiten im Verhalten, in der Bewegung und in der Sprache äußern kann.
Nun beginnt die lange Suche nach geeigneten Therapiemöglichkeiten. Es gilt, Daniels Wahrnehmungsfähigkeit zu stärken, sein Körpergefühl zu sensibilisieren und so seine gesamte sprachliche und motorische Entwicklung zu fördern.
Von dieser minimalen Störung sind viele Kinder betroffen. Darüber, wie man sie erkennt und was man sinnvoll gegen sie tun kann, informiert dieses Buch. Es macht Mut, Probleme mit Phantasie und Vertrauen in die Fähigkeiten des Kindes zu lösen.
„Einmalig gut!“ (Jirina Prekop).

Die Autorin
Roswitha Defersdorf hat Sprachen studiert und theoretische und praktische Kenntnisse in der Psychologie des Kindes. Sie ist verheiratet und hat zwei Kinder. Sie lebt im fränkischen Raum. Bei Herder/Spektrum: Ach, so geht das! Wie Eltern Lernstörungen begegnen können (Band 4243).

Ingelid Brand, die das Vorwort schrieb, ist Sonderschullehrerin, Mitarbeiterin am Institut für Schulpädagogik und Bildungsforschung (ISB) und am Frostig Institut. Sie ist tätig auf dem Gebiet der ganzheitlichen Förderung von Kindern. Veröffentlichungen zum Themenbereich ganzheitliche Förderung bei Integrationsstörungen.

Roswitha Defersdorf

Drück mich mal ganz fest

Geschichte und Therapie eines wahrnehmungsgestörten Kindes

Mit einem Vorwort von Ingelid Brand

Herder
Freiburg · Basel · Wien

Gedruckt auf umweltfreundlichem,
chlorfrei gebleichtem Papier

Originalausgabe

11. Auflage

Umschlagfoto: Hartmut Schmidt
Satz: Fotosetzerei G. Scheydecker, Freiburg im Breisgau
Druck und Einband: Freiburger Graphische Betriebe 1997
Umschlaggestaltung: Joseph Pölzelbauer
ISBN 3-451-04041-7

Inhalt

Vorwort

„Alleine kann ich das nicht", scheinen immer wieder Kinderaugen in Kinderzimmern, auf Spielplätzen und bei Kinderfesten, in Kindergärten und Vorschuleinrichtungen sagen zu wollen.

Ängstliche, tolpatschige und fahrige Bewegungen, hektisches, unstetes Gehabe, plötzlich aufbrechendes aggressives Verhalten, auffälliges Sprechen, ungewandte Finger, ein offenstehender kleinkindlicher Mund, eine triefende Nase, ein aus der Hose heraushängender Hemdenzipfel, offene Schuhbändel und vieles mehr ziehen nicht selten die kritisch beobachtenden Blicke anderer Eltern auf diese Kinder.

Warum kneten, malen und basteln diese Kinder auch im späteren Vorschulalter nicht gerne? Warum haben sie Probleme mit dem Fahrradfahren, dem selbstverständlichen An- und Ausziehen und manchmal sogar noch mit dem Treppensteigen? Warum rennen sie gegen Gegenstände in ihrer Umgebung? Warum machen sie trotz bester Absicht und großer Vorsicht oft Dinge durch ihre Ungeschicklichkeit kaputt?

Der Blick dieser Kinder liegt bald forschend und herausfordernd, bald sehnsüchtig oder ängstlich auf einem Gegenstand oder einer Person, um dann sogleich wieder unstet über alles hinwegzustreifen und neue Reize zu suchen.

Spielgefährten, die zur Kontaktaufnahme und zur Nachahmung anregen, stören diese Kinder eher. Die Kinder verlieren sehr schnell den Überblick, ziehen sich zurück, geben sich frühzeitig geschlagen oder reagieren unvermittelt chaotisch und aggressiv auf eine Situation.

Immer wieder zeugen leichte bis schwere Verletzungen von dem natürlichen Drang und Willen dieser Kinder, die Welt zu erforschen. Sie zeigen jedoch auch ihr Unvermögen, mit all den Reizen ihrer Umgebung umzugehen, mit ihnen fertig zu werden und aus Erfahrungen zu lernen.

Spielen und damit Lernen gelingt diesen Kindern nicht nebenbei. Es erfordert von ihnen vielmehr größte Anstrengung und Konzentration.

Die Kinder haben Probleme bei der Wahrnehmung ihrer Umwelt mit all ihren Sinnen wie auch bei der Verarbeitung der aufgenommenen Sinnesreize. Sie können sich motorisch nicht angemessen verhalten und ausdrücken. Der Bereich der Gefühle und Stimmungen ist betroffen.

Die gesamte Entwicklung der Kinder wird von diesen Schwierigkeiten bereits in ihren Anfängen beeinträchtigt, sie wird verlangsamt und gestört. Folgeerscheinungen wie Sprach- und Sprechstörungen, Verhaltensstörungen und Schulprobleme stellen sich häufig ein.

Wahrnehmungs- und damit entwicklungsgestörte Kinder benötigen frühzeitig Hilfe, Motivation, Ermunterung und – eben viel, viel Zuwendung.

Sie benötigen aber auch äußerst klare Grenzen, innerhalb derer sie als individuelle Persönlichkeiten ernst genommen werden und sich frei entfalten können und dürfen.

„Drück mich mal ganz fest!" sagte kürzlich ein wahrnehmungsgestörtes Mädchen zu mir. Sie meinte damit: „Hab mich ganz lieb. Ich brauche diese zu-packende Liebe. Ich wünsche sie mir und kann sie auch ertragen." Es bedeutete aber auch: „Ich brauche dein Drücken, deinen festen Druck, um mich und dich körperlich und seelisch zu spüren. Ich brauche diese Haltepunkte und Grenzen, die du mir setzt, damit ich mich an ihnen festhalten kann."

Entwicklungsgestörte Kinder wollen und müssen auf sehr individuelle Weise an ihrer eigenen Höchstgrenze motivierend gefordert und gefördert werden.

Nur so gelingt es ihnen, ihre Umgebung allmählich „normal" wahrzunehmen, „normal" auf ihre Anforderungen zu reagieren und ihnen gerecht zu werden und damit den Anschluß an ihre Altersgenossen nicht zu verpassen.

Doch in welch schwieriger Lage befinden sich die Eltern solcher wahrnehmungs- und entwicklungsgestörter Kinder!

Sie beobachten meistens als erste Ungereimtheiten, Auffälligkeiten, Störungen im Verhalten ihrer Kinder. Sie können sich diese aber nicht erklären. Es kommt zu Auseinandersetzungen innerhalb der Familie, zu Gesprächen mit weiteren Familienangehörigen oder guten Bekannten. Irgendwann gehen viele Eltern mit ihrem Kind zum Arzt oder zu einer Beratungsstelle. Vielleicht finden sie dort jemanden, der die Probleme der Wahrnehmung und Motorik und deren Konsequenzen für die kindliche Gesamtentwicklung kennt. Sicherlich erhalten sie in diesem Fall den dringend notwendigen Rat und entsprechende Hilfe.

Viel häufiger aber bekommen sie die Auskunft, ihr Kind sei ganz „normal", vielleicht ein „Spätentwickler". Sie sollten sich nur keine Sorgen machen, alles gäbe sich von alleine.

Nicht selten wird auch den Eltern selber die Schuld an der Entwicklung ihres Kindes zugeschrieben: Sie seien übertrieben ängstlich, überbesorgend, nicht streng genug, inkonsequent u. ä.

Da die elterlichen Beobachtungen nicht in ein bekanntes und typisches Störungs- oder Krankheitsbild eingeordnet werden können, werden die Sorgen der Eltern oft nicht ernst genug genommen.

Die Eltern werden auch nicht angeleitet, die individuellen Schwierigkeiten ihres Kindes genauer zu sehen und sie zu verstehen. Sie können daher weiterhin nur schlecht mit den Problemen umgehen, ja sie verstärken diese sogar noch durch unangemessenes Reagieren. Sie werden damit ihren Kindern immer weniger gerecht. Ein Teufelskreis hat begonnen.

Die Eltern sind sich auf solch eine Beratung hin auch nicht bewußt, daß ihr Kind dringend eine systematische, gezielte, ganzheitlich ausgerichtete Hilfe benötigt. Sie lernen nicht, selber eigene sinnvolle Fördermaßnahmen für das Kind zu finden und diese lustbetont in den häuslichen Familienalltag einzubauen. Sie können daher ihrem Kind nicht in seiner Entwicklung gleichsam „nebenbei" weiterhelfen.

All diese Situationen schildert das vorliegende Buch:

Aus der Sicht einer betroffenen Mutter entsteht vor dem inneren Auge des Lesers das Bild eines wahrnehmungsgestörten, sprachbehinderten Kindes mit all seinen Freuden, Nöten und Ängsten. Die Problematik des Familienalltages mit einem solchen Kind wird deutlich.

Der Leser erlebt die anfängliche Ahnungslosigkeit und Hilflosigkeit der Eltern den Problemen ihres Kindes gegenüber. Er geht mit auf die Suche nach verstehendem Rat, nach geeigneten Fördermaßnahmen und entsprechenden Einrichtungen. Er hat teil an den Fortschritten wie auch den immer wieder neu auftretenden Schwierigkeiten und Rückfällen des Kindes bis zu seinem Schuleintritt.

Dieses Buch sollte interessierte und betroffene Leser ermuntern, Kinder genauer zu beobachten, eigene Beobachtungen mit Hilfe einer fachkundigen Beratung zu deuten, die erkannten Probleme tatkräftig anzupacken und Fördermaßnahmen zu organisieren.

Vor allem aber sollte es auffordern, angemessene Fördersituation – möglichst unter Anleitung – selber zu gestalten und damit den betroffenen Kindern innerhalb ihrer wichtigsten Umgebung, nämlich der Familie, zu helfen.

Dieses Buch regt zum Weiterlesen, zum Überdenken und zur Nachahmung an.

Es sollte Eltern, Erzieher, Therapeuten, Ärzte und alle an der Entwicklung von Kindern beteiligten Personen hell-hörig und weit-sichtig gegenüber Wahrnehmungs- und Entwicklungsproblemen machen, auch wenn diese im Moment noch so leicht erscheinen.

Ingelid Brand

Die Zeit bis zum Beginn der Therapie

Die ersten drei „normalen“ Jahre

„Der Fregger hat die Nabelschnur um den Hals.“ Diese locker hingeworfene Bemerkung des entbindenden Arztes war der erste Satz, den wir nach der Geburt unseres Sohnes Daniel am 26. Juni 1984 hörten. Er schrie gleich und sah gesund und kräftig aus. Im Vorsorgeuntersuchungsheft sind seine APGAR-Werte mit 9, 9 und 10 angegeben. Die Geburt war sehr schnell und komplikationslos verlaufen. Daniel war so schnell da, daß er uns beinahe ins Picknick hineingeplatzt wäre. Die Wehen waren von Anfang an in kurzen Abständen gekommen, so daß er sich in den Wehenpausen vielleicht nicht so recht erholen konnte. Aber es ging alles so schnell, und die Nabelschnur war nur ganz, ganz locker um seinen Hals gelegen. Überglücklich darüber, daß alles so glattgegangen war und wir den Kreißsaal noch rechtzeitig erreicht hatten, schlossen wir unser zweites Kind in die Arme. Drei Jahre vorher hatten wir eine Tochter bekommen. Sie heißt Julia. Lange schauten wir Daniel an und streichelten ihn behutsam. Er gähnte und schlief bald ein.

Daniel wurde ein bequemes, zufriedenes Baby. Ich stillte ihn ein gutes Jahr, bis er sich selber entwöhnte. Er trank immer gut und zügig. Als er älter wurde, ließ er sich beim Stillen leicht ablenken. Aber ist das nicht bei allen Säuglingen so? Er war fast immer zufrieden und weinte nur, wenn er eine frische Windel brauchte, hungrig war oder er es zu warm oder zu kalt hatte und auch wenn um ihn herum zu viel los war. Unser Töchterchen hatte die ersten Monate sehr viel geweint. So genossen wir den pflegeleichten Sohn ganz besonders. Ich kam nicht auf den Gedanken, daß er vielleicht zu ruhig war.

Als unser Sohn ein halbes Jahr alt war, wurden wir auf einmal unruhig. Er reagierte nicht sichtbar auf Geräusche. Wenn wir seitlich hinter ihm mit einem Glöckchen klingelten, drehte er sich nicht um. Unser Kinderarzt Dr. Schneider riet uns, sicherheitshalber die Gehörlosenschule aufzusuchen, um eine eventuelle Schädigung des Gehörs möglichst früh zu erkennen. Ich ging dorthin und erfuhr nach der Untersuchung: „Der ist nur zu faul zu reagieren. Der Daniel hört ausgezeichnet. Sie brauchen sich keine Sorgen zu machen!“ Wir waren erleichtert und auch der Kinderarzt. Der Verdacht, daß irgend etwas nicht stimmen könnte, wurde zu den Papieren gelegt. Auch in den folgenden Monaten wurde vieles auf Daniels angebliche Bequemlichkeit geschoben. Dabei war er gar nicht bequem, er konnte nicht anders. Aber das wußte damals niemand. Leider war es keinem in den Sinn gekommen, unseren Sohn aufgrund einer einmal befürchteten Beeinträchtigung besonders genau zu beobachten. Nur gar zu gern hatten wir uns beruhigen lassen. Die instinktive Sorge einer Mutter, die bereits ein Kind geboren hatte, war nicht ausreichend ernst genommen worden.

Daniel war nach wie vor ein sonniges Baby. Ganz ruhig und zufrieden war er. Gelegentlich machte er mit seinen Lippen blubbernde Geräusche. Er schaute und schaute und lachte immer wieder. Mit knapp neun Monaten drehte er sich erstmals vom Bauch auf den Rücken und zurück, von Sitzen war noch keine Rede. Überhaupt war die motorische Entwicklung langsamer als bei unserer Julia. Wir dachten, jedes Kind hat sein eigenes Entwicklungstempo, das ist alles noch im normalen Rahmen. Die untersuchten Reflexe waren normal, und bei allen Vorsorgeuntersuchungen, bis hin zur U 8, kreuzte unser übrigens hochgeschätzter und umsichtiger Kinderarzt „unauffällig“ an. Mit dreizehn Monaten kam Daniels erster Zahn. Na ja, das war schon sehr spät. Um diese Zeit machten wir eine zweieinhalbstündige Flugreise. Es bereitete mir große Schwierigkeiten, unseren Sohn ruhigzuhalten. Alles war anders als zu Hause, und Daniel wurde zunehmend quengelig. Da ich im Flugzeug nicht auf und ab gehen konnte, was ihn sicher beruhigt hätte, ließ ich ihn fast die ganze Zeit an der Brust nuckeln. Stillen konnte ich das nicht nennen. Unter meinem Pullover war er von der Außenwelt abgeschirmt. Seine große Unruhe strengte mich sehr an. Dieses Verhalten hatte ich bei ihm noch nicht beobachtet.

Im Alter von etwa fünfzehn Monaten begann Daniel frei zu laufen. Eine aufregende Zeit begann. Auf einmal war er mobil. Er hat vorher so gut wie nicht gekrabbelt und war immer nur auf dem Boden oder im Bett gelegen beziehungsweise in der Wippe gesessen. Es gibt viele Kinder, die diese Phase des Krabbelns überspringen. Damals wußte ich noch nicht, daß die Diagonalbewegungen beim Krabbeln für die Entwicklung des Gehirns und damit für die gesamte kindliche Entwicklung von großer Bedeutung sind. Stundenlang sollte ich später mit dem größeren Kind gemeinsam durch die Wohnung krabbeln, um Versäumtes aufzuholen.

Daniel war immer überall und nirgends, er entwickelte eine unglaubliche Entdeckerfreude. Wir freuten uns an seiner Neugierde und staunten über seine schier unerschöpflichen Kraftreserven. Schon mit achtzehn Monaten war er zu keinem Mittagsschlaf mehr zu bewegen. Ohne Pause war er von früh bis spät auf Abenteuersuche. Die größere Schwester machte damals noch einen ausgiebigen Mittagsschlaf. Das stellte bisweilen mein pädagogisches Geschick auf die Probe. Der anfangs so ruhige und pflegeleichte Daniel war ein lebhafter Junge geworden. Er untersuchte alles, begriff schnell, wie es funktionierte, und ging zum nächsten über. „Seien Sie froh, besser als ein traniges Kind!" sagte meine Nachbarin. In den ersten Jahren schien Daniels Entwicklung völlig normal zu verlaufen. Offenbar fiel niemandem etwas auf, was nicht auch bei anderen Kindern zu beobachten wäre.

Seit der Zeit, in der Daniel mobil wurde, gab es immer wieder Ärger mit verschiedenen Nachbarn. Daniel halte sich nicht an die Mittagspause und bleibe auch nicht ruhig im Sandkasten sitzen, sondern habe schon einmal heftig mit einem Stein an der Haustüre gekratzt, und manchmal schreie er wie am Spieß, nur weil ich ihm etwas nicht erlaube. Viele Ratschläge mußten wir uns anhören: „Wir haben da früher Ohrfeigen bekommen. Machen Sie es doch auch. Das wird ihn zur Vernunft bringen. Oder, falls Sie zu einer vernünftigen Erziehung nicht bereit sind, könnten Sie das Haus von 7 bis 19 Uhr verlassen. Das nur, damit Sie sich Ihre vielen Sympathien nicht verscherzen." In meiner Verzweiflung über so viel Intoleranz und Ärger wandte ich mich an das Ordnungsamt, klagte dort mein Leid und fragte nach den Rechten unserer Kinder. Ich erfuhr, daß sie außer zur Mittagszeit und in der Nacht keine besondere Ruhe zu geben hätten. Und kleine Kinder würden eben auch dann gelegentlich weinen. Wir leben als einzige Familie mit Kindern in einem Sechs-Familien-Haus. Unsere Nachbarn haben zum Großteil nie Kinder gehabt und meinen als arbeitende Bevölkerung einen Anspruch auf absolute Ruhe ab 17 Uhr zu haben. So sah ich die Ursache für den Ärger mit dem Spielen und Streiten unserer Kinder in ihrem Unverständnis den Bedürfnissen einer jungen Familie gegenüber. Ich hatte nicht den Eindruck, daß unsere Kinder lauter waren als andere. In der Umgebung unserer meist älteren Nachbarn fiel ihr Lachen und Weinen einfach mehr auf, als wenn ringsum fröhliches Treiben geherrscht hätte. Kurzum, den Nachbarn teilte ich mit, daß ich mich weiterhin um Einhaltung der allgemeinen Ruhezeiten bemühen würde und daß sie sich mit Beschwerden in Zukunft ausschließlich an das Ordnungsamt wenden sollten. Damit war der Ärger beendet. In der Zwischenzeit hat sich ein positives Verhältnis zur Nachbarschaft entwickelt.

Daniel fing spät mit dem Sprechen an. Er entwickelte eine eigene Kindersprache, die nur die Schwester und ich verstanden. Das ist am Anfang bei den meisten Kindern so. „Tu doch so, als ob du ihn nicht verstehst, dann wird er sich mehr Mühe geben!" riet mir unsere eine Oma, die ja nur das Beste für den kleinen Daniel wollte. Das haben wir glücklicherweise nie gemacht. Als Baby hat Daniel kaum und auch weniger melodiös als andere Kinder gelallt. Jetzt war er in der Sprachentwicklung hinter Gleichaltrigen zurück. Ich sprach unseren Kinderarzt darauf an. „Macht es Sie nervös? Sie sprechen doch langsam und deutlich und reden mit ihm sicher auch ausreichend und nicht in der Babysprache. Sie dürfen nur nicht an ihm herumkorrigieren, sonst fängt er am Schluß noch an zu stottern. Vor dem fünften Lebensjahr möchte ich kein Kind zum Logopäden schicken." Dr. Schneider notierte bei der U 7 eine verzögerte Sprachentwicklung und bei der U 8 Dyslalie und Dysgrammatismus. Wir hatten uns von unserem Kinderarzt immer gut beraten gefühlt und hatten großes Vertrauen. „Wenn Sie Daniels Sprachentwicklung nicht nervös macht, dann warten Sie noch etwas."

Bemerkenswerte Auffälligkeiten neben der Sprachentwicklung waren unserer Beobachtung nach nie aufgetreten. Die motorische Entwicklung hatte sich allem Anschein nach normalisiert, denn er bewegte sich den ganzen Tag. Daniel machte einen gesunden, aufgeweckten Eindruck, und er war immer so, wie er eben war. Ihm schien nichts zu fehlen. Es gab keinen Anlaß zu irgendeiner Besorgnis. Daher hatte ich Herrn Dr. Schneider nie gefragt, ob ihm auch alles normal vorkomme. Die Schwierigkeiten, die Daniel letztlich hatte, sind nur sehr schwer aufzudecken, da eben nur eine minimale Störung vorliegt. So hat sie unser Kinderarzt, der unseren Daniel nur selten und zudem nur in der Praxissituation erlebte, nicht erkannt.

Kurz nach Daniels viertem Geburtstag unternahm ich mit Freunden und unseren Kindern eine Bergwanderung. Wir übernachteten zweimal in einer Hütte. Daniel war genauso wie all die anderen Kinder. Nur konnte er am Morgen, wenn die meisten noch schliefen, keine Ruhe mehr geben. Die anderen Kinder blieben liegen oder beschäftigten sich leise. Daniel war bald als Muezzin bekannt. Denn er rief immer wieder: „Morgen, aufstehen!" Irgendwie konnte er sich nicht so recht einfügen und anpassen. Die Freunde fragten mich, ob ich ihn nicht mit etwas mehr Strenge dahin bringen könnte, die anderen schlafen zu lassen? „Nein", mußte ich sagen, „das glaube ich nicht." – „Herrschaft, das muß doch möglich sein." – „Nein! Das glaube ich nicht." Doch konnte ich meine Vermutung nicht begründen. Ich gab mir größte Mühe, aber ich hatte leider keinen Erfolg. Auch Julia schimpfte, denn auch sie hätte gern länger geschlafen. Gerade der Kleinste brauchte so wenig Schlaf. Bei dieser Wanderung war ein Logopäde dabei. Ich sprach ihn nicht auf Daniels Sprachentwicklung an, da das Gespräch mit dem Kinderarzt erst kurz zurück lag. Und er sprach mich auch nicht an.

Wochen später traf ich wieder mit ihm zusammen. Dieses Mal fragte ich ihn, ob und wann er mir zum Beginn einer logopädischen Behandlung raten würde. Ich sollte selber einmal vier Wochen lang versuchen, mit ihm einfache Satzmuster zu üben, ganz spielerisch. Beim Spazierengehen könnte ich zum Beispiel einfache Dreiwortsätze bilden wie „Ich sehe einen Baum." Daniel sollte dann sagen: „Ich sehe ein Haus." Falls das nichts helfen würde, sollte ich mich beim Logopäden anmelden. Zu Hause griff ich den Spielvorschlag auf. Ich sagte Daniel, daß ich ein neues Spiel mit ihm spielen wollte, und erklärte es ihm. Er hörte mir interessiert zu, und ich fing an. „Also, ich sehe ein Haus." Daniel gefiel meine Spielidee überhaupt nicht: „Du dein bödes Guckpielchen leine mach kannst, ich zu doof find das." Das war das Ende dieses Spiels, und ich meldete Daniel beim Logopäden an. Ob er da besser mitmachen würde? Ich hatte kein gutes Gefühl. Ich bekam bei drei Monaten Wartezeit einen Termin für Anfang Dezember.

Daniel ging seit einem knappen Jahr in den örtlichen Kindergarten. Auch dort fragte ich wegen seiner verzögerten Sprachentwicklung nach. Ich war nie darauf angesprochen worden und hatte meinerseits früher nicht gefragt, weil ich nach den Gesprächen mit dem Kinderarzt keinen Anlaß zur Besorgnis sah. „Ja, gehen Sie einmal zum Logopäden. Jetzt würde ich an Ihrer Stelle etwas unternehmen". Ansonsten zeigten sich die Erzieherinnen über Daniels Verhalten im Kindergarten sehr erfreut. „Er ist so ein sonniges Kind, ein unglaublicher Schmuser. Einen Freund hat er noch nicht gefunden, er schließt sich eher einem Spiel als einem Kind an. Solche Kinder gibt es immer. Daniel ist ein Einzelgängertyp." Ganz paßte die Charakterisierung nicht in unser Bild. Daniel hat ein großes Bedürfnis nach Zärtlichkeiten, das stimmt. Und sonnig kann er auch sein. Aber Einzelgänger? Bestimmt nicht. Übrigens: ich sprach von Daniels verzögerter Sprachentwicklung. Selbst ein kleines Kind habe ich nie so sprechen hören wie unseren Sohn. Er sprach wie ein Ausländer, der keine Grammatik gelernt hatte und nur Wörter aneinanderreihte. Daniel sprach anders als andere Kinder. Wir wurden unruhig. Da war unser Sohn knapp viereinhalb Jahre alt.

Sprache, Motorik und Verhalten gestört?

Im November besuchten wir für ein verlängertes Wochenende gute, alte Freunde, die wir aufgrund der Entfernung nur selten sahen. Wir freuten uns sehr auf das Wiedersehen mit Hannelore und Wolfgang. Ihre beiden Kinder paßten im Alter gut zu den unseren. Dort angekommen, verschwanden Daniel und Julia schnell im Kinderzimmer. Die Kinder hüpften vom Stockwerkbett hinunter auf eine große Matratze und kletterten wieder hinauf. Daran fanden Julia und die Kinder unserer Freunde viel Spaß. Daniel hüpfte nur einmal und sah sich anschließend fast verlegen im Kinderzimmer um.

Während die Kinder miteinander beschäftigt waren, unterhielten wir Erwachsenen uns und erzählten und erzählten. Daniel kam oft zu mir. Er war hier schließlich noch fremd und auch der Kleinste. Er drückte sich an mich, und ich streichelte ihn. Dann ging er wieder für eine Weile zu den anderen Kindern. Unsere Freundin war an der örtlichen Sprachheilschule tätig. So sprach ich sie auf Daniels Sprachentwicklung an. Ob sie bereit wäre, mir etwas dazu zu sagen? „Ich erzähle dir gern etwas zu diesem Thema, ich bin geradezu erleichtert, daß du mich selber darauf ansprichst. Ich habe es fast nicht mehr ausgehalten. Wenn du nichts gesagt hättest, dann hätte ich dich angesprochen. Aber wenn ich einmal anfange, dann dauert das Stunden, und das mußt du wissen.“ Ich wollte ihr gern zuhören. Zwei lange Abende und Nächte erklärte Hannelore mir die Ursachen und Behandlungsmöglichkeiten von Daniels Sprachstörung. Aus der verzögerten Sprachentwicklung war eine Sprachstörung geworden.

Hannelore liebte ihren Beruf. Für ihren Unterricht hatte sie erst vor kurzem ein neues Konzept auf der Basis von den Methoden Jean Ayres’ entwickelt. Ihr Buch mit dem Titel „Bausteine der kindlichen Entwicklung“ sollte für mich ein Schlüssel zum

Verständnis unseres Sohnes werden. Hannelore begann: „Am auffälligsten ist bei eurem Daniel die Sprache. Das Kind kann keine Grammatik. Diese Störung heißt Dysgrammatismus.“ Von Dysgrammatismus hatte auch Dr. Schneider gesprochen. Daher kannte ich das Wort. Ich ahnte aber nicht, daß sich dahinter eine schwerwiegende Störung verbirgt. „Eine in der Grammatik gestörte Sprache bedeutet, daß im Gehirn minimale Funktionsstörungen vorliegen. Im Gehirn werden alle unsere Wahrnehmungen verarbeitet, die bewußten und die unbewußten. In der frühesten Kindheit entwickeln Kinder die Fähigkeit, unbewußte Wahrnehmungen zu verarbeiten. Danach erst lernen sie, bewußt wahrzunehmen. Bei Daniel kam es vermutlich in der ganz frühen Zeit zu Störungen. Eine Folge solcher Störungen ist der Dysgrammatismus.“ Hannelore erklärte mir die Zusammenhänge und riet mir, das genannte Buch zu besorgen. Die Autorin spricht darin bewußt Eltern an und bemüht sich um eine gute Lesbarkeit. „Das Buch wird dir helfen, die Ursachen dieser Störung und den therapeutischen Ansatz zu verstehen. Du wirst nach der Lektüre eher in der Lage sein, aus Therapiestunden Gewinn für den Umgang mit deinem Kind zu ziehen, und Ideen haben, wie du die häusliche Umgebung mit relativ einfachen Ideen so umgestalten kannst, daß Daniel auch daheim allein durch das gezielt ausgewählte Angebot Förderung erfährt.“ Ich schrieb mir den Titel und die Autorin auf.

„Leider ist bei einem Dysgrammatiker nicht nur die Sprache auffällig“, fuhr Hannelore fort, „sondern auch manche Verhaltensweisen und Bewegungen. Ich nenne dir jetzt tausend Kleinigkeiten, die wir bei vielen Kindern beobachten können und für die es immer irgendeine Erklärung gibt, soweit sie uns überhaupt bewußt werden. Diese Kleinigkeiten haben etwas Gemeinsames, das eng mit dem Fehlen der richtigen Reihenfolge im Wort- und Satzgefüge zusammenhängt.“ Ich erschrak, denn Daniels Verhalten hatte ich immer normal gefunden, manche Kinder sind eben so und andere sind so. Hannelore spürte mein Erschrecken. „Ich verstehe, daß du erschrickst, und ich staune, daß dir sein Verhalten nicht aufgefallen ist, wo du so genau beobachten kannst. Ich will dir gleich sagen, daß du sehr wohl etwas gegen diese Störungen machen kannst. Der Zeitpunkt für eine Therapie ist auch günstig. Bis zum achten, neunten Lebensjahr kann eine Therapie sehr viel bewirken. Danach festigt sich das Gehirn, und die Fortschritte werden deutlich langsamer. Mit zwölf Jahren ist dieser Prozeß dann im allgemeinen abgeschlossen. Ihr hättet mit einer Therapie natürlich früher anfangen können, je früher, desto besser. Daniel ist jetzt viereinhalb Jahre alt, das ist ein guter Zeitpunkt für den Beginn. Euer Sohn hat ziemlich sicher eine Minimale Cerebrale Dysfunktion (MCD). Das ist eine Funktionsstörung und keine organische Krankheit. Solche minimalen Störungen können sich unterschiedlich auswirken. Es sind aber immer die Motorik und das Verhalten in irgendeiner Form betroffen, da diese Bereiche eng miteinander verknüpft sind. Jean Ayres vergleicht das Problem mit einer Stadt, in der mehrere Ampeln ausgefallen sind und wo es demzufolge zu Stauungen kommt. Dann müssen Polizisten den Verkehr regeln, bis die Ampeln wieder funktionieren. Bei geeigneter Therapie werden sich bei Daniel die Sprache, das Verhalten und die Motorik normalisieren. Ohne Therapie werden sie sich verhärten und Folgestörungen hervorrufen. Ihr müßt etwas tun, und zwar möglichst bald."

Ich fragte Hannelore, was ihr an Daniels Verhalten auffiel. Sie holte tief Luft und begann: „Er ist in der fremden Umgebung ängstlich und ist sehr viel bei Dir. Es ist ihm kaum möglich, mit den anderen Kindern „einfach" zu spielen und sich in eine Gruppe einzuordnen. Außerdem kann er nicht zählen. Wenn er zählt, dann geht das so: eins, drei, fünf, Arschloch. Mit diesem Arschloch verdeckt er viele Situationen, in denen er nicht zurechtkommt. Dann stellt das Anziehen ein Problem dar. Soll er erst den Pullover und dann das Unterhemd anziehen oder umgekehrt? Gehört die Naht der Hose nach innen oder nach außen? Gehört der Schuh an den rechten oder an den linken Fuß? Im Alltag ist das Einhalten bestimmter Reihenfolgen und vorgegebener Regeln immer wieder sehr wichtig." Hannelore hatte Daniel in den zwei Tagen unseres Besuchs sehr genau beobachtet. Sie wußte, worauf sie zu schauen hatte. Aufmerksam geworden auf diese Schwierigkeiten, beobachtete ich am nächsten Tag meinen

Sohn beim Anziehen seiner Schuhe. Er kam nicht zurecht. Erst schlüpfte er von vorne nach hinten in den Turnschuh, und als das nicht ging, drehte er ihn um, zog aber den linken Schuh an den rechten Fuß. Ich ging zu ihm und half ihm. Ich sagte zu ihm: „Es ist schwierig, die Schuhe richtig anzuziehen. Vorhin hast du sie alleine anziehen können. Ich verstehe nicht, warum es dir jetzt so schwerfällt." Er antwortete: „Die Turnsu du mir richtig hintellt hab. Leine nicht saff ich." Die Antwort hätte ich vor wenigen Tagen wahrscheinlich nicht so ernst genommen, wie ich es jetzt tat.

Hannelore brachte die Sprache auf Puzzles: „Beim Puzzlen werden Teile zu einem Ganzen zusammengefügt. Strukturen und Formen müssen erkannt werden. Es würde mich nicht wundern, wenn er nie Puzzles legt." Hannelore hatte recht, Daniel legte nie ein Puzzle. Besonders schöne schenkte er her, um eine Freude zu machen. Wir hatten immer gedacht, er mag keine Puzzles, man muß ja nicht alles mögen. Aber es war wohl anders. Er konnte sie nicht legen, nicht einmal die einfachsten. Bei einer Vorsorgeuntersuchung ist ein Puzzletest dabei. Wieso war Daniel da nicht aufgefallen? Der Kinderarzt versteht im nachhinein nicht, wieso er den so gut geschafft hat. Ich glaube inzwischen eine Erklärung gefunden zu haben. Es handelte sich bei dem Test um geometrische Formen. Die kannte er damals schon besser als manche Gleichaltrige. Bei den meisten Puzzles ist das Erkennen von Bildzusammenhängen und Handlungsabläufen notwendig. Damit kam unser Daniel nicht zurecht. Durch die zufällige Stärke im Erkennen geometrischer Strukturen fiel unser Sohn bei der Vorsorgeuntersuchung nicht auf. Das zeigt, wie schwer es ist, eine Minimale Cerebrale Dysfunktion zu erkennen. Die Störung ist tatsächlich minimal. Ihre Auswirkungen sind jedoch weitreichend.

„Was spielt Daniel denn gern? Ich kann mir denken, daß er Spiele, in denen die Reihenfolge oder eine bestimmte Ordnung wichtig ist, ebenso wie Puzzles nie spielt." – „Es ist wahr", antwortete ich Hannelore, „Reihenfolgespiele hat Daniel noch nie gespielt. Er hat weder Autoschlangen durch die Wohnung gelegt noch Spielsachen nach Größe oder Farbe sortiert. Seine Spiele waren und sind immer sehr phantasievoll, nie machte er etwas so, wie es sich der Spielwarenhersteller vielleicht vorgestellt hat. Sein Handeln zeichnet sich durch Spontaneität und Ideenreichtum aus. Nie entwickelt er eine Idee und führt sie bis zum Ende aus. Da kommen wieder andere Ideen dazwischen, die ihn mitreißen. Am schönsten kann er dann spielen, wenn nur er und ich zu Hause sind. Da lenken ihn keine anderen Kinder und keine Gespräche ab. Wichtig ist es für ihn, daß ich einer ruhigen Tätigkeit nachgehe und mehr oder weniger an einem Platz in seiner Nähe bleibe. Dann kann er sich wunderbar beschäftigen. Einmal kam ein Lieferant und fragte ihn: „Na, Großer, was spielst du denn?" – „Nichts", antwortete Daniel. „Nichts? Irgend etwas mußt du doch spielen!" Daniel hatte recht. Er spielte nichts Bestimmtes, er spielte einfach so. Noch häufiger schließt er sich mir an und hilft mir am liebsten den ganzen Tag lang.

„Wie ist das", fragte mich Hannelore, „wenn du ihm einen Auftrag gibst. Hält er sich an ihn, und führt er ihn richtig aus?" – „Ja, ich denke schon. Ich habe aber noch nie darauf geachtet, ob er die Reihenfolge meiner zwei, drei Bitten einhält. Beim Kochen ist es mir schließlich auch gleichgültig, ob zuerst die Butter oder die Zwiebel auf dem Tisch liegt." – „Es ist aber eine gute Möglichkeit für ihn, das Reihenfolgedenken zu üben. Nimm jede Gelegenheit im Alltag wahr, ihn Dinge in eine Reihe legen oder nach Form oder Größe ordnen zu lassen. Er kann Karotten nach der Größe geordnet in eine Reihe legen. Du kannst ihm ja erzählen, daß du dann beim Kochen besser zurechtkommst." Jeder Tag bietet zahllose Reihenfolgesituationen. Ich muß sie nur wahrnehmen und nützen, um mein Kind bewußt und zugleich unauffällig zu fördern. Von diesem Augenblick an bemühte ich mich, solche Reihenfolgen gezielt zu suchen.

Unsere Freundin fuhr fort: „Neben den sprachlichen Auffälligkeiten und den Schwierigkeiten beim Verhalten hat euer Daniel auch noch motorische Probleme. Dieses Stichwort erwähnte ich bereits vorhin. Gleich beim Springen vom Stockwerkbett fiel mir auf, daß die Grobmotorik gestört ist. Er zitterte in den Knien vor Angst, grimassierte beim Springen und fiel beim Aufkommen hin. Der arme Kerl war nur gesprungen, um mithalten zu können.

Er fällt auch häufiger hin als die anderen. Die Koordination klappt nicht so ganz. Das ist der Grund dafür, daß er sich nach einer anderen Beschäftigung umsah, während eure Julia und unsere Kinder mit größtem Vergnügen weitersprangen.“ Ich war entsetzt über die Ausmaße der Problematik. Und das hatte niemand gemerkt? Auch nicht die Ärzte unter unseren Bekannten und nicht die Kindergärtnerinnen? Dort wurde immer betont, wie auffallend geschickt Daniel schneidet, bastelt und malt. Beim späteren Nachfragen erfuhr ich, daß Daniel beim Turnen oft auf die Toilette geht. Wer Daniel kennt, weiß, daß er vormittags fast nie zur Toilette muß. Offensichtlich war er bemüht, eine ihm unangenehme Situation zu meiden. Geschickt verdeckte er wahrscheinlich unbewußt seine Unzulänglichkeiten. In diesem Gespräch wurde mir bewußt, daß Daniel nicht einmal von einem kleinen Hocker hüpfen konnte, ohne hinzufallen. Auch mußte er sich festhalten, um auf einen Stuhl zu steigen. Oft kasperte er herum. Ob das in Situationen war, in denen er nur so seine Schwächen überspielen konnte? Ich wurde traurig, weil mir so viele Kleinigkeiten zu Bewußtsein kamen, die ich alle nicht im Zusammenhang hatte sehen können und die mich jetzt wie Fausthiebe trafen.

Ich erinnerte mich an die ersten Monate nach seiner Geburt. Bei Daniel war ein Füßchen stark nach innen gestellt gewesen. Der Orthopäde hatte einen Knick-Senk-Fuß diagnostiziert und ihn mit einer Schiene behandelt. Außerdem sollte ich regelmäßig Fußgymnastik mit ihm machen. Inzwischen steht der Fuß ziemlich normal, aber nicht ganz. Jahrelang mußte er Einlagen tragen. Inzwischen wehrt er sich immer mehr gegen sie. Ich lasse ihn im Freien möglichst viel barfuß laufen. Die verbleibende Schrägstellung des Fußes erklärte der Arzt mit einer leichten Anomalie der Hüfte, die aber laut Röntgenaufnahme unbedenklich sei. Als Säugling war er gerade noch um eine Spreizhose herumgekommen. Ob die Probleme mit dem Füßchen etwas mit der gestörten Motorik zu tun hatten? Ich fragte Hannelore. Sie zuckte mit den Schultern und sagte: „Meine Liebe, so kann ich dir diese Frage nicht beantworten. Aber es ist leider so, daß die Notwendigkeit mancher krankengymnastischen Behandlung beim Kleinkind sehr oft das erste Anzeichen für weitreichende Lernstörungen ist."

Noch eine häufig wiederkehrende Situation aus unserem Alltag fiel mir ein, die mir ungewöhnlich schien. Ich erzählte Hannelore: „Beim Spazierengehen hören wir oft Autos oder Flugzeuge. Dann rennt Daniel in Panik zum nächsten Baum, zur nächsten Bank oder zu uns, um sich daran festzuklammern. Ich habe immer Angst, daß er dabei einmal auf die Straße rennt. Im Stehen prüft er dann, aus welcher Richtung das Geräusch kommt. Hat dieses Verhalten auch mit Daniels Störungen zu tun?" Hannelore wußte eine Erklärung für dieses Verhalten: „Daniel ist nicht fähig, Wahrnehmungen aus zwei unterschiedlichen Bereichen zu koordinieren, in diesem Fall die Bewegung und das Geräusch. Ein Geräusch kann ihn dermaßen aus dem inneren Gleichgewicht bringen, daß er in Panik gerät und Halt suchen muß." Es fiel mir wie Schuppen von den Augen. Als Säugling hatten wir unseren Sohn zur Gehörlosenschule gebracht, weil er seinen Kopf nicht in Richtung einer Geräuschquelle drehte. Er war als faul und bequem bezeichnet worden. Aber er war nicht in der Lage gewesen, zu hören und sich gleichzeitig zu drehen. Ein Baby kann doch gar nicht faul sein! Jedes Menschenkind ist begierig, möglichst viel zu lernen. Sechs Monate nach Beginn der Therapie hatte Daniel immer noch Angst, wenn er ein Motorengeräusch hörte, aber er ließ sich leichter beruhigen.

Hannelore fragte mich weiter: „Wie ist es denn, wenn Daniel etwas möchte, was sich mit dem Plan der Familie nicht vereinbaren läßt?" – „Er wird dann sehr traurig und weint oder aber, und das ist häufiger der Fall, er wird richtig jähzornig. Das gestehe ich aber dem Trotzalter zu." Mit dieser Entschuldigung war Hannelore nicht zufrieden. „Alles an eurem Kind ist für sich genommen normal. Nur die Summe und die Häufigkeit aller Kleinigkeiten lassen auf eine Wahrnehmungsstörung schließen." Das war ein wichtiges Stichwort. „Daniels Wahrnehmungsstörungen bewirken, daß er seinen Körper nicht so wahrnehmen kann wie wir und folglich auch nicht geschickt mit ihm umgehen kann. Das bestimmt seine gesamte Entwicklung. In bestimmten Bereichen wird er nicht so lernen können wie andere Kinder. Wenn du ihn am Körper berührst, ohne daß er der Berührung mit den Augen folgen kann, wird er kaum sagen können, wo du ihn berührt hast. Balancieren, Klettern, Fahrradfahren und alles, was ein gutes Gleichgewichtsvermögen voraussetzt, wird ihm schwerer fallen als einem nicht wahrnehmungsgestörten Kind. Denke dir nicht zuviel, wir alle haben Wahrnehmungsschwächen, uns schwindelt es auf dem Berg, oder wir werden auf dem Schiff seekrank. Nur können wir solche Schwächen kompensieren, solange sie nicht zu zahlreich sind. Je stärker die Störungen im Bereich der Wahrnehmung und Motorik sind, desto weniger können sie kompensiert werden. In diesem Fall braucht ein Kind therapeutische Hilfestellungen. Jean Ayres geht davon aus, daß 10 bis 20% aller Kinder ausgeprägte Wahrnehmungsstörungen haben. Buben sind häufiger betroffen als Mädchen. Das kannst du zu Hause noch einmal in aller Ruhe in ihrem Buch ‚Bausteine der kindlichen Entwicklung' nachlesen. Da kannst du auch über mögliche Ursachen dieser Störungen nachlesen, die genetische Veranlagung und ein Sauerstoffmangel bei der Geburt spielen eine große Rolle. Sie gibt übrigens werdenden Müttern den Rat, eine gute Vorsorgemaßnahme zu ergreifen und täglich konsequent zweimal fünf bis zehn Minuten zu schaukeln, um bereits beim ungeborenen Baby den Gleichgewichtssinn anzuregen. Wenn man den Gedanken weiterführt, so sollten Schwangere, die viel liegen müssen, sich eine Hängematte zulegen. Nach der Geburt ist der Wiege, der Hängematte und dem Tragetuch eindeutig der Vorrang zu geben gegenüber Gitterbett, Kinderwagen, Ställchen und starren Babywippen. In diesem Zusammenhang empfehle ich dir das Buch mit dem Titel ‚Auf der Suche nach dem verlorenen Glück' von Jean Liedloff." – „Hannelore, mir fällt auf, daß Daniel lange braucht, um ins Spiel zu finden, und auf dem Spielplatz schaut er erst die längste Zeit zu, ehe er irgend etwas unternimmt." – „Das ist typisch für MCD-Kinder", antwortete sie mir, „sie können häufig nicht anfangen und, weil sie verspätet anfangen, auch nicht pünktlich aufhören. Deswegen ist dein Sohn auch so zornig, wenn er aufhören soll zu spielen, wenn ihr fortgehen wollt. Denke daran, daß er Eindrücke nicht so schnell ordnen kann wie andere Kinder. Er braucht eine Weile, bis er den Überblick hat und mit dem Spiel beginnen kann. Aus dem gleichen Grund fällt es ihm so schwer, in einer Gruppe zu spielen. Er kann sich nicht einordnen. Du siehst, auch beim ganz normalen Spielen stoßen wir wieder auf die Ordnung, deren Einhaltung deinem Sohn solche Schwierigkeiten bereitet.“ Einmal hat Daniel an diesem Wochenende in der Vierergruppe richtig am gemeinsamen Spiel teilgehabt. Das war in Gestalt eines Tigers. Er hatte einen Tigeranzug in der Verkleidungskiste gefunden und angezogen. Da fühlte er sich stark.

Unser Besuch ging dem Ende entgegen. Von unseren langen Gesprächen war ich ganz aufgewühlt. Zum einen war ich traurig. Auf der anderen Seite war ich erleichtert und froh, daß wir durch einen reinen Zufall auf diese Störung aufmerksam gemacht worden waren und eine Therapie einleiten konnten. Ich als Mutter konnte meinem Kind jetzt eher gerecht werden, wo ich seine Schwierigkeiten zu verstehen begann. Und der Kritik unserer Umwelt an unseren erzieherischen Fähigkeiten konnte ich jetzt anders begegnen. Mir fielen gelegentlich vorkommende Situationen ein, in denen Daniel mit Stöcken auf die Beine von Leuten zielte, sie mit seinen Füßen trat oder sie anspuckte. Damit wollte er entweder seinem Ärger Luft machen oder aber Kontakt aufnehmen. Wir konnten ihm das nicht nicht so recht abgewöhnen und versuchten, solche Szenen zu verhindern. Es ist allzu verständlich, daß Daniel in solchen Augenblicken aggressiv oder chaotisch genannt wurde. Aggressiv war er von seinem Wesen her in unseren Augen nicht. Ich empfand ihn eher als einen besonders liebebedürftigen Schmuser. Er hatte noch eine Angewohnheit. Er schleckte Leuten, die er besonders gern hatte, das Gesicht ab. Niemand mochte das aber besonders gut leiden. Ob er sie so genauer kennenlernen wollte?

Welche Schritte sollte ich unternehmen, um baldmöglichst eine Therapie einzuleiten? Welche Möglichkeiten hatte ich? Wir haben das Glück, in einer kleineren Universitätsstadt zu leben, die mit reichlichen Therapiemöglichkeiten ausgestattet ist. Als erstes wollte ich zu Hause Kontakt zur Sprachheilschule aufnehmen, deren Existenz ich vor unserem Besuch bei Hannelore nicht wahrgenommen hatte.

Des weiteren riet mir Hannelore zum Kauf einer Hängematte. Sie sollte durchgewebt sein, da das für die Körperwahrnehmung günstiger ist als eine mit Netzstruktur, und an den Enden keine Querstange haben. Die sollten wir in der Wohnung aufhängen, um unserem Daniel eine möglichst intensive Anregung des Gleichgewichtssinnes anzubieten. Einmal könnten wir sie an zwei Haken hängen, ein anderes Mal an nur einen wie ein Nest, das bewirke einen besseren Körperkontakt. Ich warf ein, daß Daniel gar nicht gern schaukelt oder zumindest immer nur herumhampelt und sich bestenfalls schaukeln lassen will. „Das wundert mich nicht“, sagte Hannelore, „dann mußt du ihn eben sacht schaukeln. Wenn er etwas noch nicht selber ausführen kann, mußt du ihm helfen. Nur zwinge ihm nichts auf! Deine Nähe und dein Mitmachen können ihm helfen, sich zumindest ein wenig auf neue Situationen einzulassen. Krabbel gemeinsam mit ihm auf allen vieren durch die Wohnung, damit er das Bewegungsmuster tatsächlich ausführt. Mit dem Schaukeln und dem Krabbeln beginnst du die kindliche Entwicklung von neuem und kannst Versäumtes nachholen und die Voraussetzungen für eine positive Weiterentwicklung schaffen.

Gib ihm möglichst viele Möglichkeiten zur Körpererfahrung. Biete ihm Kleister, Wasser- und Fingerfarben und laß ihn am besten mit den Fingern, also ohne Werkzeug, arbeiten. So lernt er unterschiedliche Materialien an ihrem Geruch und an der Art, wie sie sich anfühlen, zu unterscheiden. Laß ihn auf Abenteuerspielplätzen klettern und rutschen. Zieh ihn in einer Decke durch die Wohnung, und laß ihn raten, wo er sich befindet. Sage ihm auch, mit welchen Körperteilen er aufliegt. Du wirst selber viele Spiele finden, mit denen du seinen Gleichgewichtssinn erregen oder ihm in anderer Weise Körpererfahrung vermitteln kannst.

Hannelore empfahl mir noch ein Buch von Britta Holle. Es trägt den Titel „Die motorische und perzeptuelle Entwicklung des Kindes – Ein praktisches Lehrbuch für die Arbeit mit normalen und retardierten Kindern“. Hier wird die Entwicklung eines normalen Kindes ebenso wie die eines retardierten beschrieben. Für jede Entwicklungsstufe werden gezielte Übungen empfohlen, deren Beherrschung zur nächsten Stufe führen. Britta Holle betont, daß immer nur die Stufe gefestigt werden darf, auf der sich das Kind bereits befindet. Die nächste Stufe kommt von allein und ist auf keinen Fall einzuüben.

Hannelore war dabei gewesen, als ich meinen Kindern eine Gutenacht-Geschichte vorgelesen hatte. Daniel hatte nicht zugehört und laufend gestört. „Du mußt ihm ganz einfache Geschichtchen vorlesen. Lies auch ganz langsam, und vergewissere dich laufend, daß er die Geschichte versteht. Sonst muß er stören. Er kann gar nicht anders. Er würde ja nur seine Unfähigkeit, sich zu konzentrieren und zu verstehen, deutlich erleben. Gut geeignet für ihn sind die kurzen, klaren Geschichten von Ursula Wölfel, die unter den Titeln „27 Suppengeschichten“ und „28 Lachgeschichten“ erschienen sind. Günstig sind auch gereimte einfache Verschen. Wenn du ihm die beim Schaukeln vorliest, geht ihm der Rhythmus leichter ins Ohr. Und ganz wichtig bei allem ist der Spaß. Wenn der dabei ist, dann ist das Gehirn aufnahmebereiter.“

Es war Zeit zur Abreise. Tief in meinem Inneren spürte ich, wie aufgewühlt ich war. Ich hatte eine große Aufgabe mehr. Wie ich sie wohl meistern würde? Mit Liebe und Engagement wollte ich sie angehen. Da packte mich der Schmerz darüber, daß alles so war, wie es war, und die Verantwortung lastete schwer auf meinen Schultern. Im gleichen Augenblick war ich erleichtert und froh darüber, daß wir durch einen reinen Zufall rechtzeitig auf Daniels Wahrnehmungsstörungen gestoßen waren und wußten, daß und auch wie wir ihm helfen konnten. Hannelore und ich umarmten uns. Hannelore sagte: „Du kannst mich immer anrufen, wenn du Anregungen oder Hilfe brauchst. Ich habe Zeit für euch!“ Wir drückten uns noch einmal und nahmen Abschied.

Und immer wieder warten

Zu Hause rief ich die örtliche Sprachheilschule an und ließ mir einen Termin geben. Hannelores Information zufolge ist ihr in unserem Bundesland ein Sprachheilkindergarten angegliedert.

Für diesen interessierte ich mich. Eine Woche mußte ich mich gedulden und warten. In der Zwischenzeit besorgte ich eine Hängematte in Überbreite im Dritte-Welt-Laden. Wir befestigten sie an Schaukelhaken in der Decke des einen Kinderzimmers und brachten sie mit abgeschnittenen Kletterseilen auf die richtige Höhe. Wenn sie beim Spielen stört, können die Kinder sie hinter die bereits vorhandene Sprossenwand hängen. Beim Buchladen bestellte ich die Bücher, die mir Hannelore empfohlen hatte. Ansonsten ging Daniel weiter in den Kindergarten.

Schon seit mehreren Jahren gehen wir regelmäßig einmal in der Woche ins Hallenbad. Die Kinder haben daran immer viel Spaß. Auch in dieser Woche des Wartens gingen wir zum Schwimmen. Nach den Enthüllungen der letzten Tage tat ich das besonders gern, weil ich wußte, daß das Schwimmen und Springen für unseren Sohn besonders vorteilhaft ist wegen der Gleichgewichtsstimulation. Das Schwimmbad ist der einzige Platz, an dem er gern springt, weil er beim Springen nicht hinfällt und sich nicht weh tut. Mit seinen Schwimmflügeln fühlt er sich ganz sicher.

An einem der nächsten Abende bot ich den Kindern an, sie zu massieren. Das haben wir schon immer gelegentlich gemacht, weil sie es gern haben. Jetzt bot ich häufiger Massagen an und machte sie auch ausgiebiger, um eine bessere Körperwahrnehmung zu bewirken. Da immer beide Kinder massiert werden wollten, und die Gute-Nacht-Geschichte nicht fehlen durfte, war das ein abendfüllendes Programm.

Dann war der Tag für das Gespräch in der Sprachheilschule gekommen, und ich konnte Daniel dort vorstellen. Ich hoffte, daß er in eine Gruppe des Sprachheilkindergartens aufgenommen werden könnte, da das Kindergartenjahr erst vor wenigen Wochen begonnen hatte. Spielerisch machte sich der Rektor ein Bild von Daniels Entwicklungsstand. Daniel machte gern mit. Anschließend beschäftigte sich die Sekretärin mit ihm, so daß der Rektor mit mir über ihn sprechen konnte, ohne daß er zuhören mußte. Er sagte: „Daniel hat einen ausgeprägten Dysgrammatismus und sollte möglichst bald unseren Kindergarten besuchen. Für das kommende Schuljahr wird er mit ziemlicher Sicherheit einen Platz bekommen. Jetzt sind die Gruppen schon voll. Spätestens im September hätten Sie kommen müssen, um ihn in das laufende Jahr hineinzubringen." – „Ich habe erfahren, daß nachmittags Kinder ambulant behandelt werden. Ob Daniel zu einer solchen Gruppe stoßen könnte?" – „Das ist leider auch nicht möglich. Die Kinder sind alle im Schnitt ein Jahr jünger als Ihr Sohn. Da wäre er unterfordert und auch nicht gut aufgehoben." Schon wieder war ich zu spät dran. Ich konnte aber nicht nur warten. Ich hatte das beklemmende Gefühl, daß kostbare Therapiezeit verlorenging. „Was kann ich für Daniel tun? Raten Sie mir zu einer logopädischen Behandlung?" – „Nein, dazu kann ich Ihnen nicht raten. Machen Sie sprachlich überhaupt möglichst wenig. Beschränken Sie sich auf das korrektive Feedback, das Sie, wenn ich richtig beobachtet habe, ohnehin anwenden. Sagen Sie den falschen Satz einfach noch einmal richtig, damit Ihr Sohn hört, wie die Worte korrekt ausgesprochen werden, und damit er die richtige Satzstellung im Ohr hat. Aber verlangen Sie nicht, daß Ihr Kind das Gesagte noch einmal richtig nachsprechen soll. Sonst verstärken Sie sein Problembewußtsein. Er merkt ja auch so schon, daß er nicht überall mithalten kann." Wir kamen dann auf die Frühförderung der Lebenshilfe zu sprechen, die erst kurz zuvor in unserer Stadt eröffnet worden war. In den Tagen seit unserer Rückkehr hatte ich zahlreiche Telephonate geführt und mich über Therapiemöglichkeiten erkundigt. Da war ich bereits auf diese Stelle aufmerksam gemacht worden. Eine nichtbetroffene Mutter konnte sie mir vom Hörensagen wärmstens empfehlen. Meine erste Reaktion war ein tiefes Unbehagen gewesen. War mein Sohn, dieser aufgeweckte Lausbub, ein Fall für die Lebenshilfe? In dieses Unbehagen mischten sich fast gleichzeitig meine Offenheit gegenüber allen Therapiemöglichkeiten und die Bereitschaft zur Zusammenarbeit. Der Rektor riet mir, den Kontakt zu dieser Stelle aufzunehmen. „Kommen Sie im April oder Mai noch einmal zu mir für ein aktuelles Gutachten in Hinblick auf das nächste Kindergartenjahr." Ich bedankte mich für das Gespräch, holte mir wieder mein Söhnchen und verließ mit ihm das Schulhaus, in dem auch der Kindergarten untergebracht war. Im Vergleich zu Daniels jetzigem Kindergarten war das Gebäude groß, und ich fühlte mich etwas verloren. Wir gingen Hand in Hand. Ich glaube, ich brauchte seine Hand mehr als er die meine.

Zu Hause rief ich die Frühförderung an. Es meldete sich eine warme, angenehme Stimme mit „Frühförderung Kinderhilfe". Das wirkte auf mich besser als „Frühförderung der Lebenshilfe", von der die Bekannte gesprochen hatte. Ich bat um einen Untersuchungstermin für meinen Sohn und erzählte, daß der Rektor der Sprachheilschule ihn derzeit nicht aufnehmen kann, die Therapie aber für dringlich hält. Die Dame am Telephon bat um Geduld. Sie konnte mir frühestens einen Termin für Januar anbieten, sie wollte mich zu gegebener Zeit zurückrufen. Ich fragte, ob die Frühförderung nach Methoden der Sensorischen Integration von Jean Ayres arbeitet. Diese Methode beruht auf der verbesserten Zusammenarbeit der verschiedenen Sinne. Hannelore hatte mir geraten, eine Beschäftigungstherapie zu suchen, die nach dieser neuen Methode vorgeht, mit der sie selber sehr gute Erfahrungen machte. Daher stellte ich diese gezielte Frage. Ich hatte den Eindruck, daß die Dame am Telephon über sie erstaunt war. Nach kurzer Pause sagte sie: „Ja, wir kennen Jean Ayres und arbeiten auch nach ihrer Methode." Erst im Januar konnte ich meinen Sohn dort vorstellen. Diese zwei Monate Wartezeit schien mir Ewigkeiten zu dauern. Ich war sehr unruhig.

Im Lauf des Novembers bat ich in Daniels Kindergarten um ein Gespräch mit den Erzieherinnen. Ich wollte sie gezielt fragen, wie Daniel in der Gruppe zurechtkommt und ob ihnen im Sozialverhalten und im Sport oder auch sonst irgend etwas aufgefallen ist. „Nein", erfuhr ich, „uns ist nichts aufgefallen. Mit der Sprache sollten Sie einmal etwas unternehmen, wie wir es bereits besprochen hatten. Warum fragen Sie, gibt es etwas Besonderes?"

Ich berichtete ihnen von den stürmischen Entwicklungen. Ich war noch ganz aufgewühlt, suchte ihre Zusammenarbeit und bat sie, auf Daniel ein besonderes Augenmerk zu richten. Ich wollte genau wissen, wie es ihm im Kindergarten ging und wo er seine Schwierigkeiten hatte. Er ging unwillig hin und kam geladen nach Hause. Das mußte einen Grund haben. Ich war sicher, daß die Kindergärtnerinnen sich als verantwortungsbewußte Erzieherinnen kooperativ verhalten würden. Doch habe ich mich hierin sehr getäuscht. Sie blockierten: „Daniel ist schon ein Jahr bei uns, und wir haben keine Auffälligkeiten beobachtet. Und da will angeblich jemand nach drei Tagen sehen, daß das Kind gestört ist. Das ist unglaublich. Sie überbewerten alles! Haben Sie für sich und Ihre Familie schon eine Familientherapie ins Auge gefaßt?" Sie lachten, als ob sie einen guten Witz gemacht hätten. Mit unterdrücktem Zorn antwortete ich: „Nein, im Augenblick suche ich eine Therapie für unseren Sohn und bitte Sie, ihn noch genauer zu beobachten und mir von Ihren Beobachtungen zu berichten." Die Erzieherinnen gewährten mir diese Mithilfe nicht. Vielleicht konnten sie nicht verstehen, wonach ich gefragt hatte. Sie machten mir statt dessen Vorwürfe, wie ich daran denken könnte, ein so zartbesaitetes, sensibles und aufgewecktes Kind nur an eine Sondereinrichtung zu geben, das würden sie nie machen, das sei kaum zu verantworten. Alle meine Bemühungen, Gehör zu finden, endeten damit, daß sie mich lächerlich zu machen suchten. Ich fühlte mich gedemütigt und tief verletzt. In dem Sturm meiner Gefühle nach der Diagnose hatte ich auf Solidarität gehofft. Statt dessen schlug mir hohnlachende Opposition ins Gesicht. Ich litt unsäglich unter dieser Situation. Am meisten schmerzte mich die Gewißheit, daß die Kindergärtnerinnen nicht im geringsten bereit waren, die Schwierigkeiten meines Sohnes zu sehen und ihm gerecht zu werden. Mein bislang guter Kontakt zu diesem Kindergarten, in dem ich seit vier Jahren im Elternbeirat war – unsere Julia war auch schon hierher gegangen –, geriet zunehmend unter Spannung. Die restlichen Monate in diesem Kindergarten sind mir in sehr schlechter Erinnerung.

Statt Stofftieren ein Brett mit vier Rädern

In diesem langen Warten bis zum ersten Termin in der Frühförderung lag eine Chance. Es forderte mich dazu heraus, eigene Aktivitäten zu entfalten und die Verantwortung für das Gedeihen meines Kindes nicht nur anderen zu übertragen.

Ich las „Die Bausteine der kindlichen Entwicklung" von Jean Ayres und „Die motorische und perzeptuelle Entwicklung des

Kindes" von Britta Holle. Hannelore hatte mir viel über die Ursachen und Zusammenhänge der minimalen Störungen im Funktionieren der Gehirntätigkeit erzählt. Noch ausführlicher konnte ich darüber in Jean Ayres' Buch nachlesen. Ich begann, das Thema Wahrnehmungsstörungen in mein Denken aufzunehmen. Die beiden Bücher waren für mich eine Fundgrube für Ideen. Ich entwickelte Tatendrang und Phantasie und empfand Freude und Zufriedenheit über meine Kreativität. Jetzt konnte ich als Mutter die Therapie selber beginnen und mußte nicht nur hilflos warten, bis andere Zeit für mein Kind hatten.

Ich stieß auf weitere Bücher, die mir weitere Beschäftigungsanregungen brachten. Ich suchte Spielideen, die sich ohne großen Aufwand verwirklichen ließen. Besonders hilfreich waren mir neben den oben genannten Büchern folgende Titel: „Integrations-Störungen. Diagnose und Therapie im Erstunterricht." von Ingelid Brand, Erwin Breitenbach und Vera Maisel und „Körperwahrnehmung und Körpergeschick" von Krista Mertens.

Ich erlebte, wie sich mein Denken und Handeln veränderten. Aus allem und jedem konnte ich bald spontan Situationen entstehen lassen, in denen ich unseren Kindern und insbesondere unserem Sohn zu einer bewußteren Wahrnehmung verhalf. Mehr und mehr kam ich zu der Überzeugung, daß die bewußte Förderung in zahllosen spontanen Situationen des Alltags möglich ist. Ich fand sehr viel Spaß daran, den Alltag phantasievoll und flexibel so zu gestalten, daß unsere Kinder möglichst viele Erfahrungen mit allen ihren Sinnen sammeln konnten. Indem ich selber auf alle Reize mehr achtete, erlebte und lebte auch ich intensiver. Mein Leben war reicher geworden. Bei einem Baum sehe ich nicht mehr nur seine Gestalt vor mir, sondern fühle gleichsam seine rauhe, naße Rinde und stelle mir den harzigen Duft vor.

Ich bin überzeugt, daß Eltern die Therapie ihres Kindes sehr gewinnbringend unterstützen können – oder könnten, denn leider ist niemand da, der die Zeit hat, sie einzuweisen. Sicher sind nicht alle Eltern in der Lage, die Therapie intensiv zu unterstützen. Das ist unter anderem eine Frage der Zeit, die die Eltern sich nehmen können. Bei ein wenig Erklärung und Anleitung durch den Therapeuten und der eigenen Bereitschaft zur Mithilfe könnten aber alle Eltern die therapeutischen Bemühungen unterstützen und Fehler im Umgang mit den Kindern vermeiden. Da kann ein geringer Aufwand schon viel wert sein. Werden Eltern gar nicht angeleitet, so laufen sie Gefahr, große Fehler zu machen. Es kann zum Beispiel passieren, daß sie in ihrem Bedürfnis, ihrem Kind zu helfen, genau das üben und üben, was ihm schwerfällt. Das ist weit schlimmer, als wenn sie gar nichts gegen die Schwierigkeiten des Kindes unternehmen. Oder sie ermahnen es fortwährend, vorsichtiger zu sein und endlich einmal aufzupassen. Im günstigsten Fall werden die Eltern einfach lieb mit ihrem Kind umgehen und es in seiner Art respektieren. Doch wären die frühen Jahre eines Kindes besser genützt, wenn die Eltern von Anfang an im Rahmen ihrer Möglichkeiten die Entwicklung intensiv fördern könnten, ohne zu übertherapieren. Und dazu ist eine gründliche Elternarbeit nötig. Ich bin sicher, daß die meisten Eltern die Bereitschaft mitbringen, die Entwicklung ihres Kindes zu fördern. Allein der Hinweis, ein Kinderzimmer mit anderen, die Motorik fördernden und durchaus erschwinglichen Spielgeräten anzureichern, wäre für sie von großem Wert.

Für die Eltern ist es sehr hilfreich, wenn sie bei den Therapiestunden anwesend sein können. Der Therapeut wird wenigstens kurz erklären, warum er etwas macht. Das wird aber kaum ausreichen, sie in die Lage zu versetzen, die Therapie so intensiv zu unterstützen, wie dies uns möglich ist. Wir hatten das große Glück, daß uns unsere Freundin Hannelore die Augen für die Zusammenhänge der Wahrnehmungsstörungen öffnete und einen Weg aufzeigte, selber aktiv zu werden. Mit meinen Kenntnissen konnte ich später die Therapiestunden gezielter beobachten und aus ihnen für den Umgang mit meinem Kind mehr lernen, als es mir sonst möglich gewesen wäre. Andernfalls hätte ich die Spielidee des Beschäftigungstherapeuten bestenfalls nachmachen können. Zum Umsetzen in eine andere Situation wäre ich aber nicht in der Lage gewesen. Und genau das fand ich interessant. Das phantasievolle Abwandeln und Erfinden von Ideen zusammen mit meinem Kind hat mir immer Spaß gemacht.

Solange Daniel noch keine Therapiestunden bei der Frühförderung bekam, nahm ich mir jeden Tag eine Stunde vor, in der ich ihn fördern wollte. Dann bürstete oder massierte ich ihm den ganzen Körper einschließlich Fußsohlen und Handflächen, ganz vorsichtig auch das Gesicht. Ich achtete darauf, daß es ihm Spaß machte. Wenn er etwas nicht mochte, ließ ich es sein. Beim Massieren wechselte ich die Materialien ab, mit denen ich ihn berührte, um ihm unterschiedliche Berührungsreize zu vermitteln. Einmal cremte ich ihn ein, andere Male frottierte ich ihn mit einem Tuch ab oder verwendete einen Schwamm. Ich benannte immer wieder die Körperteile, die ich berührte. Die Wiederholung der Berührung und der Bezeichnung ist wichtig für das Kennenlernen des Körpers.

An anderen Tagen rollerte ich ihn im Sitzen oder auf dem Bauch liegend auf einem Gymnastikball mit 65 cm Durchmesser hin und her, den unsere Tochter einmal geschenkt bekommen hatte. Damit förderte ich die Abstützreaktion und den Gleichgewichtssinn. Auch mußte Daniel den Kopf in Bauchlage hochhalten, was für die Entwicklung sehr förderlich ist.

Oder ich zog Daniel eingerollt in eine Decke durch die Wohnung und ließ ihn raten, wo er ist. Er mußte sich anhand von Kurven, Bodenschwellen und Bodenbelag orientieren, dabei halfen ihm der Tastsinn und der Gleichgewichtssinn. Ich fragte und sagte immer wieder, mit welchem Körperteil er aufliegt und mit welchem er den Türrahmen berührt. Manchmal nahmen mein Mann und ich jeder ein Ende der Decke und schaukelten Daniel, bis er keine Lust mehr hatte oder wir nicht mehr konnten. Das letztere trat meistens früher ein.

An einem anderen Tag knetete ich mit ihm. Das förderte den Tastsinn und die Geschicklichkeit der Hände. Ich achtete darauf, daß eine klare Form dabei herauskam. Ich mußte bei ihm bleiben, weil er sonst sofort abgelenkt worden wäre. Daniel konnte nicht ohne ständig wiederkehrende Erinnerungen an sein Vorhaben an einer Aufgabe bleiben. Noch brauchte er mich, um ablenkende Sinneseindrücke abzuwehren, die sein Gehirn noch nicht als im Augenblick unwichtig erkennen und blockieren konnte.

Wieder an einem anderen Tag bastelte ich mit ihm ein Knüllbild. Daniel sollte Seidenpapier zerreißen, knüllen, in Kleister tauchen und die Kügelchen anschließend innerhalb einer vorgegebenen Begrenzung, z. B. einem aufgemalten Osterei oder Fisch, auf ein Papier kleben. Ich erlebte mit Staunen, daß Daniel jeder einzelne Schritt schwerfiel. Er riß lieber mit zwei Fäusten, als mit Daumen und Zeigefinger, knüllte lieber mit den Handballen als mit den Fingern. Und das Kleben ekelte ihn. Da gab ich ihm einen Pinsel. Ich versuchte, ihn zum Verwenden von Zeigefinger und Daumen zu animieren, und lobte ihn sehr, wenn er es versuchte. Dieser sogenannte Pinzettengriff ist für die Entwicklung wichtig. Ich zwang ihn aber zu nichts. Am Schluß war Daniel ganz stolz auf sein Klebebild.

Beim Kneten und Basteln machte Daniel mit, und es gelang mir, ihm dabei Freude und Spaß zu vermitteln. Noch viel lieber wurde er massiert, gerollert, herumgezogen oder geschaukelt.

Angeregt durch Jean Ayres, fertigten wir ein Rollbrett. Damals wußte ich noch nicht, daß, geschweige denn wo, es solche Rollbretter zu kaufen gibt. Ich kaufte also eine Tischlerplatte und schraubte vier Rollen darunter, damit sich das Brett in jeder Richtung drehen kann. Die Rollen müssen weit genug vom Rand entfernt sein, daß das Kind seine Finger nicht hinein bekommen kann. Das Brett haben wir so groß gewählt, daß der mittlere Teil des Körpers darauf aufliegen kann, während der obere Teil der Brust und die Beine herabhängen. Die Ecken rundeten wir ab. Vorne bohrten wir ein großes Loch hinein. Da steckten wir ein Kletterseil durch und knoteten es fest. Das verhedderte sich nicht in den Rädern. Auf diesem Rollbrett zog ich Daniel durch unsere Wohnanlage, mal langsam, mal schneller, dann einmal in behutsamen Schlangenlinien. Er saß lieber darauf, als daß er lag. Gelegentlich legte er sich bäuchlings auf das Rollbrett und schob sich durch die Wohnung. Das tat er aber selten. Wenn er alleine damit spielte, verwendete er es bevorzugt für den Transport seiner großen und kleinen Lasten. Ideal wäre ein abschüssiger, gefahrloser Weg gewesen, auf dem er mit dem Rollbrett hätte hinunterfahren können. Diese Möglichkeit stand mir leider nicht zur Verfügung.

Der eigentliche Zweck des Rollbretts war die Erfahrung von

Bewegungen in Bauchlage möglichst nahe am Boden. Als Kleinkind hatte Daniel die Phase des Krabbelns übersprungen und viele Erfahrungen nicht gemacht, die er nun auf dem Rollbrett nachholen konnte.

Das Rollbrett war neben der Hängematte bislang unsere teuerste Anschaffung. Daniel schaukelte gern in der bunten, großen Hängematte. Mit den Füßen stieß er sich an der Wand oder am Boden ab. Wir knoteten ein Seil an eine Sprosse der Sprossenwand. Damit konnte Daniel die Schaukelbewegungen regulieren, wenn er in der Hängematte lag. Manchmal hatte er das Bedürfnis, ganz sanft zu schaukeln, andere Male mochte er es lieber wild. Es kam auch vor, daß er gleich wieder mit dem Schaukeln aufhörte, weil es ihm schlecht wurde. Gefährliche Ecken und Kanten polsterten wir mit Matratzenteilen aus dem Sperrmüll ab. Viele Wochen, ja Monate lang schlief er fast jeden Abend in der Hängematte ein, ein Kissen unter dem Kopf, ein Schmusetierchen im Arm und warm zugedeckt. Damit nichts herunterrutschte, klammerte ich den überstehenden Stoff mit Wäscheklammern zusammen. Daniel liebte es, ringsum eingehüllt zu sein. Gelegentlich schaukelten wir ihn sanft an, so schaukelte er selbst noch im Schlaf. Wir holten das versäumte Schaukeln in der Wiege nach und wirkten auf den so wichtigen Gleichgewichtssinn ein. Tagsüber hängten wir die Hängematte gelegentlich mit beiden Enden in nur einen Haken. Daniel setzte sich oft rittlings in dieses Storchennest und ließ seine Beine herunterbaumeln. Dann stieß er sich vom Boden oder der Wand ab, ließ seinen Motor aufheulen und spielte Motorradfahren.

Der Haushalt stellte für Daniel eine schier unerschöpfliche Quelle dar, aus der er die verschiedensten Erfahrungen schöpfen konnte. Er konnte nicht genug bekommen und war fast pausenlos um mich herum und half. Es war, als ob er so viele Erfahrungen im wirklichen Leben zu sammeln hatte, daß ihn die Welt des Spielens nicht so recht interessierte. Bis zu dem Besuch bei Hannelore war mir sein unersättliches „ich auch" auf die Nerven gegangen. Jetzt begann ich ihn zu verstehen und ließ ihn bereitwillig mitmachen. Er wollte Erfahrungen sammeln, er wollte lernen! Ich gestattete es ihm, mehr selber zu machen, auch auf die Gefahr hin, daß etwas umkippte oder zu Bruch ging. Während ich meiner

Arbeit nachging, machte ich Daniel Eigenschaften bewußt, indem ich auf sie hinwies und sie benannte: das ist schwer, fühlt sich rauh an, riecht süßlich, zerbricht leicht usw.

Ich beschäftigte mich anders mit Daniel als früher. In meinem Denken und in der Art, wie ich mit ihm umging, stellte ich mich auf seine Bedürfnisse ein, die ich nun zu erkennen begann. Damit veränderten sich die Anforderungen, die ich an Spielmaterial stellte. Ich sah mich in Daniels Kinderzimmer um. Ein klares, überschaubares Angebot an Spielsachen erschien mir wichtiger denn je. Was von alledem konnte ich aussortieren? Aller mögliche Krimskrams und überflüssige Stofftiere wanderten in den Keller. Statt dessen luden das Rollbrett zum Fahren und die Hängematte zum Schaukeln ein.

Die ersten Stunden bei der Frühförderung

Inzwischen war es Januar geworden, und wir fuhren zum ersten Mal zur Frühförderung. Ich hatte Glück, denn ich hatte nur zehn Minuten Anfahrt. Gängige Anfahrtszeiten waren bis zu 45 Minuten.

In drei aufeinanderfolgenden Stunden untersuchten eine Krankengymnastin und ein Beschäftigungstherapeut unseren Sohn. Die Feinmotorik schien auffällig zu sein, die Grobmotorik und die Körperwahrnehmung waren nicht altersgemäß entwickelt. Das Ergebnis dieser Testreihe stellte die Grundlage für den Behandlungsplan dar, der nun erstellt werden mußte. Herr Baumer, der Beschäftigungstherapeut, bat mich, mit Daniel zum Sehtest und zum Hörtest zu gehen, um auszuschließen, daß ein mangelndes Seh- oder Hörvermögen die Ursache für seine Schwierigkeiten waren. In den ersten zwei kommenden Monaten gingen wir einmal wöchentlich zur Frühförderung, ab März konnten wir dann zwei Termine pro Woche bekommen. Der Hörtest war unauffällig, ebenso der Sehtest.

Ich war bei allen Therapiestunden dabei und beobachtete Herrn Baumer und Daniel. Herr Baumer strahlte eine große Ruhe aus und ging sehr sanft mit meinem Sohn um. Ich empfand Sympathie für ihn und war überzeugt, daß Daniel bei ihm in guten Händen war. In diesen 45 Minuten hatte ich keine Verantwortung für Daniel und war nicht permanent angesprochen und gefordert. So war diese Stunde gleichermaßen eine Stunde für ihn und für mich.

Es dauerte acht bis zehn Stunden, bis der Therapeut Daniel besser kannte und genauer sah, was er brauchte. Daniel fühlte sich sehr schnell überfordert und verweigerte die Leistung. So war es für Herrn Baumer schwer, ihn zu motivieren. Zudem sah er andere Spielgeräte im Raum und wurde durch sie leicht abgelenkt. Seine Ideen trugen ihn immer wieder fort. Wollte Herr Baumer ihn dann wieder zurückholen, so drehte er sich oft unwillig ab. Seine Frustrationsschwelle war auffallend niedrig.

Einmal sollte Daniel sich auf oder in eine Tonne legen und sich sanft rollern lassen. Daniel weigerte sich und steckte statt dessen einen Stoffhasen hinein. Er wollte spielen, daß die Tonne eine Waschmaschine ist, die er dreht. Herr Baumer ging auf die Idee ein und forderte ihn auf, sich mit in die Waschmaschine zu legen. Da blockierte er und machte nicht mehr mit. Daniel konnte mit seinem Körper nicht gewandt umgehen. Daher hantierte er lieber mit dem Stoffhasen, als daß er seinen eigenen Körper ins Spiel einbrachte.

Ich überlegte. Daniel war noch nicht so weit. Vielleicht sollte mit der Therapie ganz am Anfang der kindlichen Entwicklung, also beim Schaukeln und Krabbeln und bei Berührungsreizen, begonnen werden. In diesem Sinne hatte ich die Therapiemethoden von Jean Ayres verstanden. Nach den Erfahrungen, die ich bereits gesammelt hatte, glaubte ich meinen Sohn so weit zu kennen, daß ihm eine Behandlung dieser Art gefallen würde. Daniel hatte mir auf dem Heimweg von der letzten Stunde gesagt, daß er gern einmal auf dem großen Schaukelbrett schaukeln würde, das er in dem einen Zimmer gesehen hatte. Vielleicht wäre er mit dieser Schaukel leichter zu erreichen?

Nach der nächsten Stunde trug ich Herrn Baumer meine Gedanken vor. Es war mir nicht leichtgefallen, gleich in den ersten Stunden als unerfahrener Laie die Therapie zu kritisieren. Ich hatte nicht gewußt, wie Herr Baumer reagieren würde und ob er selbstbewußt genug war, offen zu sein für meine Anregungen. Ich wagte das Gespräch. Herr Baumer wandte sich mir zu und nahm mich ernst.

Vor Beginn der nächsten Behandlungsstunde sagte Herr Baumer zu mir: „Ich habe viel über Ihren Sohn nachgedacht und über das, was Sie mir gesagt haben. Ich werde ihm zunächst kaum feste Formen vorgeben und ihm viel Körperwahrnehmung anbieten." Ich war froh und dankbar, daß er meine Kritik so positiv aufgenommen hatte. Vor seinem Verhalten hatte ich großen Respekt. Mit Aufmerksamkeit verfolgte ich weiterhin alle Therapiestunden, nahm Anregungen mit nach Hause und fragte nach, wenn ich einmal nicht verstanden hatte, warum er eine bestimmte Beschäftigung gewählt hatte. Er beantwortete immer meine Fragen.

Herr Baumer bot Daniel die erwähnte Schaukel an und schlug wahlweise vor, gemeinsam mit ihm einen Dschungelpfad zu bauen. Ich freute mich. Doch lehnte Daniel zu meiner Enttäuschung ab. Er wollte lieber mit Klötzen oder Autos spielen, das einzige neben Duplo, womit er auch zu Hause spielte. Herr Baumer ließ ihn gewähren. Ich spürte, wie ich mich innerlich dagegen wehrte, daß Daniel nun unbedingt mit Klötzen oder Autos spielen wollte und Herr Baumer es ihm auch noch erlaubte. Herr Baumer bekam meine aufkeimende Unruhe mit und bremste mich. Ich mußte noch viel Geduld lernen. Jetzt und in vielen weiteren Stunden ging Herr Baumer zunächst auf Daniels Spielidee ein und schaffte es immer irgendwie, doch dahin zu kommen, wo er als Therapeut hin wollte. So machte das Kind bereitwilliger mit, als wenn er direkt eine Anforderung an es gerichtet hätte. Für den Erfolg der Behandlung war der Spaß von ausschlaggebender Bedeutung. Also versuchte Herr Baumer, alles dementsprechend anzubieten.

Mit der Zeit wußte ich, wie Herr Baumer vorging, und beobachtete ihn neugierig. Wie schaffte er es wohl dieses Mal, an sein Ziel zu kommen? Das war manchmal regelrecht spannend.

Wie verlief Daniels Stunde weiter? Er baute aus Klötzen einen Torbogen und schob ein Auto durch. Dann holte Herr Baumer ein Kriechtunnel hervor und ermunterte Daniel, sein Auto hindurch zu schieben. In diesem Tunnel konnte er die Ausmaße und Grenzen seines Körpers spüren und ein verbessertes Raumgefühl entwickeln. Daniel machte mit und hielt in der Mitte des Tunnels an. Er rief heraus: „Bitte schaukelt mich ganz fest!“ Herr Baumer faßte den Tunnel an der einen Seite an und ich an der anderen. Gemeinsam schaukelten wir ihn. „Daniel“, sagte Herr Baumer, „wenn du nicht mehr magst, sag es. Dann hören wir auf. Gefällt es dir so?“ – „Ja!“ Und er jauchzte. Als er dann nicht mehr wollte, setzten wir ihn ab, und er kroch mit dem Auto hinaus und auf der anderen Seite gleich wieder hinein. Beim Durchkriechen legte Herr Baumer seine flache Hand auf seinen Rücken und folgte seiner Bewegung. So nahm Daniel seinen Körper noch intensiver wahr.

Beim nächsten Durchkriechen holte Herr Baumer blitzschnell aus dem Nebenraum ein Kugelbad. Das ist ein Planschbecken, das mit bunten Kunststoffbällen gefüllt ist. Er stellte es ans Ende des Kriechtunnels. Daniel staunte beim Herauskriechen, betrachtete es einen kurzen Augenblick und stieg hinein. Er ließ sich bis zu den Ohren eingraben und jauchzte die ganze Zeit. Ich wußte, daß es um die Körperwahrnehmung ging und daß sie noch besser wäre, wenn er möglichst nackt wäre. Ich war sicher, daß er sich bereitwillig Hemd und Hose ausziehen lassen würde, und zog sie ihm aus. Daniel zögerte einen Moment, wieder einzusteigen, weil die Kugeln kühl waren. Doch dann lag er wieder in den Kugeln und ließ sich richtig durchschütteln. Herr Baumer schlug ihm vor, noch einen Sprungturm aus drei Hockern unterschiedlicher Größe zu bauen. Daniel griff die Idee begeistert auf, baute einen Sprungturm, stieg hinauf und sprang laut jauchzend in das Kugelbad, in dem er wieder richtig badete. Herr Baumer legte noch ein Wippbrett vor den Turm. Das war Daniel nicht geheuer. Doch traute er sich darauf, als Herr Baumer neben ihm herging.

Ein letztes Mal durfte Daniel springen, dann wurde gemeinsam aufgeräumt. Die Stunde war wunderbar. Daniel war überglücklich und sagte danach zu mir: „Herr Baumer mein Feund is.“ Herr Baumer ist mein Freund. Es war dem Therapeuten gelungen, einen guten Kontakt zu Daniel herzustellen. Wir freuten uns beide auf die nächste Stunde.

Daniel geht mittwochs zum Reiten

Ich hatte von Hannelore gehört, daß für wahrnehmungsgestörte Kinder heilpädagogisches Reiten ganz besonders günstig ist. Ein Pferd bewegt sich beim Laufen gleichzeitig vorwärts, hinauf und hinunter und auch noch hin und her. Diese vielfältigen Schwingungen übertragen sich auf den Reiter und lassen ihn seinen Körper unbewußt wahrnehmen. Die emotionale Verbindung zum Pferd vergrößert die Freude an der Bewegung, und diese wiederum fördert die Lernbereitschaft.

Nun hatte ich durch einen Zufall erfahren, daß in dem Reitstall, der in unserer Nähe am Waldrand liegt, ein Therapiepferd steht, auf dem regelmäßig Kinder der Lebenshilfe unter Anleitung einer Krankengymnastin reiten. Ich fragte den Verantwortlichen, er hieß Walter, ob Daniel auch bei ihm reiten darf. Walter war nicht ausgebildet für heilpädagogisches Reiten, hatte aber mehrere Jahre Therapiestunden begleitet und so einige Erfahrungen gesammelt. Daniel war das Gelände vertraut. Oft waren wir bei Spaziergängen dort vorbeigekommen. Die Möglichkeit wahr verlockend. Walter stimmte zu, und Daniel freute sich auf die erste Reitstunde.

Ab März kamen wir jede Woche einmal zur Mittagszeit. Ich holte Daniel vorzeitig aus dem Kindergarten ab und radelte mit ihm direkt zum Reitstall. Erst half Daniel, Max zu striegeln und seine Hufe auszukratzen. So verlor er jede Scheu vor dem Pferd. Danach führte Walter ihn bergauf und bergab durch den Wald. Er saß direkt auf dem Rücken des Pferdes. Weder Decke noch Sattel unterbrachen den Kontakt zwischen ihm und Max. So spürte Daniel das Fell und die Bewegungen ganz unmittelbar.

Das Pferd war nicht übermäßig groß, und Daniel fühlte sich auch ohne Gurt bald ganz sicher. Durch die Unebenheit des Geländes und die vielen Bäume, denen das Pferd auswich, mußte Daniel sein Gleichgewicht immer wieder neu ausbalancieren. Gelegentlich schloß er die Augen und legte sich rückwärts oder vorwärts auf das Pferd. Er ließ sich wiegen und lauschte den Geräuschen des Waldes. Daniel ging gern zum Reiten.

Erste Fortschritte und neue Probleme

Daniel konnte die Gefahr nicht abschätzen

Die nächste Therapiestunde bei Herrn Baumer, auf die wir uns so gefreut hatten, mußte ich am Vortag absagen. Etwas Schlimmes war passiert.

Daniel war in seinem Zimmer auf die oberste Stufe der Sprossenwand geklettert und wollte über die quer davorhängende Hängematte springen. Bei uns durfte entweder in der Hängematte geschaukelt oder bei zurückgehängter Hängematte geklettert und gesprungen werden. Dabei legten die Kinder sich normalerweise die bereitstehenden Matratzenteile zurecht, die wir vom Sperrmüll haben. Sie hielten sich an diese Spielregel. Dieses Mal war Daniel allein im Zimmer. Er wollte ausprobieren, ob er über die Hängematte hinwegspringen konnte. Er hatte die Gefahr nicht erkannt und außerdem die Entfernung falsch eingeschätzt. Er blieb mit den Füßen in den Schnüren hängen und schlug zwischen herumliegenden Klötzen mit dem Hinterkopf auf den Teppichboden auf. Er schrie wie noch nie. Ihm wurde schlecht, und er konnte nicht mehr stehen. Wir brachten ihn in die Kopfklinik. Er hatte einen Schädelbruch und eine schwere Gehirnerschütterung. Der Unfall hat sich im April ereignet.

Das bedeutete eine längere Therapiepause, wo gerade die Therapie in der Frühförderung so richtig begonnen hatte. Eine mehrwöchige Pause bedeutet nicht nur Unterbrechung, sondern auch Rückschritt. Das war ein schwerer Schlag. Es war Anfang April, also genau vier Monate nach Beginn unserer Bemühungen um Daniel. Daniel erlitt zum Glück keine Gehirnblutung und keine Gehirnprellung. Er blieb 24 Stunden im Krankenhaus zur Beobachtung. Ich blieb die ganze Zeit bei ihm.

Danach traute ich mir die Überwachung selber zu. Die notwendigen Kenntnisse hatte ich als Schülerin im Rahmen einer Schwesternhelferausbildung erworben. Während meiner Ausbildung hatte ich in Kliniken zahlreiche Nachtwachen gemacht. So hatte ich Erfahrungen gesammelt. Zu Hause überwachte ich weitere 24 Stunden stündlich Atmung, Puls und Pupillenreaktion, insbesondere während des Schlafs. Bei Unklarheiten konnte ich jederzeit unseren Kinderarzt anrufen, das hatte ich vor der Entlassung aus der Kopfklinik telephonisch mit ihm besprochen, oder in die nahe gelegene Klinik zurückfahren. Von der medizinischen Seite kam ich gut zurecht.

Schwierigkeiten bereitete mir die Unruhe unseres Sohnes. Er sollte unter keinen Umständen noch einmal auf den Hinterkopf fallen. Da er noch etwas taumelig war, war die Gefahr eines Sturzes größer als sonst. Und er fiel ohnehin häufiger hin als Gleichaltrige. Daniel durfte aufstehen, wenn er sich wohl fühlte. Doch sollte er sich mit ruhigen Spielen beschäftigen. Daniel konnte aber keine Ruhe geben. Er war nicht zu bremsen. Ich sauste die nächsten drei Wochen hinter ihm her wie eine Henne, der ein Küken ins Meer gelaufen ist.

Einmal fuhr ich ein kurzes Stück mit dem Auto, um Daniel unnötige Erschütterungen beim Laufen oder auch beim Sitzen auf meinem Fahrradkindersitz zu ersparen. Alleine konnte ich ihn nicht einmal für fünf Minuten zu Hause lassen, daher hatte ich ihn mitgenommen. Ich holte Julia von der Flötenstunde ab, stieg aus und läutete. Währenddessen drehte Daniel das Fenster herunter und sprang mit einem Satz durch das geöffnete Fenster und rannte taumelnd zu mir. Eine Bekannte, die von dem noch frischen Schädelbruch erfahren und die Szene beobachtet hatte, meinte: „Das ist ja viel zu gefährlich. Da riskierst du eine Gehirnblutung. Kauf ihm Baldrian.“ Das wirkte dann eine knappe Stunde, und er fand endlich einmal zum Schlaf. Gott sei Dank blieb Daniel von diesem Sturz kein größerer Schaden zurück. Noch monatelang litt er bei Aufregung oder stärkeren Erschütterungen unter Kopfschmerzen.

Wir sehen die Veränderungen, die zu dem Unfall führten

Wie war dieser Sturz überhaupt möglich? Erinnern wir uns an den Buben, der sich noch im November nur wenig zutraute und sich seines körperlichen Ungeschicks bewußt war. Sonst hätte er die Turnstunde im Kindergarten nicht gemieden.

Ich möchte Daniels Entwicklung von November 88 bis Anfang April 89 beschreiben. Im Dezember fand er Spaß daran, unter Anleitung Reihen von Autos und Klötzen zu legen. Er setzte Puzzles aus 25 Teilen zusammen und konnte Klötze nach Farben und Formen sortieren. Bei diesen Beschäftigungen war es unentbehrlich, daß mein Mann oder ich andauernd bei ihm blieben und ihm Mut machten und halfen, wenn er nicht zurechtkam oder seine Gedanken ihn davontrugen.

Im Dezember machte er erste Versuche, sich alleine an- und auszuziehen. Wenn er nicht zurechtkam, half ich ihm. Ich glaubte ihm jetzt, wenn er sagte: „Ich mein Trumpf nicht lein auskrug." Ich kriege meinen Strumpf nicht alleine aus. Ich hatte immer gedacht, er wollte das Schlafengehen hinausziehen und mich ärgern, wenn er sich Abend für Abend ausziehen ließ. Manchmal hat er tagsüber seine Strümpfe ausgezogen, wenn er es nicht sollte. Und abends konnte er sie angeblich nicht ausziehen. Das hatte ich ihm nicht abgenommen. Jetzt erwartete ich von meinem viereinhalbjährigen Sohn nicht mehr, daß er sich alleine ausziehen kann, nur weil er viereinhalb war. Der Leistungsdruck schwand, und damit stieg seine Bereitschaft zur Mitarbeit. Das Verhältnis zwischen ihm und uns änderte sich wohltuend, indem wir seine Äußerungen glaubten und ihn ernst nehmen konnten.

Daniel bemerkte zunehmend, daß er bei den Gleichaltrigen nicht so recht mitkam, und wurde aggressiv oder zog sich in sich zurück. Er war oft traurig oder schmollte. Er ging Situationen aus dem Weg, in denen andere seine Schwierigkeiten bemerken konnten.

Zum Beispiel war er auf dem Spielplatz erst dann zum Schaukeln zu bewegen, wenn kein Kind mehr zu sehen war. Was war ich über unsere Hängematte zu Hause froh. Ohne sie wäre er weit weniger zum Schaukeln gekommen. Auf dem Spielplatz nahm ich ihn die erste Zeit beim Schaukeln auf den Schoß, weil er sich da sicherer fühlte. So konnte er meine Schaukelbewegungen spüren und mitmachen. Später saß er alleine auf der Schaukel, und ich schubste ihn an. Mit den Beinen kam er noch nicht alleine zurecht. Aber er hatte jetzt keine Angst mehr, vom Schaukelbrett zu fallen, sobald es sich beim Schaukeln schräg neigte, und ließ sich für eine kurze Weile sogar gern schaukeln. Und wenn er keine Lust mehr hatte, stoppte ich ihn ab, oder er hörte von sich aus auf zu schaukeln. Ihm wurde schnell schlecht. Auch im Auto hatte er übrigens mit Übelkeit zu kämpfen. Schon nach wenigen Kilometern mußte er sich oft schon erbrechen.

Zu den Schaukelbewegungen sprach ich oft ein einfaches Verschen. Das gleichmäßige Schaukeln und das rhythmische Sprechen ergänzen sich. Die Verbindung von Sprache und Bewegung sollte es Daniel leichter machen, ein Gefühl für den Sprachrhythmus zu entwickeln. Immer wieder sagte ich: „Zwi zwa zwott, die Schwalben fliegen fort. Sie fliegen bis nach Afrika, im Frühling sind sie wieder da." Wochenlang antwortete Daniel: „Pfi pfa pfott. Rakete fortfliegt. Asloch." Manchmal fiel es mir schwer, meinen Frust nicht zu zeigen. Ich machte mein Verschen leichter und gab den Rhythmus auf lalala an. Das mochte Daniel aber nicht. Ihm gefiel das Verschen besser. Aber er war nicht in der Lage, es nachzusprechen. Eine Fundgrube an Kinderspielverschen fand ich in Susanne Stöcklin-Meier's „Eins, zwei, drei, ritsche, ratsche, rei". Es ist hübsch illustriert. Auch größere Kinder finden darin noch reizvolle Verschen für das Gummihüpfen, Ballspielen usw. Diesem Büchlein entstammt auch der oben genannte Vers.

Im Verlauf der nächsten Wochen trat eine Veränderung in Daniels Verhalten ein. Bei Enttäuschungen hatte er sich in sein Zimmer zurückgezogen. Dort hatte er sich in seinen Vorhang eingewickelt und ein oder gar zwei Stunden onaniert. Es war mir kaum möglich, ihn aus seiner Isolation herauszuholen. Dieses Sich-Zurückziehen war im März auf einmal vorbei. Er fraß seinen Kummer nicht mehr in sich hinein. Statt dessen konnte er seine Enttäuschung auch mit Worten ausdrücken. Er kam zu mir und sagte: „Ich tauig bin." Dazu weinte er. Auch seinen Ärger konnte er auf einmal deutlicher zeigen. Wenn er wütend wurde, dann schrie er auf: „Ich ägelich bin!" Dann konnten wir zu ihm gehen und manchmal das Ärgernis beseitigen. Das gelang uns nicht immer. Heftige Wutausbrüche mit lautem Geschrei und unkontrolliertem Klötze-Werfen waren auf einmal an der Tagesordnung.

Im März lernte er das Fahrradfahren. Er hatte es auf einmal heraus und war stolz und glücklich. Knöpfe konnte er auf- und zuknöpfen, und den Reißverschluß vom Anorak bekam er nun manchmal alleine zu. Bei den Schuhen gelang es ihm fast immer, den richtigen Schuh dem richtigen Fuß anzuziehen. Und mit dem An- und Ausziehen kam er auch etwas besser zurecht. Nur durfte er nicht unter Zeitdruck kommen. Dann saß er hilflos vor seinen Anziehsachen. Selbst die Aufforderung „Zieh dir bitte den Anorak und die Schuhe an. Wir gehen in einer Stunde fort. Du hast viel Zeit" brachte ihn so sehr unter Druck, daß er sich nicht alleine herrichten konnte. In diesen Wochen konnte Daniel auf einmal bis zehn zählen.

Daniels Aussprache wurde deutlicher. Er ließ immer noch viele Anfangssilben weg und verdrehte weiterhin jeden Satz. Er begann aber, manche Sätze anders zu verdrehen.

Wir freuten uns mit Daniel an jedem kleinen Fortschritt und lobten ihn. Sein Selbstvertrauen wuchs. Er spürte, daß ihm manches gelang, was ihm bis vor kurzem nicht möglich war. Er wurde mutiger. Eine Schwierigkeit blieb bestehen. Das war das Unvermögen, Abstände und Entfernungen einzuschätzen und damit Gefahren zu erkennen. So kam es zu dem verhängnisvollen Sprung von der Sprossenwand.

Vier Wochen lang durfte Daniel nicht zum Reiten. Die Beschäftigungstherapie nahmen wir nach zwei Wochen Pause vorsichtig wieder auf. In den Kindergarten schickten wir Daniel vier Wochen lang nicht. Darüber war er sehr froh. In der Klinik hatte er, noch ganz benommen von den starken Kopfschmerzen, neben „Mama" und „mir mein Kopf tut so weh" nur einen Satz gesagt:

„Beste am Sädelbuch ich nich Kindergarten muß.“ Dann hatte er wieder geschwiegen. Dieser Kindergarten! Zorn und Trauer stiegen noch immer abwechselnd in mir empor. Daniel und auch ich waren gleichermaßen erleichtert, den Kindergarten einen ganzen Monat lang ruhen lassen zu können.

In dieser Zeit besuchte ich auch keine Spielplätze und ging nicht zum Schwimmen. Statt dessen bot ich ihm zu Hause zahlreiche Beschäftigungen an, die ich gezielt auswählte. Ich hatte einige Ideen zum Themenkreis Ordnung, Überblick und Reihenfolge-Herstellen. Wir fädelten Perlen auf, machten Knopfketten und haben alles Mögliche und Unmögliche nach Farbe und Größe sortiert. Für die Körperwahrnehmung fielen mir Kneten und das schon übliche Massieren und Bürsten ein. An jedem Tag, an dem er ansonsten keine Therapie hatte, spielte ich ein oder zwei Stunden gezielt mit ihm oder massierte ihn. Nach einigen Tagen gingen mir die Ideen und vor allen Dingen die Zeit aus. Ich mußte ja immerfort neben Daniel sitzen, sonst hörte er schon wieder mit der Beschäftigung auf.

Fast jeden Tag spielte oder vielmehr arbeitete ich mit Daniel. Ich machte das gern für ihn. Aber es war anstrengend. Ich mußte ihn immerfort motivieren und am Thema halten, damit er an unserem Spiel auch Spaß fand. Diese ein, zwei Stunden hätte ich leichter erübrigen können, wenn Daniel nicht den ganzen restlichen Tag auch immerfort um mich herum gewesen wäre. Keine zwei Minuten war ich von früh bis spät allein. Ich wagte es nicht, ihn mit seinem frischen Schädelbruch anderen anzuvertrauen.

Mir fiel auf, daß Daniel nach dem Unfall noch empfindlicher auf Gerüche reagierte als sonst. Sein Geruchssinn war auch sonst viel feiner als der meine. Ähnlich war es bei Geräuschen. Hohe, schrille Töne konnte er noch viel weniger ertragen als ich. Auch empfand er den Hautkontakt mit vielen Materialien als überaus unangenehm. Diese Hypersensibilität ist ein Teil seiner Wahrnehmungsstörungen. Ich wußte und vertraute darauf, daß sie durch sehr viel Körpererfahrungen beim Schaukeln, Wippen, Trampolin- und Hüpfballspringen sowie bei Gleichgewichtsspielen allmählich ganz verschwindet oder zumindest stark gelindert werden kann.

Zeigte Daniel in manchen Bereichen so übertriebene Reaktionen, um das Defizit der anderen Körperwahrnehmungen auszugleichen? So wie ein Blinder einen hervorragenden Tastsinn entwickelt? Der aber bedeutete für den Blinden eine große Erleichterung, während Daniel unter seinen übersteigerten Sinnen im wesentlichen nur litt. Seine Hypersensibilität brachte ihm keinen Gewinn.

Julia muß viel schlucken

Julia litt zunehmend unter Eifersucht. Daniels Therapie kostete mich jeden Tag viel Zeit, die ich für Julia nicht mehr hatte. Julia mußte zurückstecken und wurde eifersüchtig. Sie versuchte mich durch Quengeln, ein beleidigtes Gesicht und Bauchweh auf sich aufmerksam zu machen. Diese Signale galten mir. Doch Daniel empfing sie auch. Er machte sie nach, schimpfte zurück und machte ihr das Leben wirklich schwer. Er nannte sie zigmal an einem einzigen Nachmittag ein Arschloch und ließ sie nur dann in Ruhe, wenn ich mich mit ihm beschäftigte. Auf diese Weise tyrannisierte er sie und mich. Ich wollte Julia zeigen, daß ich sie nicht vergaß, und fragte sie, ob sie Lust hätte, ein Spiel mit mir zu spielen oder etwas zu basteln, was sie aussuchen durfte. Julia hatte Lust, aber Daniel ließ es nicht zu, daß ich mich mit seiner Schwester beschäftigte. Ich wagte es nicht, ihn in sein Zimmer zu bringen, aus Angst, daß er etwas kaputtmachen würde, was er bestimmt getan hätte. So war ich nur damit beschäftigt, ihn abzuwehren. Ich fühlte mich hilflos und wußte nicht, wie ich ihm Einhalt gebieten konnte. Daniels Verhalten war weit schlimmer als vor dem Beginn unserer ersten therapeutischen Maßnahmen im November. Julia war ganz verzweifelt. Und ich auch. Mein Mann versuchte auszugleichen, so gut es ging. Er bemühte sich abends rührend um unsere Tochter. Das nahm Julia aber nicht den Schmerz des Tages.

Als Daniel schon schlief und das Gespräch nicht hören konnte, erklärten wir ihr, daß Daniel für sein Verhalten nicht viel kann und daß es mit seinen Sprachschwierigkeiten zusammenhängt. „So wie du lange Zeit mit den Ohren zu tun hattest und wir deswegen oft zum Ohrenarzt gegangen sind, müssen wir Daniel wegen seines Verhaltens und wegen seiner Sprache behandeln. In diesem Fall können wir nicht einfach Ohrentropfen geben und ihm bei Wind immer eine Mütze aufsetzen. Er geht deswegen zu Herrn Baumer in die Frühförderung und zum Reiten. Ich bin sicher, daß er seine Schwierigkeiten überwinden wird. Doch das dauert. Wir alle müssen ihm dabei helfen und viel Geduld aufbringen." – „Mama", sagte Julia und ließ den Kopf hängen, „ich gebe mir ja Mühe. Aber ich kann mit Daniel nicht leben. Es ist zu schwer." Ich nahm Julia in den Arm. „Ich habe dich sehr lieb, und ich sehe dich. Und ich sehe auch, wieviel Liebe und Verständnis du mit deinen acht Jahren aufzubringen suchst. Und ich verstehe dich, wenn du es dann nicht mehr aushältst und einen Brüller losläßt. Das alles sehe ich. Aber ich kann im Augenblick nicht ändern, daß die Situation so ist, wie sie ist. Ich hoffe, daß wir die ärgsten Hürden bald überwunden haben werden." Liebevoll streichelte ich über ihr verweintes Gesicht. Ich hätte heulen können.

Wenn Daniel zuhören konnte, sprachen wir nicht von seinen Schwierigkeiten. Die merkte er selber. Da nannten wir seine Stärken: seinen auffallenden Ideenreichtum, seine Phantasie beim Basteln und Erzählen, seine Gabe, Zusammenhänge schnell zu erfassen, sein Einfühlungsvermögen, seine Zärtlichkeit, Großzügigkeit, Herzlichkeit und Liebenswürdigkeit, wenn es ihm gutging.

Manche Menschen haben häufiger mit Daniel zu tun als andere, insbesondere Verwandte, Nachbarn und Erzieher. Ihnen haben wir in seiner Abwesenheit gesagt, daß seine für andere nur schwer verständliche Sprache sowie eine Reihe anderer Auffälligkeiten durch eine funktionelle Störung bedingt sind. Falls sie sich näher dafür interessieren würden, könnten sie gern auf uns zukommen, und wir würden ihnen noch mehr erzählen. Einige kamen auf das Angebot zurück. Wir konnten zu den Störungen und den durch sie verursachten Auffälligkeiten stehen. Wir schämten uns nicht, denn wir hatten Einblick in die Zusammenhänge von Verhalten, Wahrnehmungsstörungen, motorischen Störungen sowie in Daniels Fall von Sprachstörungen erhalten. Seit wir Daniels Auffälligkeiten verstehen konnten, war es uns leichter, sie zu akzeptieren. Wir liebten Daniel genauso wie Julia. Daher war es uns ein Anliegen, um Verständnis für unseren Daniel zu werben.

Für mich selbst waren diese Gespräche wichtig. Ich konnte es nicht ertragen, mit meinem Verhalten immer wieder auf Unverständnis und Ablehnung zu stoßen. Wenn ich zum Beispiel Daniel tröstend in den Arm nahm, statt ihm die erwartete Ohrfeige zu geben. Und die Nachbarin mich mißbilligend ansah und nur meinte: „So geht es ja nicht!“ Die meisten waren jetzt freundlicher zu Daniel und sahen großzügig über manche Kleinigkeiten hinweg, die sie vorher noch beklagt hatten. So stieg Daniels Selbstwertgefühl.

Man fand unsere Therapie „interessant“, konnte sich aber nicht vorstellen, daß sie wirklich zum Erfolg führen würde. Die einen rieten, sicherheitshalber einen Logopäden dazuzunehmen, die anderen drängten uns, es endlich mit mehr Strenge und Konsequenz zu versuchen und nicht vor einer Ohrfeige zurückzuscheuen. „Diese Wutanfälle. Meinen Sie, wir hören das nicht? Und im übrigen: Das ist eine tolle Therapie. Sie hat offensichtlich schon zum Schädelbruch geführt.“ Eine andere Frau mischte sich ein: „Vor zwei Tagen hat Ihr Sohn mich beschimpft und schlimme Wörter gesagt. Sie können sich nicht immer darauf hinaus reden, daß er krank ist.“ Mit ihr hatte ich nicht über meinen Sohn gesprochen. Sie hatte von anderer Seite etwas aufgeschnappt. Von krank hatte ich nie gesprochen. Ich wehrte mich energisch und sagte ansonsten: „Ich habe die Szene mitbekommen. Mein Sohn bat Sie dreimal freundlich, ihn beim Blumengießen nicht andauernd anzuspritzen. Sie sagten: ‚Ach was, geh doch weg.‘ Das war eine sehr unfreundliche Antwort, Sie haben sich nicht korrekt benommen. Da können Sie nicht erwarten, daß er etwas Nettes zu Ihnen sagt. Im übrigen möchte ich nicht, daß Sie sich über unseren Sohn den Mund zerreißen, er geht Sie nichts an.“ Damit ließ ich sie stehen. So giftig war ich schon lange nicht mehr.

Wir wußten, daß wir auf dem richtigen Weg waren. Das war

das Wichtigste. Alle Monate telephonierten wir mit unserer Freundin Hannelore, die uns in diesem Wissen bestärkte, sich nach Daniels Ergehen erkundigte und uns weitere Anregungen gab. Seit wir von Daniels Wahrnehmungsstörungen wußten und uns seelisch auf sie eingelassen hatten, fühlten wir uns für seine Auffälligkeiten nicht persönlich verantwortlich. Wir konnten genausowenig dafür wie er. So zweifelten wir nicht an unseren erzieherischen Fähigkeiten.

Daniel badet in Rapssamen

Zwei Wochen nach dem Unfall nahmen wir die Beschäftigungstherapie wieder auf, aber vorsichtig und ohne große Sprünge. Herr Baumer baute eine Waage auf und bot Daniel einige unterschiedlich schwere Gegenstände an. Er sollte jeweils einen Gegenstand in eine Hand nehmen und abschätzen, welcher von beiden schwerer wäre. Mittels der Waage konnte er anschließend sein Urteil überprüfen. Wenige Minuten machte er interessiert mit. Dann wurde er zunehmend unruhig. Herr Baumer beobachtete Daniel gut und wechselte rechtzeitig die Beschäftigung, ehe er ausbrach. Er bot ihm an, mit Fingerfarben eine gekachelte Wand im Bad von oben bis unten anzumalen. Nach anfänglichem Widerstand verschmierte er lustvoll die Farbe in seinen Händen und drückte sie anschließend an die Wand. Die leuchtenden Farben, der Hautkontakt mit der Farbe und das Klatschen der Hände auf die Wand waren intensive Wahrnehmungsreize. In der nächsten Stunde malte Daniel seinen nackten Körper an. Der Widerstand war noch größer als beim bloßen Malen mit den Händen. Herr Baumer gelang es mit Phantasie und Einfühlungsvermögen, ihn zum Mitmachen zu bewegen. Dabei empfand Daniel zunehmend Spaß. Er bemalte sich von oben bis unten, aber nur das, was er sah. Hals, Schulter und Rücken sparte er aus, ebenso bis auf einen kleinen Tupfer auf der Nase das Gesicht. In einem großen Spiegel konnte Daniel sich sehen und auch die Körperpartien betrachten, die er sonst nicht wahrnahm. „Die Fingerfarben spannen auf der Haut, wenn sie trocknen", erklärte mir Herr Baumer, „dadurch geben sie eine zusätzliche Information zum Anmalen."

Dann zeigte er mir noch zwei Büchlein von Mario Mariotti mit Vorschlägen zum Bemalen von Armen, Händen, Gesicht und Füßen. Mittels Fingerfarben und bunten Perlen entstehen die verschiedensten Tiere und Gestalten. Die einzelnen Finger und der Handrücken sowie die Handinnenfläche haben immer wieder eine andere Funktion und werden jeweils neu wahrgenommen. Das gleiche gilt für Gesicht und Füße. Die Idee gefiel mir, und ich griff sie freudig auf. Ich hatte eine weitere Möglichkeit, Daniel auch zu Hause seinen Körper besser spüren zu lassen.

Die mangelnde Kenntnis Daniels von seinem Körper spiegelte sich in seiner Sprachentwicklung wider. Bei einem erstaunlich guten Wortschatz konnte er nur wenige Körperteile benennen, seine Zehen und Finger überhaupt nicht. Doch sind die Füße und Hände für die Berührungsreize ganz besonders wichtig. Ich kaufte Fingerfarben und bot sie bei schönem Wetter den Kindern zum großräumigen Malen im Freien an. Beide hatten einen Riesenspaß. Die entstehende Schweinerei nahm ich gern in Kauf. Früher hätte ich bei allem Sinn für glückliche, schmutzige Kinder diese Beschäftigung wahrscheinlich eher vermieden. Einmal nahm ich statt Fingerfarben eine Dose Rasierschaum oder Niveaschaum, ein anderes Mal mischte ich diesen mit einigen Spritzern Fingerfarbe. Der Phantasie sind keine Grenzen gesetzt.

In der nächsten Stunde bot Herr Baumer Daniel wieder einen starken Berührungsreiz. Dieses Mal hatte er zwei Kisten bereitgestellt, von denen die eine mit weißen Bohnen, die andere mit Rapssamen gefüllt war. Daniel liebte die geschmeidigen Rapssamen, er ließ sie über Hände und Beine laufen, drückte – noch etwas vorsichtig wegen des Schädelbruchs – seinen Kopf hinein, goß sie in eine Wanne und setzte sich selbst hinein. Um ihm eine stärkere Wahrnehmung zu ermöglichen, habe ich ihm in einem günstigen Augenblick Hemd und Hose ausgezogen. Unter die Wanne hatte Herr Baumer ein Leintuch gelegt, um herausfallende Samen danach schneller wieder einsammeln zu können. Daniel genoß das Bad. Noch einige Male bot Herr Baumer ihm die Rapskiste an, dann verlor Daniel das Interesse an ihr und wandte sich anderen Dingen zu. Ich wollte diese Idee aufgreifen und überlegte, mit welchem Material ich eine kleine Wanne füllen könnte. Es war gerade Mai und damit wieder Kirschenzeit. Ich hatte einen Kirschkern in der Hand. Er hatte keine unangenehmen Kanten und Spitzen und fühlte sich fast angenehm an. So sammelten wir unsere Kirschkerne, spülten sie in einem Sieb unter dem fließenden Wasserhahn und legten sie auf einer ausgebreiteten Zeitung zum Trocknen in die Sonne. Restliches Fruchtfleisch trocknete und fiel beim Reiben auf der Zeitung ab. Unsere Freunde aßen auch fleißig Kirschen und sammelten mit. So hatten wir bald eine bescheidene, aber gerade hinreichende Menge für ein Kirschkernbad. Das wurde bei unseren Kindern der große Renner. Sie drückten ihre Köpfe hinein und ließen sich die Kirschkerne über Arme und Beine rieseln. Manchmal wärmte ich sie im Backofen auf 50 Grad, das war dann wieder ein anderes Gefühl beim Baden. Mit den Händen und Füßen holten wir versteckte Gegenstände aus der Wanne. Wir machten ein lustiges Spiel daraus. Von sich aus spielte Daniel im Gegensatz zu seiner Schwester nicht ausdauernd mit den Kirschkernen. Ich mußte ihn dazu ermuntern und mit ihm spielen.

Das Kirschkernbad war eine Variante zu dem abendlichen Bürsten und Massieren.

In den letzten Stunden hatte Daniel sich mit den verschiedenen Berührungsreizen selber besser kennengelernt. Jetzt wechselte Herr Baumer zu Übungen für die Wahrnehmung des eigenen Körpers in bezug auf die Umgebung.

Er hängte das große Schaukelbrett etwa 15 cm über dem Boden auf und verstreute ringsum Wäscheklammern als Fische und legte ein Fischerboot in Form einer Matte an die Seite. Daniel sollte sich bäuchlings auf das Brett legen und aus der zuerst schwächer und dann zunehmend stärker schaukelnden Bewegung heraus die Fische mit den Händen angeln und in das bereitstehende Boot werfen. Wie weit waren die Fische von ihm weg und wie sehr mußte er sich strecken, um sie zu erreichen? Wieviel Kraft mußte er zum Werfen einsetzen? Daniel mußte sich nicht mehr nur mit sich, sondern mit sich in bezug auf die Umgebung auseinandersetzen. Daniel erarbeitete sich die Antworten auf die Fragen. Er kämpfte verbissen und erreichte schließlich sein Ziel. Zum Schluß ließ Daniel die Fische Herrn Baumer beißen. Daniel hatte sich gar zu sehr anstrengen müssen. Herr Baumer ließ es sich sogar gefallen.

Ein anderes Mal stellte er eine Tonne auf und legte einen Reifen in nicht zu großem Abstand auf den Boden. Dann gab er Daniel mit Erbsen gefüllte Stoffsäckchen. Die sollte er vom Reifen aus in die Tonne werfen. Im Januar hatte er ihm diese Aufgabe schon einmal gestellt, da hatte Daniel nach dem einzigen, mißglückten Versuch aufgegeben. Wie er wohl vier Monate später zurechtkommen würde? Herr Baumer half ihm über die Schwelle der Angst vor dem Versagen, indem er selber zuerst Säckchen in die Tonne zu werfen versuchte. Fast alle flogen daneben. Das war natürlich Taktik. Daniel lachte und freute sich. Jetzt wagte er es auch einmal, und sogar mit recht großem Erfolg. Er konnte seine Kraft schon besser einsetzen. Ein beachtlicher Fortschritt.

Es sind die vielen kleinen Dinge, die Daniels erfreuliche Entwicklung anzeigen, keine sofort ins Auge springenden, großen Fortschritte. Wir sind über jedes kleine Schrittchen glücklich. So haben wir immer und immer wieder einen Grund, uns mit unserem Daniel und auch mit unserer Julia zu freuen, denn jede positive Weiterentwicklung ermöglicht ein besseres Verhältnis zwischen den Geschwistern. Diese optimistische Sichtweise ist uns viel lieber als der Blick auf die vielleicht recht lange Durststrecke, die noch vor uns liegt.

Die Fortschritte machten sich auch in der Sprachentwicklung bemerkbar. Immer häufiger brachte er einen Satz in der richtigen Satzstellung, und die Leute verstanden ihn zunehmend besser. Die Stammellaute blieben zwar noch bestehen, aber es wurde allmählich eine normale Kommunikation für das immerhin fast fünfjährige Kind möglich. Jetzt hatte er es nicht mehr nötig, so viel zu spucken und zu kneifen, auch sein „Arschloch" schleuderte er uns immer seltener entgegen. Er begann, sich ganz vorsichtig für gemeinsame Spiele mit Julia zu interessieren. Wenn er den Überblick verlor oder sich nicht mehr an die Spielregeln halten konnte, brach er schnell das Spiel ab, sehr zur Enttäuschung der Schwester, die sein Verhalten nicht verstand.

Nach der Stunde mit den Säckchen trat eine siebenwöchige Unterbrechung der Therapie bei der Frühförderung ein. Wir hatten jetzt Mai. Wir verabschiedeten uns von Herrn Baumer und wünschten uns ein frohes Wiedersehen im Juli. Herrn Baumers Urlaub, unser eigener Urlaub, eine Fortbildung und Daniels Rachenmandeloperation reihten sich ungünstig aneinander. Ich war sehr, sehr froh, daß ich in etwa wußte, wie ich in diesen Wochen selber die Therapie fortführen konnte. Meine Beschäftigung mit Daniel ersetzte mit Sicherheit keine Stunden bei Herrn Baumer, aber es entstand wenigstens keine lange Pause mit dem zu erwartenden Rückschritt. Jeden Tag spielte ich gezielt eine Stunde mit ihm in der Art, wie ich es bei Herrn Baumer gesehen und von Hannelore gehört hatte. Im übrigen fiel es mir allmählich leichter, entsprechende Beschäftigungsmöglichkeiten anzubieten, und flocht spontan Therapie in den Alltag ein, wenn sich die Situation ergab.

Hannelore hat immer praktische Ratschläge

Zu Beginn der Pfingstferien besuchte uns Hannelore mit ihrer Familie. Als die Kinder im Bett waren, kamen wir auf Daniel zu sprechen. Ihr war seine positive Entwicklung bald aufgefallen. „Selbst in der Sprache beginnen sich die Fortschritte auszuwirken. Verlier den Mut nicht. Dein großer Einsatz lohnt sich, auch wenn du die Erfolge erst nach Wochen und Monaten sehen kannst. Daniel ist bereits auf dem Weg, der ihn zu einer normalen Kommunikation und Eingliederung in das soziale Umfeld führt. Das ist doch euer Ziel. Mach weiter so, das machst du ganz prima!“ Das Gespräch tat mir gut. Ich schöpfte neue Kraft aus ihrer Anerkennung. Auch mein Mann unterstützte mich sehr in meinen Bemühungen und motivierte mich, weiterhin aktiv Daniels Therapie zu unterstützen. Er selber konnte das nur in bescheidenem Umfang machen, da er aus beruflichen Gründen viel seltener mit Daniel zusammen war. Er stand aber hinter mir. Hannelore, die Fachfrau, gab uns die Sicherheit, daß wir auf dem richtigen Weg waren. Andere konnten uns zwar Mut machen, aber diese Sicherheit konnten sie uns nicht geben, da sie keine eigenen Erfahrungen hatten.

Ebenso wichtig wie Hannelores Anerkennung war für mich das Wissen, daß ich sie jederzeit um Rat und Anregungen bitten konnte. Und diese gab sie mir bei ihrem Besuch noch reichlich. Ich hörte ihr gern zu und brachte die Bereitschaft mit, ihren Hinweisen zu folgen. Ich spürte ihre Freude darüber, daß ich mich vertrauensvoll von ihr leiten ließ.

Sie begann: „Du kannst mit ihm einmal Baumstamm spielen. Wickele ihn in eine Decke ein und rollere ihn hin und her. Dann stellst du fest, daß der Baumstamm viel zu schwer ist, und beginnst ihn auszuhöhlen. Jedes Körperteil, das du berührst, nennst du. Dann rollerst du ihn wieder hin und her und höhlst ihn wieder aus. Das Spiel kann zwanzig Minuten dauern. Wichtig ist, daß du es so anbietest, daß es ihm Spaß macht. Sonst bringt es nichts. Es gibt Situationen, in denen Daniel sich einigermaßen ruhig verhalten sollte, um einen allgemeinen Streß zu vermeiden, zum Beispiel einen Restaurantbesuch. Wenn du weißt, daß ihr so etwas vorhabt, dann spiele vorher ausgiebig dieses Spiel mit ihm. Wahrscheinlich wird er dann für eine halbe Stunde oder Stunde ruhiger sein können. Sag ihm ruhig, warum du das machst. Ehrlichkeit tut gut. So kann er lernen, mit seinen Schwierigkeiten zu leben und mit ihnen bewußt umzugehen. Eines Tages wird er vielleicht vor einem Restaurantbesuch von sich aus eine ähnliche Beschäftigung suchen, wenn er weiß, daß ihm das die Wartezeit erleichtert.

Nimm dann noch Knete und ein altes Set mit. So kann er während des Wartens kneten und seine Unruhe in geordnete Bahnen lenken. Wenn ihm das Kneten guttut, wird er es vermutlich auch annehmen. Durch die fortlaufenden Berührungsreize wird er mit der für ihn fremden Situation besser umgehen können. Das

Mitbringen von Knete empfehle ich euch im übrigen auch für Einladungen, Besuche usw." Hannelore hatte immer praktische Ratschläge.

„Legt doch auch ins Auto Spielmaterial, das einen starken Berührungsreiz vermittelt, beispielsweise einen kleinen Igelball aus dem Sportgeschäft oder Noppersteine oder auch mehrere Säckchen, die mit unterschiedlichem Material angefüllt sind. Damit kann Daniel während der Fahrt seine Hände beschäftigen. So wird ihm das Stillsitzen erträglicher."

Ausflug in die schulische Zukunft

Ich erzählte Hannelore: „Daniel kann mit ziemlicher Sicherheit im Herbst in den Sprachheilkindergarten gehen." Hannelore freute sich mit mir über diese sich immer deutlicher abzeichnende Möglichkeit und fügte hinzu: „Es ist wichtig, daß du zusätzlich die Beschäftigungstherapie und das Reiten beibehältst." Dann sprach ich das Thema Schule an: „Hannelore, wie könntest du dir denken, daß Daniels schulischer Weg nach dem Sprachheilkindergarten verläuft?"

„Es ist davon auszugehen, daß euer Daniel die ganze Grundschulzeit störungsanfällig bleiben wird. Auf Druck und Leistungszwang wird er leicht mit Leistungsverweigerung reagieren. So wird es immer wieder irgendwelche Aufregungen geben." Diese Aussichten waren nicht rosig, und ich überlegte, welche Schultypen für ihn in Frage kommen könnten. „Unsere Grundschule kenne ich als besonders leistungsorientiert. Da kann ich mir unseren Sohn nicht vorstellen. Soll ich an die Sprachheilschule denken?" Ich wußte, daß dort die Klassen mit zehn bis zwölf Kindern sehr klein sind und daher jedes einzelne Kind optimal gefördert und betreut werden kann. Mir war auch klar, daß dort der normale Grundschulstoff durchgenommen wird, so daß nach der zweiten Klasse ein Übergang in die dritte Klasse der normalen Grundschule möglich ist, soweit ein weiterer Besuch der Sprachheilschule bis zur vierten Klasse nicht als vorteilhafter für das Kind anzusehen ist. Nach vier Jahren Sprachheilschule besuchen die Kinder in der Regel die fünfte Klasse Hauptschule. Von dort sind alle Wege offen.

Alles klang so positiv. Und dennoch fiel es mir schwer, unseren Sohn in der Sprachheilschule zu sehen. Ich äußerte Bedenken: „Dann beginnt jeder Lebenslauf mit dem Besuch der Sprachheilschule. Das könnte ihm später im Weg stehen. Den Kindergarten bräuchte er ja nicht zu erwähnen.“ Was störte mich? Ich wußte es selber nicht. Ich glaube, ich brauchte Zeit, mich seelisch auf die Möglichkeit der Sprachheilschule einzustellen.

Hannelore teilte meine Meinung, daß Daniel an der Grundschule nicht gut aufgehoben wäre. „An die Sprachheilschule denke ich aber auch nicht unbedingt. Warte doch das nächste Kindergartenjahr ab. Da kann sich in der Entwicklung noch viel tun. Dann entscheidet euch für oder gegen die Sprachheilschule. Bei der intensiven Förderung, die er durch den Beschäftigungstherapeuten, das Reiten, den Sprachheilkindergarten und eure eigenen unterstützenden Maßnahmen erfährt, ist sie vielleicht gar nicht erforderlich. Eine Schwierigkeit sehe ich in dem Wechsel von der zweiten Klasse der Sprachheilschule in die dritte Klasse der Grundschule, die auch im Vergleich zur zweiten Klasse Grundschule mehr Leistung verlangt. Daniel käme dann aus dem sehr geschützten Raum in den scharfen Wind des Leistungsdrucks und würde vielleicht nicht zurechtkommen. Was deine Bedenken bezüglich des Lebenslaufs betrifft, so halte ich dieses Argument nicht für stichhaltig. Wenn die Sprachheilschule die richtige Schule für dein Kind ist, dann gehört es eben dahin. Für seine Persönlichkeitsentwicklung ist es sehr wichtig, daß er nicht beständig an seiner Leistungsgrenze anstößt.“ Das war sicher ein wichtiger Punkt. „Hannelore, das ist völlig klar. Ich werde mich immer für die Interessen des Kindes entscheiden. Aber ich brauche Zeit, um sie in diesem Bereich sehen zu lernen. Du sagtest, daß du nicht unbedingt an die Sprachheilschule denkst. Falls wir uns aufgrund der Entwicklung, die Daniel im nächsten Jahr durchmachen wird, gegen die Sprachheilschule entscheiden sollten, wofür könnten wir uns denn entscheiden, wenn wir der Grundschule ausweichen wollen?“ – „Ich denke an die Waldorfschule oder an die Montessorischule. Da wird meiner

Meinung nach weniger Druck ausgeübt. Das wird ihm guttun." Eine Montessorischule gab es nicht in erreichbarer Nähe, wohl aber eine Waldorfschule. Es ist nicht leicht, sein Kind dort unterzubringen. Da hörten wir, daß Daniel noch einmal aus dem Bett zu uns kam. Wir wechselten das Thema.

Daniel überkommt schnell die Wut

Er suchte ein Auto, das er auf dem Tisch liegengelassen hatte. Er nahm es sich und ging wieder in sein Bett. Hannelore zog die Augenbrauen hoch: „Das war interessant. Hast du das beobachtet? Er nahm das Auto mit der linken Hand von der linken Tischhälfte und übergab es an die rechte Hand. Er kreuzt noch nicht regelmäßig die Körpermittellinie, das ist eine gedachte Linie von der Nasenspitze mitten durch den Körper nach unten, so als ob du ihn in eine rechte und eine linke Hälfte trennen woltest. Dieses Verhalten zeigen normalerweise nur viel kleinere Kinder." Das war mir nicht aufgefallen. Mir wurde wieder schmerzlich bewußt, daß unser Sohn noch sehr viel nachzuholen hatte. Ich erschrak, und es tat mir weh. Da hörte ich lautes Geschrei. Daniel muß sich weh getan haben. Das passierte ihm besonders leicht, wenn er müde war. „Mama", weinte er, „ich mir auf die Zunge bissen hab. Mir so sehr tu weh." Der eine Zungenrand war aufgebissen und blutete ziemlich. Er hatte sich schon oft die Zunge oder die Wange blutig gebissen. Vermutlich hatte er für seine Zunge wenig Gespür. Ich tröstete ihn, nahm ihn auf den Arm und schaukelte ihn sanft hin und her. Er beruhigte sich langsam. Dann trug ich ihn in sein Bett, und er schlief ein.

Wenn Daniel weinte, weinte er hemmungslos. Er durchlebte körperliche und seelische Schmerzen äußerst intensiv. Ähnlich war es, wenn er wütend war. Dann explodierte er und verlor die Kontrolle über sich. Die Wut konnte ihn sehr schnell überkommen. Er wechselte abrupt die Stimmungslagen und durchlebte sie bis zum Äußersten. Ebenso stark waren seine positiven Empfindungen. Er konnte sich unglaublich freuen und auch ganz außergewöhnlich einfühlsam und lieb sein. Er besaß einen großen

Reichtum an möglichen Gefühlsäußerungen. Das ist ein richtiger Schatz, er muß nur noch lernen, diesen Schatz besser einzusetzen. Diese intensiven Gefühle und die Schwierigkeit, mit ihnen umzugehen, hängen ebenso mit Daniels Wahrnehmungsstörungen zusammen wie der häufige Biß auf die Zunge.

Hannelore reiste wieder ab. Wir hatten viel miteinander geredet, und ich war gern mit ihr zusammen gewesen. Sie hatte sich gefreut, Daniel wiederzusehen und schon so viele Fortschritte zu erkennen seit der letzten Begegnung im November. Mir war es auch wichtig, daß sie ihn wieder erlebt hat. Wo er wohl bei unserem nächsten Treffen in seiner Entwicklung stehen würde.?

Auf dem Spielplatz gelang es Daniel zunehmend, sich einer kleinen Gruppe spielender Kinder anzuschließen und richtig mitzumachen. Er brauchte auch nicht mehr so lang, um mit dem Spielen beginnen zu können. Wieder ein kleiner Fortschritt, den wir deutlich sahen. An Geräte wagte er sich nach wie vor erst, wenn andere Kinder weggegangen waren. Sie sollten nicht sehen, wie ungeschickt er sich vielleicht anstellen würde. Und niemand durfte ihn ablenken, wenn er mit höchster Konzentration beim Schaukeln seine Beine gleichzeitig vor und zurück zu bewegen versuchte. Schon das Plätschern eines Springbrunnens konnte ihn völlig aus dem Konzept bringen.

An vielen Kleinigkeiten konnten wir die positive Entwicklung unseres Sohnes erkennen. Daneben gab es noch ein sehr belastendes Thema.

Das war der Kindergarten, in den Daniel nun wieder ging. Von Montag bis Freitag gab es jeden Morgen das gleiche Drama. Daniel wollte am liebsten in einem Mauseloch verschwinden, um nicht dorthin zu müssen. Er sperrte sich beim Anziehen, beim Essen und beim Zähneputzen und versteckte sich in der Wohnung. Gerade beim Frühstück kam es von Montag bis Freitag regelmäßig zu Szenen. Der geringste Anlaß genügte, um Daniel ausrasten zu lassen. Dann stieß er Teller vom Tisch oder warf Tassen um. Wir erdachten alle möglichen Konsequenzen, zum Beispiel, daß er alleine essen mußte. Doch damit änderten wir nichts zum Positiven. An den Wochenenden und in den Ferien fiel ihm der Beginn des Tages deutlich leichter.

Er zog den Weg in den Kindergarten und das Ankommen bis zum letzten Augenblick hinaus. Bedrückt betrat er dann die Räume des Kindergartens. Geweint hat er dort nicht. Die Situation war für ihn ebenso belastend wie für den Rest der Familie. Wir litten alle darunter. Er fand in seiner Gruppe kaum Anschluß und saß, wie es auf Fotos durchgehend zu erkennen ist, immer ein klein wenig abseits. Er zog sich mehr und mehr zurück. Wenn ich ihn mittags abholte, war er zunehmend geladen und aggressiv. Manchmal kam es im Kindergarten trotz aller Isolation zu Konflikten mit anderen Kindern. Dann half ihm niemand, sich zurechtzufinden. Ich sprach die Gruppenleiterin darauf an. Sie sagte: „Ein normaler Kinderstreit. Er muß lernen, sich allein zurechtzufinden." Ich versuchte, um Verständnis für Daniels Verhalten zu werben, und bat, ihm beim Lösen von Konflikten zu helfen. Sie konnte sich nicht vorstellen, daß er mit seinen fast fünf Jahren in einer so einfach scheinenden Situation den Überblick verlieren konnte, und glaubte nicht an Daniels angebliche Wahrnehmungsstörungen. Mit Sicherheit hatte sie in der Ausbildung noch nichts darüber gehört, denn diese Erkenntnisse wurden hier erst in den letzten Jahren bekannter.

Wir erwogen, Daniel für die verbleibenden drei Monate ganz aus dem Kindergarten zu nehmen. Im September sollte er aller Voraussicht nach in den Sprachheilkindergarten aufgenommen werden. Wir sprachen mit dem Rektor der Sprachheilschule. Er riet uns, ihn trotz aller Schwierigkeiten im Kindergarten zu lassen: „Es ist wichtig, daß er gruppengewöhnt ist. Bei uns wird er auch mit einer Gruppe zurechtkommen müssen, sie ist zwar viel kleiner, umfaßt aber doch acht bis zehn Kinder. Bieten Sie ihm an, an einem Tag, an dem er Beschäftigungstherapie bekommt, zu Hause bleiben zu dürfen." Wir hielten uns an diesen Rat. Daniel ging noch bis Juli in den Kindergarten. Einen Tag in der Woche blieb er zu Hause.

In den Pfingstferien reisten wir nach Dänemark. Wir verbrachten bei strahlendem Sonnenschein zwei besonders schöne Wochen am Meer. Wir fuhren mit dem Zug im Schlafwagen, unsere Fahrräder hatten wir vorausgeschickt. Am Ferienort liefen unsere Kinder im Gras und im Sand viel barfuß, sie buddelten Löcher, schleppten Steine und bauten daraus eine Piratenburg. Sie balancierten auf Steinmäuerchen und warfen um die Wette Steine, Äste, Zweige, Muscheln und was sie sonst noch fanden, ins Meer. Wir fuhren auch viel auf unseren Rädern. Daniel konnte auf den ungefährlichen Wegen schon alleine fahren. Das viele Barfußlaufen und das Spielen der Hände mit den unterschiedlichsten Materialien boten Daniel intensive Berührungsreize. Sie ließen ihn seinen Körper deutlicher wahrnehmen. Das Heben, Tragen, Werfen und Schieben von unterschiedlich beschaffenen Gegenständen bewirkte Zug und Druck auf die Gelenke. Er lernte dabei, wieviel Kraft er in den unterschiedlichen Situationen einsetzen mußte. So erlebte er seinen Körper in bezug auf die Umgebung.

Bei dem häufig starken Wind mußten wir uns auf unseren Rädern beständig neu ins Gleichgewicht bringen. Auch Daniel schaffte es und war glücklich darüber. Wenn er stürzte, dann war es nicht das Gleichgewicht, mit dem er Schwierigkeiten hatte, sondern die Konzentration. Ich erinnere mich, wie er vom Fahrrad fiel, weil Julia vor ihm auf einmal Slalom fuhr. „Julia so zickzack fahrn is. Das mich drausbracht hat." Er weinte. Es war weniger der Schmerz als der Mißerfolg, der ihm weh tat. Wir trösteten ihn und baten Julia, nur hinter Daniel Slalom zu fahren. Sie bemühte sich um Rücksichtnahme und hielt sich daran, wenn sie an den Bruder dachte. Doch vergaß sie ihn oft, schließlich war sie erst acht Jahre alt und ein richtiger Spring-ins-Land.

Für Daniel war es bei allen Beschäftigungen wichtig, daß er den Überblick über eine Situation behalten konnte. Sonst tat er sich leichter weh oder kam beim Balancieren vom Mäuerchen ab. Die Schuld daran gab er dann demjenigen, der ihn vielleicht nur durch seine bloße Gegenwart abgelenkt hatte. Im Nu kam es dann zu Geschrei oder zu Handgreiflichkeiten. Daher spielte Daniel am ausdauerndsten dort, wo er alleine oder noch lieber zusammen mit nur einem gleichaltrigen Kind war. In der Zweierbeziehung kam er einigermaßen zurecht, doch blieben wir in erreichbarer Nähe, um gegebenenfalls eingreifen zu können. Wir wollten verhindern, daß Daniel häufig Streit und Tränen verursachte, weil er dann schnell unbeliebt und in eine Außenseiterrolle gedrängt werden würde. Wenn er niemanden zum Spielen hatte, setzten wir uns in seine Nähe oder spielten zusammen mit ihm. Julia hatte andere Bedürfnisse, sie wollte mit den anderen Kindern zusammen sein. Wir bemühten uns, mit unserem Tagesablauf den Wünschen beider Kinder entgegenzukommen.

Hinter unserer Ferienwohnung befand sich ein großräumiger Spielplatz mit Schaukeln und Klettermöglichkeiten. Viele Kinder spielten dort und auch unsere Julia. Sie fand immer Anschluß. Daniel hingegen fühlte sich verunsichert. Er überblickte die Situation nicht. Dort, wo so viele Kinder waren, konnte er auch mit dem Freund, den er gefunden hatte, nicht spielen. Die vielen Geräusche und Tätigkeiten der anderen verwirrten ihn völlig. Da suchte er sich einen großen Stock oder nahm seine Wasserpistole mit. So ausgerüstet, fühlte er sich schon sicherer. Und wenn dann jemand auf ihn zuging, sagte er: „Peng-peng" und fuchtelte mit seiner Waffe. Seine Mimik verspannte sich dabei. Gelegentlich war kein Kind auf dem Spielplatz. Dann wagte Daniel sich an meiner Hand an die Spielgeräte. „Mama, jetzt niemand da is, da wir rumtollen können!" Mit verhaltener Neugierde probierte er die Geräte aus. Er war sehr vorsichtig. Er hatte den Schrecken des Schädelbruchs noch in den Knochen.

Mit seinem Prügel schlug er auf die anderen nicht ein, die fühlten sich aber dennoch bedroht. Verschiedene Eltern forderten ihn auf, den Prügel wegzulegen, oder nahmen ihn ihm ab. Er verlor dann den rettenden Griff, an dem er sich festhielt, und konnte nicht erklären, warum er ihn brauchte. Wenn wir so eine Situation mitbekamen, griffen wir immer ein. In aller Ruhe erklärten wir den Eltern: „Daniel braucht diesen Prügel, um sich sicherer zu fühlen. Er schlägt damit nicht, wenn er in Ruhe gelassen wird. Wir verstehen, daß dieser Prügel Sie oder Ihr Kind irritiert. Mit Verboten erreichen wir aber nichts. Ihr Kind kann gern zu uns kommen und bei uns spielen. Einer von uns bleibt dabei. Sobald er Zutrauen gefaßt hat, kann er den Prügel in die Ecke legen.“ Die meisten Eltern zeigten Verständnis und machten keine Bemerkungen mehr.

Mit einem Kind spielte Daniel besonders gern, er aß des öfteren auch bei ihm. Der Bub hatte noch zwei kleinere Geschwisterchen. Mit ihnen kam Daniel nicht zurecht. Sie faßten Dinge an, die anzufassen er ihnen verboten hatte. Selbst ein verzweifeltes Nein half nicht. Es wollte nicht in seinen Kopf, daß kleinere Kinder eben alles anfassen wollen. Dann mußte jemand die Kleinen woandershin setzen. Sonst hätte Daniel in seiner Hilflosigkeit gebissen oder geschlagen. Den Eltern dieser Kinder erklärten wir in Daniels Abwesenheit die Ursachen für Daniels Verhalten. Sie gingen sehr liebevoll mit ihm um und griffen ein, wenn sie merkten, daß er überfordert war. Daniel besuchte diese Familie oft und war ein gerngesehener Gast. Und sein Freund ging bei uns ein und aus. Das tat Daniels Selbstbewußtsein gut. Julia war auch gelegentlich dabei, meist war sie mit einer eigenen Freundin zusammen.

In der zweiten Ferienwoche bemerkten wir eine deutliche Veränderung in Daniels Sprache. Er hatte für „gefunden“ immer nur „fund“ gesagt. Beim Partizip Perfekt Passiv hatte er immer die Vorsilbe ge- und die Endung -en weggelassen. Jetzt stürmte er strahlend zu uns: „Ich meine Saufel gefunden habe!“ Betont deutlich sprach er das „gefunden“ aus, er ließ es fast auf der Zunge zergehen. „Ich freue mich mit dir darüber, daß du die Schaufel gefunden hast. Und ich freue mich auch, daß du das so schön gesagt hast.“ – „Gefunden“, sagte Daniel noch einmal und strahlte. Ich nahm ihn in die Arme und drückte ihn. Ein paar Tage später sagte er einen auffallenden Anteil aller Sätze in der richtigen Satzstellung. Auf einmal wurde er viel besser verstanden. Damit bekam er zunehmend Freude daran, auch anderen Leuten etwas zu erzählen. Er mußte nicht mehr alles zwei- oder dreimal sagen. Dann macht es nämlich keinen Spaß mehr, eine spannende Geschichte zu erzählen. Jetzt wagte er es, Kinder und Erwachsene anzusprechen und auf diesem Weg einen Kontakt herzustellen.

Fast immer wurde er verstanden. Manchmal sagte er unpassende Dinge, zum Beispiel: „Guck nicht so albern." Das war dann ein mißglückter Versuch, Kontakt aufzunehmen. Damit handelte er sich bisweilen eine blöde Bemerkung ein. Meistens kam er aber an. Er konnte zum Beispiel um eine Erklärung bitten oder fragen, ob er mitspielen darf, und auch sagen, daß er etwas nicht wollte. Das alles war ihm bislang außerhalb der Familie nicht möglich gewesen. Von einem Tag auf den anderen brauchte er seinen Prügel nicht mehr. Er hatte ausgedient. Das war ein richtiger Freudentag.

Am Ende des Urlaubs stand die lange Heimreise im Zug. Sie dauerte den ganzen Tag. Auf der Hinfahrt hatten wir die meiste Zeit im Schlafwagen einfach verschlafen. Wie würde die Fahrt verlaufen? Würde Daniel sehr viel von einem Waggon zum anderen laufen und andere Fahrgäste durch Zunge-Rausstrecken, unmotiviertes Auf-die-Beine-Schlagen und ähnliches belästigen? Die Fahrt verlief so glatt, wie wir es nicht zu hoffen gewagt hatten. Daniel war ausnehmend ausgeglichen. Er und Julia verstanden sich gut, und die Atmosphäre war angenehm und gelöst. Daniel nahm gelegentlich Kontakt zu anderen Reisenden auf, und zwar in ausschließlich liebenswürdiger Weise. Auch ging er im Zug etwas spazieren. Doch mußten wir ihm nicht beständig hinterherwetzen. Wir waren sehr glücklich.

Zurück im Kindergarten fiel den Erzieherinnen sofort auf, daß Daniel sich verändert hatte: „Er setzte sich mit an den Tisch und erzählte und erzählte. Er spricht ja viel besser!" Der Urlaub hat ihn ein großes Stück weitergebracht.

Die Rachenmandeln werden herausoperiert

Wenige Tage später wurde er ambulant operiert. Die Rachenmandeln mußten entfernt werden. Wochen vorher hatten wir diesen Termin bekommen. Ich betrat mit Daniel die Praxis der Anästhesistin. Das Wartezimmer war hell und freundlich ausgestattet, und eine ruhige Atmosphäre umgab uns. Dennoch war da eine unterschwellige Unruhe. Auf den Stühlen saßen lauter Eltern, die eine besorgte Miene machten und ihr Kind so normal als möglich zu behandeln suchten.

Meine Ausbildung zur Schwesternhelferin kam mir wieder zugute. Ich hatte mehrere Operationen gesehen und wußte, wie es in einem Operationsraum aussah. Er hatte für mich keinen Schrecken. So war ich gelassen. Ich wußte, was auf Daniel und was auf mich zukam. Neugierig betrat Daniel den Operationsraum, er sah viele Schläuche und Geräte, alles war in Grün oder Weiß gehalten, nur die Geräte glänzten silbern. Der Chirurg war Daniel bekannt, er war sein Hals-Nasen-Ohren-Arzt. Er begrüßte ihn freundlich und strahlte eine ruhige Sicherheit aus. Die Anästhesistin lenkte Daniels Interesse gleich auf eine kleine Maus, die mit dem Ballon für die Narkosemaske verbunden war. Auch sie hatte einen Ballon mit einer Maus. Wer von ihnen beiden wohl besser in den Ballon pusten könnte? Das würden sie gleich an den Hüpfern der Maus erkennen. Daniel ließ sich nicht lumpen. Er saß auf meinem Schoß und blies und blies, und seine Maus hüpfte mehr als die andere. Lachend schlief er ein. Ich half noch, ihn richtig auf den Tisch zu legen, und ging hinaus.

Nach der Operation erwartete ich ihn im Aufwachzimmer. Er wurde mir gleich gebracht und konnte bei mir aus der Narkose aufwachen. Er schrie und wandte sich. Er hatte einen sehr starken Narkoserausch. Andere Leute, deren Kind auf der zweiten Liege im gleichen Raum lag, beschwerten sich über das Geschrei. Ich mußte meine ganze Kraft aufbringen, um Daniel auf der Liege festzuhalten. Der Arzt kam zu mir, um mich zu beruhigen: „Er hat keine Schmerzen, er spürt überhaupt nichts. Das ist nur der Narkoserausch.“ – „Ich weiß“ erwiderte ich, „ich habe als Studentin zahlreiche Narkosewachen gehalten.“ Wie froh war ich um diese Erfahrung. Schließlich kam Daniel zu sich. Ich war erleichtert, als er wieder ansprechbar war und mir in die Augen blickte. Ich konnte ihn jetzt locker im Arm halten, und er lehnte sich an mich. Es war, als ob wir beide sagen wollten: Gott sei Dank können wir diese zwei Stunden gemeinsam verbringen. Daniel mußte bei keiner fremden Person aufwachen, und ich konnte ihn im Arm halten.

Ein Jahr später las ich in einem Informationsblatt der Phosphat-Liga, daß hyperaktive Kinder oft ein bestimmtes Narkosemittel nicht vertragen und mit extremer Unruhe reagieren. Vielleicht hatte er dieses Mittel bekommen. Zwei Tage nach der Operation ging es Daniel wieder richtig gut. Selbst beim Schlucken hatte er keine Beschwerden mehr.

Wieder einmal telephonierte ich mit Hannelore. Sie gab mir eine interessante Information: „Auffallend viele wahrnehmungsgestörte Kinder leiden an Polypen, wie die Rachenmandeln im Volksmund heißen. Die Polypen verändern die Druckverhältnisse im Kopf und beeinträchtigen dadurch die Wahrnehmung. Sie verlegen schnell die Tuben, über welche die Pauken im Ohr belüftet werden. Das ist sehr ungünstig für die Entwicklung des Hörens und Sprechens und damit für die gesamte Entwicklung. Übrigens sind häufige Mittelohrentzündungen im Kleinkindalter wegen der damit verbundenen Paukenergüsse aus dem gleichen Grund eine nicht zu unterschätzende Gefahr. Die eigentliche Entwicklung der Sprache ist im Alter von drei Jahren abgeschlossen. Danach kommen nur Verfeinerungen dazu. Wenn ein Kind bis zu diesem Zeitpunkt wiederholt Schwierigkeiten mit dem Hören hat, dann bleiben Störungen in seiner gesamten Entwicklung nicht aus. Es hängt ja alles zusammen. Verstehst du, was ich meine? Nun komme ich auf die Polypen von deinem Daniel zurück. Vermutlich wird diese Operation Daniels Entwicklung günstig beeinflussen. Sinnvoller wäre es jedoch gewesen, sie schon viel früher herauszuoperieren." Bei so viel Stimulation der Wahrnehmung ist es natürlich nicht möglich, Entwicklungsfortschritte der Operation oder den verschiedenen Fördermaßnahmen zuzuschreiben. So kann ich nicht sagen, ob Hannelores Vermutung zutraf.

Wir lernen Ball zu spielen

Eine Woche nach der Operation nahmen wir wieder das wöchentlichen Reiten auf. Durch unseren vorangegangenen Urlaub war es zu einer mehrwöchigen Pause gekommen. Daniel freute sich schon auf die Reitstunde. Er ließ sich wie immer von links auf das Pferd heben und nahm einen Büschel von der Mähne in die Hand. Walter lockerte ihm wiederholt die Arme und Beine, indem er sie ausschüttelte. Sechs- oder siebenmal war er seit März schon mit Walter in den Wald geritten. Er wagte es, über längere Zeit seine Augen zu schließen und sich einfach vom Pferd schaukeln zu lassen. Dabei kniff er die Augen etwas zusammen. So ganz locker war er nicht. Auch spannte er immer wieder die Muskeln der Arme und Beine an. Das tat er nicht, weil er Angst hatte. Ich glaube, daß er mit seiner Muskelspannung nicht zurechtkam.

Auf dem Pferd waren ihm Dinge möglich, zu denen er sonst nicht in der Lage war. Walter wollte mit ihm Ball spielen. Ich wußte, daß Daniel selbst aus kurzer Entfernung einen Ball nur mit Mühe fangen konnte. Was würde passieren? Ich stellte mir vor, daß Daniel den Ball nicht fangen kann und dann die Beherrschung verliert, vom Pferd springt und wegrennt. Aber es kam anders. Zu meinem größten Erstaunen spielte er Ball, als ob es das Selbstverständlichste auf der Welt wäre. Er warf ihn Walter zu, mit etwas zu viel Kraft, aber doch so, daß er ihn immer fangen konnte, dann warf Walter ihm den Ball zurück, und er fing ihn ganz locker auf. So ging das eine ganze Weile. Dabei ging das Pferd im Schritt. Das Erfolgserlebnis beflügelte Daniel. Danach stellte Walter einen Eimer auf den Boden. In ihn sollte Daniel von dem langsam gehenden Pferd aus den Ball werfen. Manchmal traf er. Und wenn er daneben getroffen hatte, sagte er frischen Muts: „Fast hätte ich getroffen!“ Auf dem Pferd ging es ihm ganz besonders gut. Seine Körperwahrnehmung wurde dort so gut stimuliert, daß sein Konzentrationsvermögen und seine Motorik einfach besser funktionieren konnten. So nahm ich den Umstand gern in Kauf, jeden Mittwoch mittag ein bis zwei Stunden für das Reiten daranzugeben. Julia kam an diesem Tag glücklicherweise erst spät aus der Schule. So war ich mit Daniel immer rechtzeitig zurück, bevor sie vor der Türe stand.

Das Ballspielen hatte für Daniel und mich eine Vorgeschichte. Ich hatte bemerkt, daß Daniel dem Ballspielen mit Gleichaltrigen auswich. So hatte ich versucht, ihn zum Spielen mit mir zu animieren. Er hatte seine Hände aber nicht ausgestreckt, sondern sie schützend vor sein Gesicht gelegt. Er hatte gewußt, daß er den Ball nicht fangen konnte, und befürchtet, daß er ihn treffen würde. Bloßes Zureden war nicht sinnvoll und auch mit Vor- und Nachmachen kamen wir nicht weiter. Was konnte ich tun?

Den entscheidenden Hinweis fand ich in Britta Holles Buch „Die motorische und perzeptuelle Entwicklung des Kindes". Ich las über die verschiedenen Entwicklungsstufen nach, die schließlich zum Ballspielen führten. Kleine Kinder fangen den Ball, indem sie ihn mit ihren Patschhändchen an die Brust drücken. Das konnte Daniel nicht, weil er mit den Augen der schnellen Bewegung des Balls nicht folgen konnte. Wollte er ihn fangen, bevor er den Körper berührte, so mußte der Ball langsamer fliegen, und er mußte die Finger spreizen können. Genau das konnte er nicht.

Daraufhin machte ich mit ihm Übungen und Vorübungen zum Spreizen der Finger. Ich erwähnte nicht, daß unser Spiel mit dem Ballspielen in Verbindung gebracht werden kann. Die Übungen bestanden zuerst darin, ihm seine Finger überhaupt bewußtzumachen. Auf jede Fingerkuppe steckte ich ein buntes Papierhütchen oder verwendete einfarbiges Papier und malte mit unterschiedlichen Farben Gesichter, Autos, Blumen oder etwas anderes darauf. Dann besuchten sich die Finger gegenseitig. Also flog die Biene zur gelben Sonnenblume und zur blauen Glockenblume. Dabei war der Daumen die Biene, der die anderen Finger besuchte. Das fiel Daniel sehr schwer, und ich half ihm.

Wenn er keine Lust mehr am Besuch der Finger hatte, schlug ich vor, seine Hand auf Papier zu legen und mit einem Stift zu umfahren. Die Berührung des Stiftes vermittelte einen Tastreiz. Anschließend malten wir jeden Finger anders an und versuchten an Daniels Hand die Finger auf dem Papier wiederzuerkennen. Im Laufe des Alltags fand ich immer wieder eine Gelegenheit, solche Übungen spontan einzubauen.

Nach ein paar Tagen versuchte ich es wieder mit dem Ballspielen. Ich nahm einen Luftballon, blies ihn auf und steckte ihn in einen Kissenbezug. Der flog langsamer als ein normaler Ball und hatte so viele Zipfel, daß Daniel ihn einfach erwischen mußte. Gespensterball nannte ich das. Das Spiel gelang Daniel, und er hatte großen Spaß.

Vor dem Werfen ließ ich ihn hauptsächlich fangen. Das Werfen war für ihn schwerer, da er noch nicht wußte, wieviel Kraft er einsetzen mußte. Ich stellte einen Wäschekorb auf und warf abwechselnd mit ihm verschiedene Bälle, Stofftierchen und Bauklötze hinein. Jedes hatte sein eigenes Gewicht, und Daniel mußte sich jedesmal neu auf das Werfen einstellen und herausfinden, mit wieviel Kraft er die einzelnen Gegenstände werfen mußte. Ich traf absichtlich meistens daneben. Das ermunterte ihn zum Mitmachen.

Erst nach diesen Vorübungen spielten wir mit dem richtigen Ball. Daniel konnte mit mir aus geringer Entfernung richtig Ball spielen. Ich gab ihm den Rat, die Hände beim Fangen ein wenig zu spreizen, weil er dann den Ball besser halten kann. Ich warf ihm den Ball behutsam in die Hände, und er spreizte seine Finger, wenn er die Arme nach ihm ausstreckte. Er fing den Ball und warf ihn mir zurück. So ging das hin und her. Ich sagte zu Daniel: „Du kannst ja schön Ball spielen. Ganz toll!“ Daniel strahlte und sagte: „Ich bin geschickt geworden!“ Er hatte wieder eine Hürde genommen.

Sogar mit Julia konnte er schon ein wenig Ball spielen. Sie wußte, daß sie ihm den Ball behutsam zuwerfen mußte. Sie gab sich Mühe, sich an sein Können anzupassen. Er hatte aber keine Ausdauer und wollte bald etwas anderes machen. Das ärgerte dann Julia. An ein Spiel zu dritt war noch nicht zu denken. Ich war zufrieden, daß jetzt ein kleines Spiel zu zweit möglich war. Der nächste Schritt hatte noch Zeit.

Ein fröhliches Spiel mit dem Rollbrett

Wir spielten nicht nur Ball miteinander. Einmal ergab sich ein fröhliches Spiel mit dem Rollbrett. Daniel legte sich auf unserer Terrasse bäuchlings auf das Rollbrett und schob sich mit den Armen an. Er fuhr hin und her und hatte seinen Spaß, dann verlor er die Lust, sich alleine zu beschäftigen. Ich freute mich, daß er das Rollbrett verwendete und wollte versuchen, ihn zu weiteren Fahrten zu ermuntern. Ich holte ein paar Spielfiguren und legte sie auf die eine Seite der Terrasse. Auf der anderen Seite breitete ich ein Tuch aus der Verkleidungskiste aus. Die Spielfiguren sollten Fische sein und das Tuch der Hafen. Er war der Fischer auf dem Fischerboot. Damit griff ich eine Spielidee von Herrn Baumer auf.

An dem Rollbrett befand sich ein Seil. Es war durch das Loch gezogen und unten verknotet. „Daniel, kannst du mir einen Fisch zum Boot bringen und hineinwerfen?" Daniel legte sich wieder auf das Rollbrett und rollte zu einem Fisch, nahm ihn in sein Boot und rollte dann zum Hafen. Dort warf er ihn ab. Ich saß bei den Fischen und zog den Fischer am Seil zurück. Mit Eifer lud er wieder einen Fisch ein und rollte zurück zum Hafen. Das Spiel dauerte eine ganze Weile. Wir hörten auf, als Daniel keine Lust mehr hatte.

Es war mir wichtig, solche Spiele in Julias Abwesenheit zu spielen. Besonders geeignet war die Zeit zwischen Kindergarten- und Schulschluß oder Nachmittage, an denen Julia eine Freundin besuchte. So bekam sie diese Spiele nur selten mit. Dann hatte ich keine Eifersuchtsszenen, und Daniel war leichter zum Mitmachen zu motivieren, da er nicht abgelenkt wurde.

Julia sagt: „Der stellt sich an wie ein Baby!"

Wenn ich an einem Nachmittag beide Kinder zu Hause hatte und ich mir Zeit nehmen konnte, ging ich lieber auf einen Abenteuerspielplatz. Davon hatten beide etwas, und es gab weniger Streit. Daniel brauchte lange, bis er auf dem Spielplatz zu spielen begann, insbesondere wenn mehrere Kinder auf den Geräten herumturnten. Er hielt sich die meiste Zeit in meiner Nähe auf. Daher setzte ich mich in die Nähe der Geräte, von denen ich gern wollte, daß er sie benützt. Wenn er sich trotzdem nicht an sie herantraute, bot ich ihm an, mit ihm zusammen zu schaukeln, zu rutschen oder zu klettern. Manche Male nahm er das Angebot an, andere Male nicht. Mit der Zeit konnte ich sitzen bleiben. Es genügte ein ermunterndes Augenzwinkern oder ein Lob. Am ehesten ging er von alleine auf die Federwippe. Dieses Gerät ist mit einer Spirale am Boden befestigt, so daß es in alle Richtungen schaukeln kann. Es hat meist die Form eines Tieres und bietet dem darauf sitzenden Kind guten Halt. Daniel wippte darauf ausgiebig und meistens recht wild.

Auf dem Spielplatz spielte Julia manchmal mit ihrem Bruder, andere Male wandte sie sich betont von ihm ab: „Der stellt sich an wie ein Baby!“ Mit diesem Bruder wollte sie vor den anderen Kindern nicht in Verbindung gebracht werden. Wenn Daniel das mitbekam, fing er an zu weinen oder rannte zornig hinter ihr her und trat sie mit den Füßen oder warf Sand nach ihr. Immer wieder gab es solche Szenen. In solchen Situationen litt ich. Ich gab mir so viel Mühe und fühlte mich durch das Verhalten meiner Kinder ungerecht behandelt. Schnell handelte ich, um Schlimmeres zu verhindern. Daniel tröstete ich, indem ich ihn in den Arm nahm und streichelte. Dazu erklärte ich ihm: „Am Anfang ist das für alle Kinder schwer. Du kannst es jetzt schon besser, bald wirst du es noch besser können!“ Dann faßte er wieder Mut. Julia erklärte ich: „Ich habe den Eindruck, daß es dir peinlich ist, daß Daniel nicht so gut schaukeln und klettern kann, wie du es gern hättest. Er gibt sein Bestes, und er braucht Anerkennung und Lob, genauso wie du, wenn du dich traust, hoch hinauf zu klettern. Du bist nicht dafür verantwortlich, daß er geschickt schaukelt und rutscht. Ich freue mich, wenn du ihm hilfst, wenn er deine Hilfe braucht. Er hat eben seine Schwächen, genau wie du und ich. Mit deiner lieblosen Bemerkung hast du ihn verletzt und außerdem beim Klettern gestört. Ich bin jetzt ganz ärgerlich auf dich.“ In dieser Weise versuchte ich, solche Konflikte zu lösen.

Kleine Störungen – große Folgen

„Daniel, wie planst du deine Straße?“

Ende Mai, nach sieben Wochen Pause, konnten wir wieder zur Beschäftigungstherapie gehen. Daniel rannte auf Herrn Baumer zu und fiel ihm um den Hals, und Herr Baumer drückte ihn und hielt ihn lange im Arm. So viel Freude von Daniel war die größte Anerkennung für den Therapeuten, die ich mir vorstellen konnte. Er ging so sanft und liebevoll mit meinem Kind um und steckte doch klare Grenzen. Ich bin überzeugt, daß es ein Glückstreffer war, gerade ihn als Therapeuten zu bekommen. Mit Freude ging Daniel zweimal in der Woche zu ihm. In den nächsten Wochen sah ich den Behandlungsschwerpunkt im Festlegen klarer Linien und Reihenfolgen und im anschließenden Umgehen mit diesen Vorgaben. Sobald er damit besser zurechtkam, konnte er auch Handlungsabläufe planen und einhalten.

Da gab es einen Holzbaukasten mit Holzplättchen, die eine vertiefte Rille haben. Daniel sollte versuchen, innerhalb des vorgegebenen Holzrahmens eine sinnvolle Straße zu legen. Auf ihr fuhr er mit seinem Finger lang und be-griff sie. Danach durfte er eine Kugel darin zu einem bestimmten Ziel rollen lassen, indem er die Holzplatte in die verschiedenen Richtungen neigte. Schließlich bekam er ein Auto, das er mit der Hand auf der Straße entlang schob. Immer wieder wollte er das Auto durch die Luft zu einem anderen Straßenstück fliegen lassen. Es bedurfte einigen Geschicks, ihn im wahrsten Sinn des Wortes auf den Boden zurückzuholen, ohne ihm die Lust am Spiel zu nehmen.

Ein anderes Mal legte Herr Baumer zusammen mit Daniel eine Straße durch das Behandlungszimmer. Ein Tesakreppstreifen sollte auf den Boden geklebt werden. „Daniel, überlege dir erst, wo die Straße anfangen und wo sie aufhören soll. Du kannst das Waschbecken, die Türe oder den Sitzplatz deiner Mutter für den Anfang aussuchen.“ Unter beständiger Führung von Herrn Baumer gelang es Daniel, den selbstgewählten Weg einzuhalten. Danach durfte Daniel eine vorgegebene Zahl an Autos verwenden. Daniel fiel es wieder schwer, sich an die Straße zu halten.

Ein anderes Mal plante Daniel eine Straße, die an Gebäuden vorbeiführen sollte. Zuerst baute er mit Klötzen ein Haus, eine Tankstelle und ein Restaurant. Dann malte er den rechten und den linken Fahrbahnrand mit Kreide auf den Linolboden. Er mußte immer wieder überprüfen, ob der Abstand der Linien so groß war, daß sein Auto auch tatsächlich dazwischen paßte. Herr Baumer wollte, daß Daniel am Ende der Stunde seine Landschaft zu Papier bringt. Das war für Daniel eine sehr schwierige Aufgabe. Es war für Herrn Baumer eine Gratwanderung, ihn dazuzubringen, ohne daß er die Leistung verweigerte. Nach anfänglichem Zögern nahm Daniel den Stift in die Hand und malte die Straße und die Gebäude. Das war ein großer Erfolg für Daniel.

In einer anderen Stunde regte Herr Baumer Daniel an, eine Straße zu bauen, auf der er selber laufen oder kriechen kann. Er sagte zu Daniel: „Du kannst dich im Raum umschauen und alles verwenden, was du siehst. Wenn du an etwas nicht herankommst, kann ich dir helfen. Überlege dir, wo du anfangen möchtest.“ Daniel antwortete wie aus der Pistole geschossen: „An der Decke!“ Herr Baumer stutzte. Daniel hatte wirklich immer wieder sehr ungewöhnliche Ideen. „Na gut“, sagte er dann, „und wie stellst du dir das vor?“ – „Ich hänge das dicke Kletterseil an den Haken in der Decke.“ Daniel sah sich suchend um, dann zog er den Tisch unter den Haken und stellte einen Stuhl darauf, um überhaupt erst einmal den Haken erreichen zu können. Herr Baumer ließ ihn seine Handlung möglichst selbständig planen und ausführen. Er half ihm nur, wenn Daniel alleine nicht zurechtkam. Dann gab er einen Hinweis, stellte eine Frage oder packte einmal mit an. Das Schieben und Tragen der Möbelstücke ermöglichte Daniel die Erfahrungen von Zug und Druck auf die Gelenke. So konnte er lernen, seinen Krafteinsatz besser zu dosieren. Dann zog Daniel das Seil auf den Tisch und stellte sich auf den Stuhl. Herr Baumer hielt ihn und half ihm, einen festen Knoten zu machen. Dann kletterte Daniel wieder herunter und schob den Tisch zurück. Vor das Seilende zog er das Kugelbad. Dann baute er aus Hockern den Sprungturm, den er am Anfang der Behandlungen in der gleichen Funktion kennengelernt hatte. Dann stieg er auf ihn und schwang sich von dort mit dem Seil in das Kugelbad. So probierte er den Beginn seiner Straße aus. Anschließend verlängerte er sie. Ein Wippbrett kam dazu, Stäbe, über die er balancieren wollte, und ein Hindernis zum übersteigen. Herr Baumer zeigte ihm Klötze, in die er Reifen so stellen konnte, daß sie senkrecht standen. Daniel griff die Idee auf. Er wollte durch die Reifen steigen, ohne sie zu berühren oder gar umzuwerfen. Daniels Ohren glühten vor Begeisterung. Zwei- oder dreimal konnte er seine Straße noch benützen, dann war die Stunde zu Ende. Daniel hatte seine Straße selber geplant und gebaut und alle Schwierigkeiten gemeistert. Und beim Benützen der Straße hatte er sich so an die unterschiedlichen Begebenheiten angepaßt, daß er alle Hürden genommen hat. Nur mit dem Durchsteigen der Reifen und dem Balancieren auf den Stäben hatte er Schwierigkeiten gehabt. Aber das Erfolgserlebnis überwog bei weitem. Damit der Papa sich vorstellen konnte, was für eine tolle Straße Daniel bei Herrn Baumer gebaut hat, schlug Herr Baumer Daniel vor, einen Teil der Straße zu malen. Mit Hilfestellung gelang Daniel ein Bild vom Sprungturm, dem Seil und dem Planschbecken. Sich selber und Herrn Baumer malte er auch noch darauf. Danach wurde wie immer gemeinsam aufgeräumt.

Zu Hause achtete ich, so gut es ging, darauf, daß Daniel erst eine Beschäftigung zu Ende brachte, ehe er eine neue begann. Die einzelnen Handlungsabläufe durften nicht zu lang sein. Wenn ich mit ihm zusammen eine Tätigkeit verrichtete, dann fragte ich ihn, ob er sich wohl die einzelnen Arbeitsschritte und ihre Reihenfolge vorstellen könnte. Das geht bei allen Handgriffen, die im Haushalt anfallen, ob es sich nun gerade um das Herrichten der Bügelwäsche oder das Vorbereiten fürs Kochen oder das Putzen dreht. Es kostete mich Aufmerksamkeit, Daniel immer wieder zu ermuntern, die begonnene Tätigkeit zu Ende zu führen. Wenn ich nicht gedanklich auch bei ihm war, dann war er schon wieder mit etwas anderem beschäftigt. Für den Augenblick wäre es bequemer gewesen, ihn seinen Ideen zu überlassen. Manchmal konnte ich ihn mühelos motivieren, machmal kostete es mich große Anstrengung, weil ich einen schlechten Tag hatte. Dann nahm ich auf mich Rücksicht und ließ ihn eben.

Immer wieder beobachteten wir einen Fortschritt. Er stellte sich immer plötzlich ein. So war es auch, als Daniel strahlend zu mir lief. „Mama, Mama! Hör mir mal gut zu! Ene mene miste, krabbelt in der Kiste, ene mene meck und du bist weg. Gut, gell Mama!“ Ihm war es gelungen, sich die Reihenfolge der Wörter zu merken. Daniel hatte wieder einen Sieg über seine Schwierigkeiten errungen. Einen ganzen Vers hatte er auswendig gesagt. Er strahlte vor Glück. Ich konnte sein Glück von ganzem Herzen teilen. Ich strahlte genauso wie er.

Immer wieder bricht Daniels Welt zusammen

Daneben gab es genügend alltägliche Begebenheiten, die deutlich zeigten, daß Daniel in fast allen Bereichen des Lebens noch Schwierigkeiten hatte. Besonders die hemmungslosen Wutausbrüche stellten eine große Herausforderung dar. Daniel war stimmungslabil und konnte von einer Minute auf die andere platzen. Nichtigkeiten genügten, um ihn aus der Fassung zu bringen. Daher mußte ich immer dasein und das Geschehen um Daniel herum im Auge behalten.

Eines Tages wollte Julia einen Kopfstand an der Sprossenwand machen und schob sich die Matratze zurecht. Daniel kam zufälligerweise in diesem Augenblick in das Zimmer und wollte nicht, daß die Matratze verschoben wird. Julia veränderte die Ordnung, die er in diesem Augenblick für unverrückbar hielt. Für ihn brach die Welt zusammen. Er schrie und tobte wie ein Besessener und war nicht ansprechbar. Er war nicht zu halten. Ich konnte nur verhindern, daß er auf seine Schwester einschlug. Einen Holzklotz von der Werkbank hatte er schon in der Hand. Er wollte gerade auf Julia losgehen. Damals wußte ich noch nicht, wie ich mit Daniel in solchen Augenblicken umgehen konnte. Ich wagte es nicht, ihn alleine im Zimmer zu lassen, denn er hätte im Zweifelsfall randaliert. Er wollte sich nicht in den Arm nehmen lassen und war auch nicht anzusprechen. Schon jetzt hätte ich den Hinweis auf Jirina Prekops Buch „Der kleine Tyrann" gebraucht. Dieses Buch lernte ich erst im September des gleichen Jahres kennen. Richtig festhalten mußte ich meinen Sohn, auch wenn er sich mit Leibeskräften wehrte. Er mußte seine Orientierung wiederfinden. In diesem Zustand konnte er auf gesprochene Sprache nicht reagieren. Nur durch klare und eindeutige Körpersprache konnte er wieder zur Ruhe kommen. In diesem Fall also durch das Festhalten. So konnte er den Halt finden, den er in diesem Augenblick nicht hatte. Ich mußte ihn so lange halten, bis er sich entspannte und meine Umarmung als angenehm empfand. Doch diese Erfahrung machte ich erst ein Vierteljahr später. Täglich konnte es mehrmals zu einer ähnlichen Szene kommen. Vor der Therapie hatte Daniel solche Wutausbrüche nicht gehabt. Er hatte schon geschrien oder energisch seinen Willen durchzusetzen versucht, so wie es auch andere kleine Kinder machen, aber hatte nie so planlos und unkontrolliert randaliert. Im Frühjahr begannen diese unglaublich heftigen Wutausbrüche und kamen bald zu ihrem Höhepunkt. Jetzt im Frühsommer wurden diese Wutausbrüche bereits etwas seltener. Daniel verlor nur noch etwa einmal am Tag die Kontrolle über sich. Er kannte dann wirklich keine Grenzen mehr.

Ich erinnere mich an manchen Nachmittag, an dem Julia und auch Daniel einen Spielkameraden dabei hatten und wir gemeinsam durch den Wald zu einem Spielplatz liefen oder einfach spazierengingen. Aus dem Nichts wurde ein Kampf, Daniel jagte mit einem Prügel hinter einem anderen Kind her und hätte gewiß damit geschlagen. Ich rannte, was mich die Beine trugen. Gott sei Dank habe ich Daniel immer rechtzeitig eingeholt. Den anderen Kindern schrie ich zu, daß sie so schnell als möglich wegrennen sollten. Das waren dramatische Momente. Daniel ließ sich dann einfangen und begann kleinlaut zu weinen, oder er trat mich mit Füßen und biß und spuckte.

Und was war der Anlaß für solche Aggressionen? Es konnte eine Lappalie sein, etwa, daß ich statt der erwarteten Äpfel Birnen mitgenommen habe, oder aber eine unachtsame Bemerkung, die Daniel wie ein Stich ins Herz traf und ihn seiner Unzulänglichkeiten bewußtmachte. So war es, als Daniel mit seiner Schwester um die Wette durch ein Tor aus großen Plastikelementen rennen sollte. Julia hatte ihn gefragt, ob er mitmachen will. Er wollte. Doch hatte er sich in den Ausmaßen des Tores verschätzt und riß es ein. Er tat sich weh. Schlimmer noch war, daß Julia ihm zornig „Blödi" nachrief. Dann griff er nach dem nächstbesten Stock und setzte ihr nach. Julia hatte in eine Wunde ihres Bruders gestochen, für die er nichts konnte.

Diese Verhaltensweisen machten es den Großeltern schwer, mit ihm zurechtzukommen. Ahnungslos trat die Oma bei Daniel eine Lawine von Gefühlen los, als sie an einem schönen Sonnentag in ihrem Garten ohne besondere Vorankündigung den Rasensprenger verstellte, unter dem er mit oder eher neben Julia und zwei weiteren Kindern spielte. Die anderen Kinder liefen jauchzend hinterher. Daniel war verzweifelt, denn er konnte nicht so schnell umschalten. Er kam nicht mit, wälzte sich heulend auf dem Boden und schrie, er werde die Blumen zerstören. Er brauchte eine ganze Stunde, bis er wieder mitspielen konnte. Dann war es wieder Zeit, den Sprenger zu verstellen ...

Mit Vorhaltungen, Drohungen oder gar Strafen wurde alles noch schlimmer. Es war wichtig, daß mein Mann oder ich in der Nähe waren, um beruhigend eingreifen zu können. Manchmal verlor ich die Nerven und schrie Daniel an. Dann kam Julia daher, sie, die so oft die Zielscheibe von Daniels Zorn war. Sie nahm ihn ganz ruhig und sicher an der Hand und führte ihn an einen stillen Platz. Dann blieb sie bei ihm, und er kam bei ihr zur Ruhe. Ich konnte es kaum glauben, daß unsere Julia in dieser Situation zu so viel Verständnis und Liebe fähig war. Sie war schließlich erst acht Jahre alt.

Und andere Kinder?

Ich war viel mit Kindern zusammen. Nach meinen Erfahrungen mit Daniel beobachtete ich sie anders, aufmerksamer. Da war zum Beispiel Florian, ein etwas jüngerer Bub, mit dem Daniel sehr gern spielte. Sie kannten sich von klein auf. Zwischen den beiden kam es fast nie zu einer nennenswerten Auseinandersetzung. Sie waren sich so vertraut, und sie hatten auch viele Ähnlichkeiten, daß es nur sehr selten zu störenden Kommunikationsfehlern kam. Wenn ich mit den beiden Buben zum Spielplatz ging, war es mir unmöglich, sie beide oder auch nur Daniel zu den Spielgeräten zu locken. Vielleicht rutschten sie einmal, das war alles. Statt dessen spielten sie ein höchst phantasievolles Spiel mit Steinen, Stöcken, Gräsern und Butzeln. Dabei waren sie körperlich dauernd in Bewegung. Florian schaukelte und kletterte nicht gerne. Er spielte viel lieber auf dem Boden. Gegenüber Bastelarbeiten zeigte er eine große Abneigung, das Schneiden fiel ihm schwer, es ekelte ihn ausgesprochen, in Kleister zu fassen. Beim Malen zeigte er keine altersgemäße Entwicklung. Bei den Mahlzeiten fielen ihm besonders oft Gläser um oder gar hinunter auf den Boden. Zum Kinderturnen wollte er nach einigen Malen gar nicht mehr gehen.

Florian war dort zusammen mit unserem Daniel gewesen. Sie haben zusammen nur Unsinn gemacht. Wenn sie in der Wohnung spielten, dann waren sie zufrieden und beschäftigt. Florians Mutter sagte einmal: „Da muß man sich daran gewöhnen, daß es bei den beiden chaotisch zugeht. Danach muß eben aufgeräumt werden.“ Wenn er hier ist, versuche ich, das Spiel etwas zu lenken und ein Chaos zu vermeiden. Bei schönem Wetter stelle ich ihnen im Freien gelegentlich Fingerfarben und große Schachteln zur Verfügung, in die sie selbst hineinsteigen können. Dann malen sie sich selbst und die Schachteln bunt an. Ich habe diesen kleinen Florian ausgesprochen gern und freue mich immer über seinen Besuch. Er ist ein ganz normales, fröhliches Kind. Und doch fielen mir seine verschiedenen Abneigungen und noch ein paar Kleinigkeiten auf. Hat auch er Schwierigkeiten mit dem Umsetzen einiger Sinneseindrücke?

Dann war da auch noch Björn. Er ist zwei Wochen jünger als Daniel. Daniel traf gelegentlich mit ihm zusammen. Björn hatte eine deutliche Abneigung gegenüber Bastelarbeiten, war im Malen nicht altersgemäß entwickelt und wagte sich auf dem Spielplatz nicht so recht an die Geräte. Er konnte es nicht ertragen, wenn seine Hände feucht oder nur ein wenig klebrig waren. Er konnte nicht gut schaukeln und empfand Wippen als unangenehm. Das war mir von gemeinsamen Spielplatzbesuchen her bekannt. Seine Mutter nahm ihm das nie ab und hielt ihn für faul. Als ich wieder einmal mit meinen Kindern, Björn und seiner Mutter auf dem Spielplatz war, kam es zu einem Gespräch zwischen Björn und seiner Mutter und anschließend zwischen ihr und mir. Von diesem Gespräch und der scheinbar belanglosen vorangegangenen Szene zwischen Daniel und mir möchte ich berichten, da ich den Wortwechsel zwischen Björn und seiner Mutter stellvertretend für zahllose andere Begebenheiten sehe, bei denen Müttern ihren Kindern keinen Glauben schenken, da sie sich einfach nicht vorstellen können, daß ihr Kind das Richtige sagt. Es ist sicher schwierig für eine Mutter, herauszufinden, ob ihr Kind sie anschwindelt, um ihre Aufmerksamkeit an sich zu ziehen, oder nicht. Wenn ein Kind wiederholt bestimmte Bemerkungen macht, halte ich es für wichtig, daß eine Mutter ihnen nachhorcht und ihr Kind beobachtet.

Daniel war zu mir gekommen, hatte mich mit den Händen am Rock gezogen und nur ein Wort zu mir gesagt: „Schaukeln!" Ich war aufgestanden und mit ihm zur Schaukel gegangen. Er hatte sich daraufgesetzt, und ich hatte ihn angeschaukelt. „Hin und her, immer mehr", hatte ich im Rhythmus zu den Bewegungen gesagt. Daniel fand an der Bewegung Freude, und ich war froh, daß er von sich aus auf die Schaukel gewollt hatte. Als er keine Lust mehr hatte, ließ er sich von der Schaukel rutschen. Ich hatte mich wieder neben Björns Mutter gesetzt. „Kann der Daniel mit seinen fast fünf Jahren noch nicht schaukeln?" – „Nein, er kann es noch nicht. Er lernt es zur Zeit, und ich helfe ihm dabei." In diesem Augenblick kam Björn: „Schaukel mich doch bitte ein bißchen, Mama!" – „Das kannst du schon alleine. Du bist doch schon so ein großer Junge." – „Mama, du mußt mich anschieben. Daniel wurde auch angeschoben. Ich kann nicht alleine schaukeln." – „Nein. Jetzt mach bitte kein Theater. Ich will jetzt hier sitzen bleiben." Björn ging fort, blieb unschlüssig vor der Schaukel stehen und sah den anderen zu. Dann sagte ich zu der Mutter: „Mein Sohn ist ungefähr gleich alt wie Björn und er kann nicht alleine schaukeln." – „Das mag sein", erwiderte sie, „bei meinem Sohn ist das anders. Deiner hat ja auch etwas. Ich kenne meinen Björn. Der ist einfach zu faul. Er will mich dauernd um sich haben. Auch zu Hause spielt er nicht alleine. Er kann ohne mich gar nicht vernünftig spielen, alles reißt er heraus und über nichts bleibt er. Da kriege ich oft zuviel." Ich verteidigte den kleinen Buben weiter. „Vielleicht kann er nicht spielen. Das gibt es. Es ist möglich, eine positive Änderung herbeizuführen. Das erfordert aber Geduld und Zeit. Jedes zehnte, wenn nicht gar jedes fünfte Kind hat mit ähnlichen Schwierigkeiten zu kämpfen wie unser Daniel. Insbesondere Buben sind betroffen. Falls du Interesse hast, bin ich gern bereit, mehr darüber zu erzählen." Sie fragte nicht nach. Sie war nicht bereit, sich mit diesem Gedanken auseinanderzusetzen.

Es braucht Mut, die unbequeme Botschaft zu hören

Bei den kleinen Kindern fallen insbesondere die leichteren Wahrnehmungsstörungen meistens noch nicht ins Gewicht, denn sie treten nicht deutlich zutage. Die Kinder können ihre Schwierigkeiten lange Zeit recht gut kaschieren. Ich erinnere nur an unseren Daniel und den Turnunterricht im Kindergarten. Überhaupt ist alles an diesen Kindern normal. Nur die Summe und die Häufigkeit der vielen Kleinigkeiten weisen auf eine Wahrnehmungsstörung hin. Viel zu wenige Eltern und Erzieher wissen, daß es solche Störungen gibt. Daher werden frühe Anzeichen übersehen und dem Kinderarzt nicht genannt. Beim gelegentlichen Arztbesuch wird ein Kind mit Wahrnehmungsstörungen nicht unbedingt auffallen, denn alles an ihm scheint ja normal zu sein. Und die Häufigkeit und Summe der vielen Kleinigkeiten bekommt der Kinderarzt in zehn Minuten nicht mit. Selbst bei den gründlichen

Vorsorgeuntersuchungen muß es nicht auffallen. Das haben wir an unserem Sohn gesehen.

Es ist ein gefährlicher Trugschluß zu glauben, daß Wahrnehmungsstörungen, die so leicht sind, daß sie beim kleinen Kind nicht auffallen, harmlos sind. Im Kindergarten treten meistens Schwierigkeiten mit dem sozialen Verhalten auf. Das wahrnehmungsgestörte Kind wird sich im ungünstigen Fall isolieren und als Einzelgänger gelten. Ungünstig deshalb, weil dann niemand Notiz von ihm nimmt. Die Erzieher haben genug mit den Kindern zu tun, die sich in den Vordergrund drängen. Wenn dann die Mutter über aggressives Verhalten im Elternhaus klagt, ist die Erzieherin noch eher geneigt, den Eltern die Schuld daran zu geben, als wenn sie dieses Verhalten auch vom Kindergarten kennen würde. Ein Kind, das im Kindergarten als Raufbold und Quertreiber bekannt ist, wird eher auf seine Nöte aufmerksam machen als ein zurückgezogenes Kind. Es wird vielleicht einer Spieltherapie oder einer Beschäftigungstherapie zugeführt werden. Die Spieltherapie wird im Gegensatz zur Beschäftigungstherapie die sekundären Probleme der Wahrnehmungsstörungen, sprich: die Verhaltensauffälligkeiten, lindern, aber nicht die Ursache beheben.

Nach den ersten Schwierigkeiten im Kindergarten kommt es beim nichtbehandelten Kind zu meist weit größeren Problemen in der Schule. Das Sozialverhalten wird auffälliger. Das Kind wird schnell die Rolle des Klassenkaspers innehaben oder aus der Gemeinschaft ausgeschlossen sein und darauf mit Aggressionen reagieren. Bei Druck wird es die Neigung haben, die Leistung zu verweigern. Mit dem Schreiben, dem Lesen, dem Rechnen und der Konzentration wird es oft hapern, und für viele Kinder mit stärkeren Wahrnehmungsstörungen bedeutet der Sportunterricht einen Spießrutenlauf vor den hohnlachenden Gleichaltrigen, die in der Bewegung weit geschmeidiger sind. Spätestens jetzt sollte die Therapiebedürftigkeit dieser Kinder erkannt werden. Zu diesem Zeitpunkt sind sie sieben oder acht Jahre alt. Die Schwierigkeiten sind nicht mehr zu übersehen.

Wird dem Kind keine Hilfe zuteil, so kommt es im schlimmsten Fall zu Schulversagen und all den Folgen, angefangen vom

Leben am Rande der Gesellschaft über Jugendkriminalität und Drogenabhängigkeit bis zum Selbstmord.

Die günstigste Behandlungszeit ist bis zum achten Lebensjahr. In diesem Alter ist das Gehirn noch formbar. Erste Therapieerfolge stellen sich binnen weniger Wochen ein. Wenn das Gehirn schon fester ist, dauert dies länger. Eine Therapie nach Beginn der Pubertät wird kaum mehr zum so deutlichen Erfolg führen. Hierin liegt eine Tragik. Die frühen Anzeichen für eine Wahrnehmungsstörung werden oft nicht erkannt. Und wenn die Schwierigkeiten deutlich hervortreten, ist schon viel wertvolle Zeit verstrichen.

Leichtere Wahrnehmungsstörungen haben für den Fall, daß das Kind unbehandelt bleibt, sicher nicht so dramatische Folgen wie mittelgradige oder schwere. Aber auch sie sind es wert, angegangen zu werden. Das Kind wird sich leichter tun und in seinem weiteren Leben einfach glücklicher sein können, wenn diese Störungen gemildert oder sogar behoben sind. Vielleicht ist es nicht nötig oder auch nicht möglich, daß es Therapiestunden vom Beschäftigungstherapeuten bekommt. Das heißt aber nicht, daß es in seiner Entwicklung nicht besonders gefördert werden sollte. Das wiederum ist nur möglich, wenn die Eltern über Ursachen und Auswirkung der Störungen informiert sind und angeleitet werden, die Förderung des Kindes selbst zu übernehmen. Eltern sind die besten Therapeuten. Sie kennen ihre Kinder und sind die wichtigsten Bezugspersonen für sie. Die aktive Beteiligung der Eltern ist in jedem Fall von entscheidender Bedeutung. Der erste Anstoß dazu wird mit Sicherheit von außen kommen.

So ist es auch uns gegangen. Als Eltern waren wir an unser Kind so gewöhnt, daß wir nur irrelevante Auffälligkeiten bemerkt hatten, die zu keiner Besorgnis Anlaß gaben. Ich will an dieser Stelle eine Lanze brechen für all diejenigen, die den Mut haben, die stolzen Eltern eines Kindes darauf anzusprechen, daß es Wahrnehmungsstörungen haben könnte und sicherheitshalber einem Beschäftigungstherapeuten vorgestellt werden sollte. Sie riskieren es, dumm angeredet zu werden. Nur wenige sind bislang mit dieser Thematik in Berührung gekommen. Um so mehr appelliere ich an sie, diesen Mut aufzubringen. Wer sonst könnte

Eltern auf die Auffälligkeiten hinweisen? Das muß doch nicht den Erziehern an Kindergärten und Schulen und dem Kinderarzt überlassen werden. Sie erkennen die Störungen nicht unbedingt, wissen auch oftmals einfach zu wenig über sie. Ich wende mich an Nachbarn, Verwandte, Freunde und alle, die mit Kindern zu tun haben. Die Laien warne ich jedoch davor, jeden Ausrutscher eines Kindes als Zeichen einer Wahrnehmungsstörung anzusehen und gleich den Mund aufzumachen. Den Fachmann wiederum fordere ich auf, den Mund aufzumachen und gezielte Fragen zu stellen und Anregungen zu geben, anstatt aus falscher Rücksichtnahme zu schweigen.

Mut brauchen nicht nur diejenigen, die bereit sind, ihr Wissen weiterzugeben. Genausoviel Mut brauchen diejenigen, die bereit sind, die Botschaft des anderen zu hören. Unbequeme „Wahrheiten" tun schließlich erst einmal weh. Es ist schmerzhaft, an dem eigenen Kind auf einmal Störungen zu sehen, und ein weiter Weg, auch zu ihnen zu stehen.

Ich halte es für sehr wichtig, die Eltern zur aktiven, gezielten Förderung heranzuziehen. Die wenigen Jahre, in denen die Therapie zu großen Fortschritten führt, können dann optimal genützt werden.

Wer von der Thematik der nicht so seltenen Wahrnehmungsstörungen erfährt, übernimmt mit dem Wissen ungewollt die Verantwortung, dieses Wissen nicht zu horten, sondern es seinen Möglichkeiten entsprechend in seinem Alltag umzusetzen. Die Kellnerin wird mit dem unruhigen Kind verständnisvoller umgehen und ihm in der Wartezeit etwas zum Malen oder Kneten anbieten, und die Friseuse wird dem sich unter ihren zarten Berührungen windenden Kind erst einmal eine kräftige Massage der Kopfhaut anbieten usw. Es gibt nicht nur wahrnehmungsgestörte Kinder, sondern auch wahrnehmungsgestörte Erwachsene. Seit ich mehr über meinen Sohn weiß, werte ich die Eigenarten mancher großer Leute anders und kann sie leichter ertragen. Je mehr wir von unseren gegenseitigen Schwierigkeiten wissen, desto verständnisvoller können wir miteinander umgehen.

Daniel legt Formen nach

Nach wie vor gingen wir zweimal in der Woche zur Beschäftigungstherapie und einmal zum Reiten. In den Räumen der Frühförderung fühlten wir uns schon ganz vertraut. Seit sechs Monaten kamen wir regelmäßig hierher.

Herr Baumer holte einen Kasten mit einfarbigen Holzbausteinen aus dem Regal. In diesem Kasten waren alle Teile doppelt vorhanden. Herr Baumer bat Daniel, ihm zu helfen, einen kleinen Tisch in die Mitte des Raumes zu ziehen und zwei Stühle daran zu stellen. Er setzte sich an die eine Seite des Tisches und Daniel an die andere. Herr Baumer verteilte eine überschaubare Anzahl unterschiedlich geformter Bauklötze an Daniel und sich und legte die Spielregel fest: „Daniel, wir haben beide gleich viel Steine und auch die gleichen Formen. Ich habe vier Dreiecke, zwei Vierecke und zwei Rechtecke, und du auch. Erst lege ich eine Form, und du baust sie nach. Und dann darfst du eine bauen, die lege dann ich nach. Wenn ich mit dem Legen dran bin, machst du die Augen zu, und wenn du dran bist, mache ich die Augen zu." Seine Stimme war sanft und ruhig. Er sprach langsam und deutlich, seine Sätze waren einfach. Daniel konnte ihn sehr gut verstehen.

Erst legte Herr Baumer eine Form, Daniel durfte dabei nicht zuschauen. Dann legte er eine einfache Form, um Daniel nicht zu überfordern. Zu leicht würde er blockieren und für den Rest der Stunde nur sehr schwer zu motivieren sein. Mit größter Konzentration saß Daniel auf seinem Stühlchen. Er strengte sich sehr an. Wenn Daniel ein Teil seitenverkehrt gelegt hatte, griff Herr Baumer behutsam ein. „Schau mal meine Rakete an, erst habe ich das Viereck gelegt und dann das Dreieck unten angefügt. Wie ist das bei dir?" Daniel schaffte es unter Anleitung, die Figuren nachzulegen. Wenn Herr Baumer Daniels Figur nachlegte, machte er immer einen Fehler. Ob Daniel ihn bemerken würde? „Paß gut auf, Daniel, daß ich kein Teil falsch lege!" Daniel hatte keine Scheu davor, einen Fehler zu machen. Sogar Herrn Baumer passierten Fehler. Außerdem lernte er auch in der passiven Rolle des Beobachters. Daniel begann Spaß daran zu finden, ihn immer schwerere Figuren nachbauen zu lassen. Er gluckste verschmitzt in sich hinein, wenn Herr Baumer stöhnte: „Ach Daniel, das ist aber wieder schwierig. Wie hast du das nur gemacht?“ Und prompt hatte sich bei Herrn Baumer wieder ein Fehler eingeschlichen, den Daniel bemerkte.

Die Holzklötze waren alle einfarbig, dadurch war es schwieriger, den Aufbau einer Figur zu erkennen. Daniel und auch Herr Baumer durften beim Legen nicht zuschauen, dann wäre das Nachlegen aus dem Gedächtnis heraus möglich und ein Analysieren der Form wäre nicht nötig. Gerade wahrnehmungsgestörte Kinder verfügen oftmals über ein besonders gutes optisches Gedächtnis, mit dem sie ihre Schwächen auszugleichen versuchen. Die Übung würde dann ihren Zweck verfehlen und das optische Gedächtnis trainieren, während sie der besseren Formenwahrnehmung dienen sollte.

Ähnlich verliefen die Stunden, in denen Herr Baumer einen anderen Holzbaukasten verwendete und in vorgesehene Löcher Holzfähnchen steckte. Er gestaltete bestimmte Formen, die Daniel nachstecken sollte. Auch hier durfte Daniel im Wechsel mit ihm Formen vorgeben. Sie waren ebenso willkürlich und strukturlos wie die Formen, die er aus den Klötzen legte.

Diese Übungen fielen Daniel besonders schwer. In diesen Stunden warf Daniel gelegentlich alles hin. Herr Baumer mußte sehr genau beobachten, ob er anfing, unruhig auf seinem Stühlchen hin- und herzurutschen. Dann wurde es Zeit abzubrechen. Die begonnene Figur sollte aber noch zu Ende gelegt werden, weil es für Daniel wichtig war zu lernen, einen Handlungsablauf zu Ende zu bringen und einen plötzlich aufkeimenden Wunsch einen Augenblick zurückzustellen. Und er mußte es lernen, mit Anweisungen umzugehen. Das war wichtig im Hinblick auf die Schule, in die er ein Jahr später kommen sollte. „Daniel, ich möchte, daß du noch diese Figur fertig legst, dann schauen wir sie uns an. Danach machen wir etwas anderes, und du darfst einen Wunsch äußern.“ Manchmal führte Daniel willig die Aufgabe zu Ende. Manchmal rastete er auch aus. Was konnte Herr Baumer tun? Er war an der Grenze zwischen Beschäftigungstherapie und Erziehung. Es widerstrebte ihm, ihn hinter den

Matten hervorzuziehen, wo er sich verbarrikadiert hatte, und ihn festzuhalten. Er war unsicher, wie er sich verhalten sollte. Er entschied sich dafür, ihn dort zu lassen, wo er war. „Daniel, ich habe noch zehn Minuten für dich Zeit. Lege deine Figur fertig, dann kannst du dir etwas wünschen.“ Danach wartete er ein paar Minuten, die zu einer Ewigkeit wurden. „Jetzt dauert unsere Stunde noch sieben Minuten.“ Daniel blieb hinter seinen Matten. Er kam erst zum Schluß heraus und suchte das Weite. Herr Baumer lief hinter ihm her, ging auf ihn zu und kniete sich vor ihm auf den Boden. Er sprach mit ihm über diese Stunde, die für uns alle so unbefriedigend war. Dann verabschiedete er sich von Daniel und fügte hinzu: „Ich hoffe und bin sicher, daß die nächste Stunde wieder besser verlaufen wird.“ Mürrisch verließ Daniel die Frühförderung.

Herr Baumer wollte einmal eine Psychologin zu Rate ziehen und sie fragen, wie er sich ihrer Meinung nach in einer solchen Situation verhalten könne. Dazu wollte er einmal eine Videokamera laufen lassen und ihr den Film danach vorführen. Ähnliche Situationen ließen sich leicht hervorrufen, Herr Baumer mußte nur die Leistungsanforderung etwas zu hoch stecken. Diese Idee griff er jedoch nicht mehr auf. Nach einem halben Jahr Einzeltherapie kannte Herr Baumer Daniel recht gut. Er wußte, was er mochte und was er nicht mochte. Es war wichtig, daß Daniel Spaß an der Therapie hatte, denn wenn Freude dabei ist, arbeitet und steuert das ganze Gehirn wesentlich besser. So vermied Herr Baumer Dinge, die Daniel nicht so gern hatte, oder kleidete sie in Formen, die für Daniel leichter akzeptabel waren. Er vermied Situationen, in denen Daniel ausbrach. Auf diese Weise entstand ein Bild, das die Realität in den Hintergrund drängte. Die Schwierigkeiten, mit Aufforderungen umzugehen oder sich in eine Gemeinschaft einzufügen, sowie die Reizbarkeit und Stimmungslabilität waren nicht jedesmal zu spüren. In dieser Stunde waren sie wieder herausgebrochen.

In der nächsten Behandlungsstunde gab Herr Baumer Daniel wieder mehr Freiraum. Er schlug Daniel vor, einen hohen Berg zu bauen, der bis zur Decke reichen sollte. Alles, was er in dem Raum vorfand, durfte er verwenden. Anfangs sperrte er sich dagegen und stellte Bedingungen für seine Mitarbeit. Das kannte ich von zu Hause: „Ich mache nur mit, wenn ich erst mit Autos spielen darf.“ Dieses Feilschen kostete mich täglich viele Kräfte. Herr Baumer bestimmte: „Fünf Minuten darfst du mit Autos spielen. Da mache ich ein Zeichen auf meine Uhr. Danach kommt meine Spielidee dran.“ Er ging ihm ein Stück entgegen, denn er wollte unter keinen Umständen eine Szene wie in der letzten Stunde provozieren. Nach dem Autospiel machte Daniel bei dem Bergbauen mit. Erst war er unsicher, weil er nicht wußte, wie er den Berg bauen konnte. Herr Baumer half ihm, die Planung und Durchführung der Handlung möglichst selbständig zu übernehmen. Immer wieder mußte er ihn an das Vorhaben erinnern, wenn Daniel sich durch seine Ideen forttragen ließ. Daniel zog den Tisch in die Raummitte, stellte einen Stuhl darauf und baute unter anderem eine Tonne, Matten und ein großes Brett in seine Konstruktion ein. Der hohe Berg war ihm gelungen, und er freute sich. Herr Baumer schlug ihm vor, von allen Seiten einmal hinaufzuklettern. Begeistert ging er darauf ein. Überall hatte er unterschiedliches Material verwendet, das nicht gleich gut geeignet war für einen Aufstieg. Mit Herrn Baumers Hilfe hängte er über dem Berg an der Decke ein Seil in den Haken. Wie ein echter Kletterer erklomm er die verschiedenen Wände seines Berges und seilte sich anschließend wieder ab. Diese Erfahrungen waren für seine räumlichen Vorstellungen günstig. Am Schluß der Stunde mußte der schöne Berg abgetragen werden. Daniel und Herr Baumer räumten gemeinsam auf. Zunehmend hatte Daniel bei Herrn Baumer gelernt, bei dem unliebsamen Aufräumen mitzuhelfen. Der Raum wurde für andere Kinder wieder gebraucht. Daniel akzeptierte die Notwendigkeit.

Zu Hause gelang es mir nur gelegentlich, Daniel zum freiwilligen Aufräumen zu bewegen. Er wollte immer bestimmen, wie wenig er aufzuräumen hatte, und lief nach wenigen Handgriffen weg. Ich fing ihn dann wieder ein und räumte zusammen mit ihm den Teil ein, den ich ihm zugewiesen hatte. Das war mühsam und kostete Nerven, weil es mit jedem kleinen Auftrag den ganzen Tag so weiterging. Sicher gab es auch Tage, an denen Daniel Lust zum Aufräumen hatte. Dann machte er eifrig mit. Doch mußte er lernen, mit Anweisungen umzugehen, wenn er keine Lust hatte. Von mir akzeptierte er die Anweisungen noch weniger als von Herrn Baumer. Einmal versuchte ich ihn so anzusprechen wie Herr Baumer, denn er hatte mehr Erfolg in diesem Punkt als ich. Daniel antwortete wie aus der Pistole geschossen: „Du bist nicht der Herr Baumer, du sollst das machen." Der kleine Kerl hatte mich durchschaut. Es half nichts, ich mußte mich mit meinen kleinen Forderungen alleine durchsetzen. Daniel kostete mich sehr viel Kraft.

Es war für Daniel wichtig, in einer überschaubaren Umgebung zu leben. Dazu gehörte ein geregelter Tagesablauf mit möglichst klaren Grenzen zwischen Erlaubtem und Verbotenem ebenso wie ein aufgeräumtes Kinderzimmer. Alles muß dort seinen festen Platz haben. Auf dem Boden sollte nur das liegen, was für das augenblickliche Spiel gebraucht wird. Wenn ein zusammenhängendes Bauwerk entstanden ist, darf es stehen bleiben. Alles andere wird vor dem Schlafengehen aufgeräumt. Dann liegt es beim nächsten Spiel nicht im Weg und lenkt auch nicht von der neuen Spielidee ab. Dieses abendliche Aufräumen ist für mich mühsam durchzuhalten, zumal Daniel fast nie mitmachen will, ich aber wenigstens einige symbolische Handgriffe verlange. Danach kommt das unantastbare Ritual des Zubettgehens, an dessen Ende wir uns ganz fest drücken, so fest, wie wir uns liebhaben. Jeder Tag hat einen klar gegliederten Rahmen, in dem die verschiedenen Aufgaben und Erlebnisse Platz finden. Das ist für alle Kinder günstig, für Daniel aber unerläßlich. Sonst weiß er nicht, wo er hingehört, und er findet sich in seiner sozialen Umgebung nur schlecht zurecht.

Erster Ausflug in die Hyperkinese

An einem Wochenende besuchten wir Freunde und lernten dort ein autistisches Kind aus deren Verwandtschaft kennen. Es war fast gleich alt wie unser Daniel. Es war ganz anders als er, aber erinnerte mich doch in manchem an Verhaltensweisen, die mir von unserem Daniel her vertraut waren. Eine wesentliche Ursache für Autismen sind Wahrnehmungsstörungen. Die Verbindung zwischen einem oder mehreren Sinnesorganen und dem Gehirn ist gestört. Daniel konnte seinen Körper nicht richtig wahrnehmen. Wahrnehmungsstörungen konnten ganz offensichtlich sehr unterschiedliche Auswirkungen haben. Bei der nächsten Behandlungsstunde sprach ich Herrn Baumer auf dieses Erlebnis an. Er hörte mir zu und antwortete dann: „Zum Autisten gehört die Unfähigkeit, Kontakt zur Umwelt aufzunehmen. Daniel kann das. Mich erinnert er eher an einen Hyperkinetiker, doch bin ich mir nicht ganz sicher. Mir fehlt die Erfahrung, dies beurteilen zu können. Es gibt hier eine Selbsthilfegruppe von Eltern hyperaktiver Kinder. Könnten Sie einmal dorthin gehen und einfach zuhören? Dann werden Sie herausfinden, ob Sie Ihren Sohn in den Erzählungen anderer Eltern wiederfinden." Hyperaktiv, das war wieder ein neues Stichwort. Autismus, Minimale cerebrale Dysfunktion, Hyperkinese, sie alle hatten etwas mit Wahrnehmungsstörungen zu tun. Ich nahm Kontakt auf und erhielt neben einigem Informationsmaterial und Veranstaltungsterminen die Adresse eines Kinderarztes, der selber Vater eines hyperaktiven Kindes war und sich auf die Behandlung solcher Kinder spezialisiert hatte. Von ihm erhielten wir einen ausführlichen Anamnesebogen sowie einen Termin im September. Bis dahin sollten wir den ausgefüllten Anamnesebogen zurückgeschickt haben. Vor den Ferien hatte ich nicht mehr die Zeit, zu einem Gruppentreffen zu kommen. Für den Augenblick genügten mir die Informationen, die ich auf dem Postweg von der Gruppe erhalten hatte. Ich informierte unseren Kinderarzt Dr. Schneider von unserer Absicht, Daniel Dr. Hartmann vorzustellen: „Wir wollen dort erfahren, ob Daniel hyperaktiv ist oder nicht und ob eine medikamentöse Behandlung anzuraten ist. Wie Sie sicher wissen hat er sich auf dieses Gebiet spezialisiert." – „Gewiß", antwortete er, „hyperaktive Züge hat Ihr Daniel schon, aber ... Meinen Sie nicht, daß Sie sich einreden, daß er behindert ist? Ich habe aber nichts dagegen, daß Sie mit meinem Kollegen Hartmann in Verbindung treten." Er war gespannt auf sein Urteil, und ich versicherte ihm, daß ich ihn umgehend davon in Kenntnis setzen würde. Auf das Elterngespräch und die Untersuchung mußten wir noch einige Wochen warten.

Wie soll denn deine Höhle aussehen?

Bis zum Beginn der Ferien hatte Daniel noch zwei Therapiestunden bei Herrn Baumer. Ihm erzählte ich, daß ich letztlich auf seinen Hinweis hin Kontakt zu Dr. Hartmann aufgenommen und einen Termin für September erhalten habe. Herr Baumer wartete mit Interesse auf das Untersuchungsergebnis.

Vor den Ferien wollte Herr Baumer mit Daniel den Entwicklungstest von Frau Dr. Frostig durchführen. Viele Aufgaben sind der Reihe nach zu lösen. Der Test stellt eine wichtige Kontrolle für die Therapie dar. Ob Daniel mitmachen würde? Zu unserer Freude arbeitete er sehr gut mit und konzentrierte sich eine halbe Stunde lang. In dieser Zeit hat er alle vorgelegten Testbögen ausgefüllt. Herr Baumer war sehr zufrieden. Bis vor kurzem hätte Daniel kaum so viel Ausdauer und Kooperationsbereitschaft gezeigt. Beim Malen waren ihm zweimal die dünnen Buntstifte aus der Hand gefallen. Herr Baumer bat ihn besser aufzupassen, da die Mine abbricht. Daniel gab sich Mühe, aber der Stift fiel wieder hinunter. Da sagte Herr Baumer: „Daniel, versuche bitte, den Stift fester zu halten!“ Da wurde mir wieder bewußt, daß Daniel den Stift nicht aus Unachtsamkeit fallen ließ. Er wußte nicht, wie fest er ihn halten mußte. Beim dritten Hinunterfallen hätte ich wahrscheinlich etwas ärgerlich gesagt: „Nun paß doch bitte auf, der Stift geht doch kaputt.“ Damit hätte ich Daniel nicht gesagt, was er tun kann, um das nochmalige Hinfallen zu verhindern, sondern hätte ihn eher nervös und unsicher gemacht. Wieder hatte ich durch meine Anwesenheit in der Therapiestunde etwas gelernt.

In der letzten Stunde vor den Ferien durfte Daniel eine Höhle bauen. Es war ihm immer wieder ein Bedürfnis, in eine Höhle zu kriechen. Ein enger Raum umgab ihn dann, und er konnte spüren, wo sein Körper aufhörte. Zu Hause legte er gern eine Decke über seinen Kindertisch und verkroch sich darunter. Daniel freute sich und lachte bei Herrn Baumers Vorschlag. Von der vorangegangenen Behandlungsstunde eines anderen Kindes stand noch die Kiste mit den Rapssamen im Zimmer. Daniel hatte eine Zeitlang sehr gern seine Arme und Beine in Raps gebadet. Jetzt warf er einen Blick darauf und wandte sich wieder ab. Die Lust auf das Höhlenbauen war größer als das Interesse am Raps. „Daniel, schau dich einmal im Zimmer um. Du darfst alles für deine Höhle verwenden. Wenn du an etwas nicht dran kommst, sag es mir. Ich helfe dir dann." Daniel holte Stühle, die Tonne, eine kleine Bank, große Klötze und Stöcke, welche in die Klötze gesteckt werden konnten, und das Wippbrett. Fragend schaute er Herrn Baumer an. Er beantwortete die stumme Frage mit einer Gegenfrage: „Wie soll denn deine Höhle aussehen?" Nach einer Pause fuhr er fort: „Du könntest mit den Stühlen eine Wand bauen." Diese Hilfestellung genügte Daniel. Mit Freude und Konzentration plante und baute er die Wände seiner Höhle und ließ Raum für eine Türe. Auch einen Kamin baute er. Herr Baumer sagte: „Ich könnte dir helfen, ein Dach zu bauen." Mit Hilfe von Matten und Stöcken entstand das Dach. Gemeinsam krochen sie in die Höhle, nahmen für jeden einen Teller mit hinein und zum Essen ein Bonbon. Daniel hatte im Büro einmal eine Tüte Bonbons liegen sehen und gleich den Vorschlag gemacht, für ihre Mahlzeit eines für jeden zu verwenden. Dann legten sie fest, wo in der Höhle die Betten stehen und wo die Küche sein sollte. Sie unterhielten sich und lutschten das Bonbon. Anschließend wurde unter dem Spiel-Wasserhahn das Geschirr gespült und abgetrocknet. Dann ging die Stunde zu Ende, und die schöne Höhle mußte wieder aufgeräumt werden. Die letzte Stunde vor den großen Ferien hat Daniel viel Spaß gemacht. In der Höhle mußte Daniel sich vorsichtig bewegen, um weder Decke noch Wände einzureißen. Er mußte mit seinem Körper vorsichtiger umgehen als beim Bergbauen, das in der Therapie dem Höhlenbauen vorangegangen war.

Herr Baumer hätte Daniel gern die Höhle noch malen lassen, dazu hatte aber die Zeit nicht gereicht. In den 45 Minuten, die eine Behandlungsstunde dauert, erreichte er fast immer sein Ziel. Dabei ließ er es zu, daß Daniel oftmals eine Weile brauchte, bis er die von ihm geplante Beschäftigung begann, und auch dann ließ er ihm Zeit, die einzelnen Schritte selbständig zu planen und auszuführen. Ich war immer wieder überrascht, wieviel Herr Baumer in der Dreiviertelstunde unterbrachte. Alles sah so spielerisch aus. Ich verstehe Mütter, die von der Beschäftigungstherapie sagen: „Spielen mit meinem Kind kann ich auch daheim. Da muß ich mich nicht erst ins Auto setzen und eine halbe Stunde fahren. Das Kind darf dort ja sogar das spielen, was es möchte. Es nimmt genau die Noppers, die es auch daheim immer nimmt. Freilich geht meine Tochter gern zur Frühförderung. Aber für mich bedeutet das schon einen sehr großen Aufwand." Eine Stunde Beschäftigungstherapie sieht für den Außenstehenden tatsächlich aus wie eine Spielstunde. Durch Spielen lernt das Kind. So ist diese scheinbare Spielstunde in Wirklichkeit eine Stunde Arbeit für das Kind und den Therapeuten.

Daniel wurde in der Bewegung sicherer. Auf seinem Fahrrad wurde er mutiger und wagte es, schneller zu fahren. Auf einem glatten Waldweg fuhr er wie ein kleiner Rennfahrer. Da kam ihm in einer Kurve ein anderer Radfahrer entgegen, der sehr schnell und außerdem in der Mitte fuhr. Sie stießen heftig zusammen. Daniel stürzte und konnte nicht mehr auftreten. Er hielt sich laut weinend seinen linken Fuß, sein Fahrrad war durch den Zusammenprall so verbogen, daß es nicht mehr geschoben werden konnte. Der andere Fahrer hatte sich an Gesicht und Armen große Schürfwunden zugezogen. Lange Zeit hatte Daniel vor diesem Weg Angst, er wollte unter keinen Umständen mehr auf ihm fahren. Ansonsten stieg er wieder auf sein Fahrrad, sobald es repariert war. Bis dahin war die Quetschung an seinem Fuß wieder ziemlich verheilt.

Im Juli bekamen wir Post von der Sprachheilschule. Jetzt hatten wir die schriftliche Zusicherung, daß Daniel im kommenden Kindergartenjahr einen Platz im Sprachheilkindergarten haben würde. Im alten Kindergarten meldeten wir ihn daraufhin ab.

Bald kam sein letzter Tag im alten Kindergarten. Mit dem ersten Schulferientag wollten wir verreisen, wir warteten den letzten Kindergartentag nicht ab. Ich sagte am Morgen im Kindergarten Bescheid, daß dieser Tag Daniels letzter Tag in diesem Kindergarten sein würde. Die Kindergärtnerin nahm meinen Hinweis zur Kenntnis. Es war sicher ein unglücklicher Zufall, daß an diesem Tag die Hälfte des Kindergartenpersonals fehlte. Als ich meinen Daniel mittags dann abholte, rief eine Kindergärtnerin ihm aus der Ferne beiläufig „Auf Wiedersehen“ zu, als ob es ein Tag wie jeder andere wäre. Niemand verabschiedete ihn richtig. Ein Kind rief ihm zu „Bis morgen dann!“ Daniel rief schon im Gehen zurück: „Ich komme nie wieder!“ Das andere Kind rief ihm nach „Schade!“ Es hat mir für meinen Sohn weh getan, daß die Kindergärtnerinnen ihn nicht einmal zum Abschied in den Arm genommen oder ihm wenigstens die Hand gegeben haben. Daniel weinte dem Kindergarten keine Träne nach. Und ich auch nicht. Auf dem Heimweg sagte er zu mir: „Mama, schau, was für einen großen Sritt ich mache!“ „Groß“ hat er gesagt und nicht „droß“. Die anlautenden Doppelkonsonanten bereiteten ihm immer noch erhebliche Schwierigkeiten. Ich war sicher: wenn er eine Buchstabenkombination gelernt hat, werden andere bald nachfolgen. Es zeichnete sich wieder eine gute Entwicklung in der Sprache ab. „Hast du gemerkt, daß du ‘groß’ ganz richtig gesagt hast? Kannst du es noch einmal sagen?“ – „Mama, groß, groß, groß. Ganz oft kann ich das sagen. Groß!“ – „Ich freue mich mit dir, mein Schatz!“ Daniel war richtig glücklich. Wieder hatte er eine Schwierigkeit gemeistert.

Der Besuch wurde Daniel zuviel

Der erste Ferientag war gekommen, und wir fuhren mit unseren Kindern zu Freunden. Sie wohnen im Grünen, haben Kinder im Alter unserer Kinder und haben außerdem noch ein Pferd. Mit den Eltern hatten wir ausgemacht, daß unsere Kinder ein paar Tage bei ihnen verbringen dürfen. Daniel und Julia trauten es sich zu, alleine dort zu bleiben, und waren ganz aufgeregt. Schon nach einer Stunde waren wir angekommen. Im Laufe des Tages fuhren wir zurück. Julia würde zurechtkommen, sie war schließlich auch schon älter. Und Daniel? Notfalls wollten wir noch einmal fahren und ihn abholen. Unsere Sorge war unnötig. Er fühlte sich wohl und fügte sich problemlos ein. Er zog sich sogar alleine an und brauchte kaum Hilfe. Er spielte mit den anderen Kindern und war so wie alle. Manchmal spielte er in einer Ecke hinter dem Kasperletheater. Da war er wohl recht gern und beschäftigte sich mit Lego oder was er sonst fand. Am Telephon berichtete mir unsere Freundin Barbara, wie gut es mit unseren Kindern ging.

Dann kam der Tag, an dem ich sie wieder abholen wollte. Ich kam an, und in dem Augenblick, als Daniel mich sah, war er das Kind, von dem ich erzählt hatte: Er klammerte sich an mich, ließ sich an- und ausziehen und brauchte Fürsorge. Barbara staunte: „Daniel, vorhin kamst du doch auch alleine zurecht. Warum läßt du dir jetzt helfen?“ Womit hing der Umschwung zusammen? Ließ ich mich von ihm übermäßig ausnützen? Also ein erzieherisches Problem? Oder sind Kinder bei ihren Müttern einfach anders als bei anderen Leuten? Ich wußte keine Antwort auf diese Frage.

Nachdem sich Daniel, Julia und Barbaras Kinder so gut verstanden hatten, luden wir ihre beiden größeren ein, gleich mit uns heimzufahren, um ein paar Tage bei uns zu verbringen. Birgit war etwas jünger als Julia und Michael etwas älter als Daniel. Sie waren alle vier begeistert, und die Eltern stimmten zu. Es wurde noch ein ganzer Waschkorb voll Wäsche für unsere kleinen Freunde eingepackt, und dann fuhren wir mit vier Kindern in unsere Wohnung.

Mit dieser zweiten Woche überforderten wir Daniel. Der Besuch war ihm zuviel, obwohl er ihm kurz zuvor zugestimmt hatte. Bei Barbara hatte er sich größte Mühe gegeben und viele neue Eindrücke gesammelt. Er war ganz voll von ihnen. Jetzt hätte er Zeit gebraucht, sie zu verarbeiten und zur Ruhe zu kommen. Statt dessen kamen Birgit und Michael gleich mit und beanspruchten seinen Freiraum, er hatte keine Rückzugsmöglichkeiten mehr. Die anderen spielten mit seinen Sachen in seinem Zimmer und schaukelten in seiner Hängematte. Nichts mehr war so, wie er es gewöhnt war. Und doch taten sie nur das, was er bei ihnen auch gemacht hatte. Ihnen aber hatte es im Unterschied zu Daniel nichts ausgemacht. Er war ganz verzweifelt.

Sollte ich die Besuchskinder wieder zurückbringen, wo sie gerade erst angekommen waren? Das wollte ich vermeiden. Ich suchte nach einer anderen Lösung. Um Konfliktsituationen aus dem Weg zu gehen, ging ich möglichst viel hinaus, entweder auf einen Spielplatz, in den Wald oder unternahm einfach einen Spaziergang in der Umgebung. Wir fanden viele Beschäftigungsmöglichkeiten. Ich hatte immer ein Auge auf Daniel und bemühte mich, kritischen Situationen unauffällig zuvorzukommen. Meistens gelang mir das. Manchmal passierte es aber doch, daß Daniel aus scheinbar unerklärlichen Gründen mit den Füßen trat oder einem anderen die Hand in den Bauch stieß. Da gab es Tränen. Am besten war es, wenn Julia und Birgit miteinander beschäftigt waren und Daniel im Freien nur mit Michael spielen konnte. Tagsüber konnte ich Konflikten ausweichen und Daniel den Freiraum verschaffen, den er brauchte. Da ich stundenlang mit den Kindern draußen war, blieb mir meine Arbeit liegen. Für ein paar Tage ließ sich das aber machen, und ich empfand Freude daran, sie beim Spielen und Toben zu beobachten. Sie hatten lustige Ideen. Daniel und Michael hatten sich jeder ein Gummiband um den Kopf gespannt und hinten eine Feder hineingesteckt. Sie stellten sich vor mich, und Daniel rief: „Mama, guck mal. Wir sind Indianer. Mama, und so sehen Indianer von hinten aus!“ Sie drehten mir beide den Rücken zu und strahlten sich an. Ich mußte sehr lachen.

Wirklich schwierig waren die Abendstunden, wenn das Essen vorzubereiten war, und ich nicht pausenlos hinter Daniel her sein konnte. Es genügte eine Kleinigkeit, und Daniel rastete aus. Ich bemühte mich darum, ihn bei mir in der Küche zu beschäftigen. Dann hörte er das Klappern in seiner Autokiste und rannte wütend und verzweifelt los. Der erste Abend war unglücklich. Michael und Daniel waren sich in die Haare gekommen. Michael ist ein sehr friedliches, harmoniebedürftiges Kind. Er litt unter Daniels Verhalten, das er sich nicht erklären konnte. An den verbleibenden zwei Abenden ging ich anders vor. Ich massierte Daniel oder badete seine Füße und Beine im Kirschbad, ich rollerte ihn auf unserem großen Gymnastikball und bürstete seinen ganzen Körper. Vorausgesetzt er fand Spaß daran. Dazu ging ich mit ihm in ein anderes Zimmer, wo Daniel und ich allein waren. Da kam er leichter zur Ruhe. Es tat mir zwar leid, daß ich die anderen Kinder aussperrte, doch ließ es sich nicht anders machen. Daniel genoß diese Zeit, es mögen zwanzig Minuten oder auch eine halbe Stunde gewesen sein. Danach ging es ihm deutlich besser. Und das kam uns allen zugute. Dieser Weg war für mich weniger nervenaufreibend als der Versuch, Daniel neben meinen Abendvorbereitungen bei Laune zu halten. Die anderen Kinder wollten die gleiche Behandlung erfahren. Dazu fehlte mir die Zeit. Ich erklärte ihnen ganz deutlich: „Daniel braucht das Massieren und Rollern, um nach so einem turbulenten Tag zur Ruhe kommen zu können. Für euch bedeutet das nur Spaß und Vergnügen. Ihr dürft euch gegenseitig rollern und bürsten.“ Sie waren einverstanden und probierten alles einmal aus und hatten dann kein großes Interesse mehr daran. Zum Abschluß des Tages las ich allen eine Geschichte vor. Daniel saß dabei, Schutz suchend, auf meinem Schoß. Dann brachte ich sie alle ins Bett. Nach soviel frischer Luft schliefen sie bald ein. Die wenigen Tage mit unseren Gastkindern waren bald vergangen. Julia und Birgit hatten sie genossen, Michael und Daniel nur bedingt. Ich selber erinnere mich gern an die schönen Erlebnisse und lade unsere kleinen Freunde gern wieder ein, aber nicht mehr anschließend an einen Besuch unserer Kinder bei ihnen.

Daniel traut sich mehr zu

Wir bemalen mit den Händen einen Kissenbezug

Die nächsten Tage verliefen ganz ruhig. Julia ging eine Woche ins Zeltlager. Mit Ausdauer und Freude spielte Daniel oder half mir im Haushalt. Seine Tätigkeiten brachte er zu einem sinnvollen Ende, ehe er sich einer neuen Idee zuwandte. Er genoß es sichtlich, daß er weder die Spielsachen noch seine Mama teilen mußte.

Ich hatte mir vorgenommen, ihn an jedem Tag durch eine gezielt ausgewählte Beschäftigung zu fördern. Solange Julia nicht zu Hause war, konnte ich mich intensiver um Daniel kümmern.

Für Opas Geburtstag bemalten wir zusammen einen Kissenbezug mit Stoffarben. Die Sonne schien, und wir machten es uns auf der Terrasse bequem. Daniel hatte ich bewußt eine alte Hose angezogen, das Hemd hatte er ausgezogen. So machte es nichts, wenn es Flecken gab. Ich schlug ihm vor, die Hände mit dem Pinsel anzumalen und auf den Stoff zu stempeln. Dann wären lauter bunte Hände auf Opas Bett. Ich hatte die Absicht, eine Hand gelb zu bemalen, den Stoff nach jedem Abdruck etwas zu drehen und Daniel wieder stempeln zu lassen. Dann wäre eine gelbe Sonne entstanden. Eine solche Sonne hatten wir mit Fingerfarben einmal auf Papier gebracht. Die Finger waren zu Strahlen geworden. Daniel wollte sich die Hände aber nicht mit der Stoffarbe anmalen lassen.

Er hatte eine andere Idee und riß von einer Balkonpflanze ein Blatt ab. Er bemalte es mit einem Fingerchen vorsichtig mit Farbe und machte damit einen Abdruck. Das sah sehr hübsch aus. Er mußte die Handfläche und die Finger fest auf das Blatt drücken, um die Farbe auf den Stoff zu übertragen. Das gelang ihm schlecht. Ich legte meine Hand auf die seine, so daß der Daumen auf den Daumen kam, der Zeigefinger auf den Zeigefinger usw. Mit meiner anderen Hand strich ich dann über die Finger und die Handfläche und sagte dazu: „Der Daumen drückt auf das Blatt, und jetzt der Zeigefinger." So fuhr ich fort bis zum kleinen Finger. Zu diesem Zeitpunkt kannte Daniel die Namen seiner Finger nicht sicher, er vergaß sie oder brachte sie durcheinander. Daniel ließ sich das gern gefallen. Wenn ich Widerwillen spürte, hörte ich auf, ließ ihn das Blatt vorsichtig abheben und betrachtete mit ihm das Ergebnis. „Siehst du, da war der Daumen, und da der Zeigefinger und da der Mittelfinger. Dann haben wir die Farbe nicht mehr fest auf die Unterlage gedrückt. Da sieht man sie nicht mehr gut." Ein Blatt nach dem anderen mußte daranglauben. Manchmal drückte er es mit dem Fuß auf den Stoff. Dann sagte ich: „Drück mal fest mit deiner großen Zehe!" Oder mit der Ferse, dem Ballen oder der Außenkante. Die Hände und die Füße sind sehr wichtig für den Tastsinn. So war das Stempeln mit den Händen und Füßen eine gute Übung.

Anfangs hatte Daniel seine Hände nicht schmutzig machen wollen. Jetzt hatte er so viel Spaß am Malen, daß er seine eine Hand ganz bunt machte. Er wollte einen leuchtenden, kräftigen Abdruck erzielen, und da passierte es. Ich hatte einen Augenblick nicht aufgepaßt. Er schlug mit so viel Schwung auf den Stoff, daß seine Hand schmerzte. Er verbiß sich die Tränen. Er hatte nicht gewußt, wieviel Kraft er aufwenden mußte. Damit hatte ich nicht gerechnet. Daniel hatte keine Lust mehr, bat mich aber, für ihn noch ein paar Blätter auf den Bezug zu stempeln. Dabei gab er mir an, welche Farbe auf welches Blatt und wohin ich den Abdruck machen sollte. Der Bezug sah bunt aus und gefiel Daniel. Er war stolz darauf. Der Opa würde sich sicher freuen und jede Nacht an ihn denken. Lange hatte er mitgemacht. Etwa eine Dreiviertelstunde lang hatten wir zusammen konzentriert gemalt und gestempelt. Schade, daß die Freude durch den Schmerz getrübt war.

Wir spielen mit dem Igelball

Im Sportgeschäft sah Daniel einen Igelball. Das ist ein Kunststoffball mit vielen stumpfen Stacheln. Einen solchen hatte er bei Herrn Baumer in den Räumen der Frühförderung gesehen. Er wollte ihn gern haben. Er ist nicht sehr teuer und günstig für den Tastsinn. Ich kaufte ihn. Er ergänzte unsere Sammlung an Bällen. Es ging mir nicht um die Größe, sondern um das Material und um das Gefühl, das ein Ball beim Anfassen vermittelt. Wir hatten einen Tischtennisball, einen Tennisball, einen Softball, einen Stoffball, einen Lederball und einen Gummiball. Barbara hatte mir noch einen Ball geschenkt. Er besteht aus lauter in der Mitte zusammengeklammerten Gummifäden. Er läßt sich nicht rollern und fällt auch anders als die üblichen Bälle. Zu Hause sammelten wir unsere Bälle in einen Wäschekorb und warfen sie uns der Reihe nach gegenseitig zu. Sie waren in Gewicht, Größe, Material unterschiedlich und faßten sich unterschiedlich an. Mit geschlossenen Augen konnten wir sie erkennen. Lange Zeit hatte Daniel sich geweigert, seine Augen ganz zu schließen. Ohne die Kontrolle durch die Augen war er ohne Orientierung. Sein Körpergefühl war nicht ausreichend entwickelt gewesen. Jetzt wagte er es also, die Augen zu schließen. Ich hätte sie ihm aber nicht verbinden dürfen. Er mußte sie jederzeit wieder aufmachen können. Bei geschlossenen Augen achten wir viel stärker auf die Körperwahrnehmung. Deswegen war es mir wichtig, daß Daniel das Tasten einmal mit geschlossenen Augen versuchte. Dann stellten wir uns in einiger Entfernung von unserem Waschkorb auf und warfen unsere Bälle dorthinein. Ich warf immer wieder daneben. Daniel freute sich, daß er besser war. Für unseren Igelball brauchte Daniel am meisten Kraft, denn er war der schwerste von allen. Mir kam eine Idee. „Daniel", sagte ich, „magst du auf die Sprossenwand klettern und einen Korb mit hinauf nehmen. Den könnten wir oben befestigen. Ich werfe dir dann die Bälle zu, und du kannst sie in den Korb sammeln." Daniel gefiel der Vorschlag, und er baute ihn gleich aus. „Ich baue einen Aufzug. Dann kann ich den Korb herunterlassen, und du kommst wieder an die Bälle dran. Dann wirfst du sie mir wieder zu, und ich kann sie dir dann verkaufen. O ja, ich bin der Ballverkäufer." Daniel war begeistert und hatte eine Idee nach der anderen. Er band also einen Henkelkorb an ein Seil und kletterte unter Anstrengung hinauf auf die Sprossenwand und klemmte sich zwischen die obersten Sprossen und die Wand. Den Korb band er fest. So konnte weder er noch der Korb herunterfallen. Dann streckte er die Hände aus, und ich warf ihm behutsam die Bälle zu. Wenn einer herunterfiel, warf ich ihn wieder hinauf zu ihm und sagte nichts. Wenn er aber einen gefangen hatte, lobte ich ihn und ging auf die Eigenschaften des Balles ein: der ist hart, weich, riecht etwas, hat eine samtige Oberfläche, ist klein und leicht usw. Ich hatte den Eindruck, daß er den Igelball besonders gut halten konnte. Die anderen Bälle glitten ihm manchmal aus der Hand, wenn er sie bereits gefangen hatte. Als ich keinen Ball mehr hatte, ließ Daniel mir den Korb herunter, und wir wiederholten das Spiel.

Mit dem Igelball spielten wir an einem anderen Tag ein ganz anderes Spiel. Wir setzten uns auf dem Boden einander gegenüber hin und rollten ihn uns mit den Händen und anschließend mit den nackten Füßen gegenseitig zu. Dazu sagte ich einen Spruch: „Mein Ball ist kugelrund, er kugelt und rugelt, er rollt und rollt, von dir zu mir, von mir zu dir." Daniel konnte das Verschen nicht mitsprechen. Er versuchte es zwar, doch sagte er immer nur das letzte Wort vor einer Pause gleichzeitig mit mir. Er hatte nur eine kurze Gedächtnisspanne für die verschiedenen Wörter und ihre Reihenfolge. So sagte er ganz schnell das letzte Wort, bevor auch dieses vergessen war. Das ist typisch für sprachauffällige Kinder. Als uns das langweilig wurde, klebte ich einen Tesakreppstreifen zwischen uns der Länge nach auf den Boden. Dabei ließ ich Daniel helfen. Dann versuchten wir, den Ball auf dieser Linie uns gegenseitig zuzurollen. Das war ziemlich schwierig. „Darf ich einmal den Ball über deinen Körper rollern lassen?" – „Au ja, gute Idee!" Ich rollte langsam den Ball über Daniels Beine, Arme, Rücken und Bauch. Dabei benannte ich immer den Körperteil, auf dem soeben der Ball lag. Die Kniekehle und die Armbeuge, die Achselhöhlen, die Rippen, die Schulterblätter spürte er, und an manchen Stellen war er kitzelig und mußte lachen. Anschließend machte er das gleiche bei mir. Jetzt mußte ich lachen, denn ihm ging es hauptsächlich um das Kitzeln. Früher konnte er es nicht ertragen, gekitzelt zu werden. Er empfand es als außerordentlich unangenehm. Jetzt begann er, daran Spaß zu finden.

Den Igelball nahmen wir mit auf den Spielplatz. Dort war eine große, schräggestellte Drehscheibe. Daniel stellte sich auf sie und versuchte, sie in Bewegung zu versetzen. Ich saß auf einer Bank und schaute ihm zu. „Mama, wir haben doch den Igelball dabei. Wirf ihn mir einmal zu!" Die Scheibe drehte sich, und Daniel lief am Rand der Drehung entgegen und beschleunigte sie auf diese Weise. Ich warf ihm den Ball zu, und er fing ihn, dann warf er ihn zu mir. Durch das Drehen der Scheibe flog er meistens irgendwo hin, und er freute sich, wenn er ihn von seiner Scheibe aus entdecken konnte. Ich holte ihn dann und warf ihm den Ball wieder zu. So spielten wir eine ganze Weile werfen und fangen. Diese Drehscheibe blieb für einige Zeit eines von Daniels liebsten Spielgeräten. Sie regte seinen Gleichgewichtssinn in einer anderen Weise an als das Fahrrad oder die Schaukel.

Zwei Wochen sind vergangen, seit Daniel zum erstenmal „groß" richtig ausgesprochen hat. Jetzt begann er, „Klammer" statt „Lammer", „Knopf" statt „Nopf" und „Blume" statt „Lume" zu sagen. Meistens sagte er diese Wörter noch wie früher, aber die richtige Aussprache wurde immer häufiger. Damit konnten ihn andere Leute noch besser verstehen. Das war ein großer Ansporn für ihn. Wieder war er glücklich über den Fortschritt. Er erlebte ihn bewußt. Daniels Entwicklung besteht aus vielen Glücksmomenten und aus Siegen über seine Schwierigkeiten.

Zum Üben für Wörter, die mit kn anfangen, wußte ich auch ein Verschen: „Der Knopf, der Knopf, der Hosenknopf, der Hosenknopf, der knallt." Daniel gefiel der Spruch. Das letzte Wort schrie er fast, um das Knallen deutlich zu machen. Die Sprache entwickelt sich schubweise. Längere Zeit tut sich nichts, und dann gibt es eine bedeutsame Entwicklung. Bei Daniel geht der sprachlichen Entwicklung ein Fortschritt in anderen Bereichen voraus. Vor dem Schädelbruch hatte er gelernt zu springen und zu hüpfen, Purzelbäume zu schlagen und Fahrrad zu fahren, kurz danach hatte er den Dysgrammatismus so gut wie aufgegeben und bei den Partizip-Perfekt-Passiv-Formen die Vor- und Nachsilbe gesprochen, also statt „fund“ „gefunden“ gesagt. Und jetzt wagte er es, Tätigkeiten mit geschlossenen Augen zu verrichten, und er konnte viel länger über einer Tätigkeit bleiben und Handlungen besser planen. Auf dem Fahrrad war er auch sicherer geworden, sonst hätte es kaum den heftigen Zusammenstoß gegeben. Nun gelang es ihm, die anlautenden Doppelkonsonanten in den Griff zu bekommen.

Kämpft miteinander!

Seit langem telephonierte ich wieder einmal mit unserer Freundin Hannelore. Seit ihrem Besuch bei uns im April hatten wir nicht mehr miteinander gesprochen. Sie konnte kaum glauben, daß der Dysgrammatismus so gut wie vorbei war. „Da könnt ihr euch auf die Schulter klopfen. Das habt ihr gut gemacht. Der Dysgrammatismus war der größte Brocken. Bei Aufregung oder wenn er etwas schnell erzählen will, wird er noch lange Zeit die Sätze verdrehen. Wenn er aber normalerweise die richtige Satzstellung einhält, ist schon sehr viel gewonnen. Und wie sieht es ansonsten mit der Sprache aus?“ Ich erzählte ihr von den Fortschritten mit den anlautenden Doppelkonsonanten und auch von den sonstigen Entwicklungen. Hannelore freute sich mit mir. „Die Artikulationsfehler werden bei deinem Einsatz bald verschwunden sein. Ich sagte dir ja, die Mühe lohnt sich. Am Anfang merkt man lange Zeit keinen Erfolg, dann darf man nicht aufgeben. Und dann kommt es, Schlag auf Schlag.“ Ich fragte Hannelore nach neuen Anregungen für meine Beschäftigung mit Daniel. „Die Basistherapie mit Körperwahrnehmung kann jetzt abgeschlossen werden. Natürlich bietest du ihm weiter Schaukeln, Schwimmen, Hüpfen, Fingerfarben, Reihenfolgen usw. an, aber nicht mehr dauernd. Jetzt wird das Ballspielen zunehmend wichtiger zum Üben der Beidhändigkeit. Du kannst einen Luftballon nehmen. Der fliegt langsamer als die normalen Bälle. Vielleicht kann er der Bewegung des Balles noch nicht mit den Augen schnell genug folgen. Es gibt auch einen Zeitlupenball im Fachhandel. Einen Luftballon kannst du mit etwas Wasser füllen, dann hat er wieder ein anderes Flugverhalten. Und euer Igelball ist ganz wunderbar, weil er einen intensiven Tastreiz vermittelt und sich gut fangen läßt. Dann kämpfe mit ihm, versucht euch gegenseitig umzukippen. Bis jetzt habt ihr daran gearbeitet, ihn seinen Körper kennenlernen zu lassen. Jetzt braucht er Gelegenheit, seinen Körper in bezug zu seiner Umwelt zu erfahren, daher die Kampfspiele." Dazu empfahl sie mir die Anschaffung eines weiteren Buches: „Erziehung und Förderung in den Schulvorbereitenden Einrichtungen für behinderte Kinder" von Ingelid Brand u. a. Hannelore war eine große Hilfe für mich. Ihre Anregungen waren ebenso wichtig für mich wie die moralische Unterstützung, die sie mir immer wieder gab.

Ich besorgte mir das Buch. Es ist eine wahre Fundgrube. Hunderte von Spielideen sind aufgeführt, die zumeist wenig und zudem gängiges Material voraussetzen, das in fast jedem Haushalt zu finden ist. Ohne Hannelores Anleitung hätte ich dieses Buch im Buchhandel kaum in die Hand genommen, falls es überhaupt vorrätig gewesen wäre.

Ich kann das allein!

Wir hatten jetzt Mitte August und reisten zum Familienurlaub nach Norddeutschland. Wir wollten viel schwimmen und radfahren. Doch kam alles anders als geplant, da unsere Tochter, kaum daß wir angekommen waren, ins Krankenhaus mußte. Mein Mann und ich wechselten uns mit den Besuchen ab, damit Daniel zu genügend Bewegung kam. Ich ging mit ihm ins Wellenbad. Er war begeistert und ließ sich mit seinen Schwimmflügelchen von den Wellen treiben. Manchmal überspülten sie ihn, dann klapperte er mit seinen Augen und strahlte gleich wieder. Viele Menschen waren im Wasser, die Wassermassen trugen sie hinauf und wieder hinunter. Ob Daniel nicht Angst bekommen würde? Sicherheitshalber schwamm ich in seine Nähe und hielt ihn einmal am Arm fest. „Laß mich los, ich kann das allein! Es langt, wenn du hinter mir herschwimmst." Er war über die Maßen glücklich. Vor zwei Jahren hatten wir ihn einmal in ein Wellenbad mitgenommen. Angsterfüllt hatte er sich bei Beginn der Wellen fluchtartig aus dem ganz Seichten an den Rand gerettet, obwohl ich daneben gestanden war. Und jetzt diese Freude!

In den nächsten Tagen wurde auch noch mein Mann krank, so daß ich ihm Daniel nicht mehr lassen konnte, wenn ich Julia besuchte. So spielte sich unser Leben im Krankenhaus und in seiner Umgebung ab. Hinter dem Krankenhaus befand sich ein Park mit einer abschüssigen Wiese. Ich ging mit ihm spazieren, und er hüpfte an mir hinauf und hinunter. „Kannst du eigentlich diese Wiese hinunterrollern?" Ich versuchte, ihn auf andere Gedanken zu bringen. „Ja!" – „Dann versuch es doch einmal!" – „Nur wenn du dich unten hinstellst." Das tat ich. Daniel rollerte erst zögernd und dann mit immer mehr Begeisterung. Er rannte die Wiese hinauf, legte sich hin und rollerte wieder hinunter. Zwischendurch kontrollierte er, ob ich auch wirklich noch unten stand, um ihn notfalls aufzuhalten. Ich begann zu zählen, wie oft er sich noch drehte. 128 Drehbewegungen machte er noch, dann hatte er genug vom Rollern. Jetzt wollte er mit mir kämpfen. Mit gesenktem Kopf sauste er wie ein Stierchen auf mich zu und knurrte ganz fürchterlich. Das erinnerte eher an einen Löwen als an einen Stier. Wir waren beide vorsichtig, und auch er gab acht, daß er mir nicht weh tat. Anschließend spielten wir fangen den Hang hinauf und hinunter und versteckten uns voreinander hinter den Bäumen. Daniel jauchzte vor Vergnügen und sprang an mir hoch wie ein Äffchen und gab mir einen dicken Kuß. Dann gingen wir wieder hinauf zu Julia.

Mit dem Spielen auf dem unebenen Gelände nahm Daniels Selbstvertrauen zu. Bislang war er auf der abschüssigen Wiese seiner Großeltern leichter hingefallen als auf ebenen Wegen und hatte sie gemieden. An dem seitlichen Rollern hatte er nie Vergnügen gefunden. Er hatte Angst davor, und außerdem war es ihm immer gleich schlecht geworden. Und jetzt ging es auf einmal, und es bereitete ihm sogar viel Spaß.

Daniel erzählte viel und sprach ungeniert fremde Menschen an. Auch bei ihnen plapperte er munter drauflos. Jeder verstand ihn. Das muß für ihn ein wunderbares Gefühl gewesen sein. Alles konnte er richtig sagen bis auf zw, das er als pf aussprach, und sch. Das ersetzte er durch s oder ließ es wegfallen. Aus der Tasche wurde dann Tasse und aus Schlüssel Lüssel. Das führte zwischendurch zu Unklarheiten – meint er Tasche oder Tasse? –, beeinträchtigte die Verständigung aber nicht nennenswert. Und dann streckte er beim s die Zunge zwischen die Zähne und lispelte. Auch das störte nicht die Kommunikation.

Ich konnte mir kaum vorstellen, daß er noch vier Monate vorher alle Sätze verdreht und die Hälfte fast aller Wörter verschluckt hatte und daß es ihm bei vielen Lautkombinationen nicht möglich gewesen war, sie richtig auszusprechen. Die Melodie seiner dysgrammatischen Sätze hatte einen eigenartigen Klang gehabt. Er hatte die Betonung auf das Wort gesetzt, das bei normaler Satzstellung betont worden wäre. So war die Betonung oft an das Satzende gerutscht, was der deutschen Satzmelodie nur bei Fragesätzen entspricht. Hatte ihn früher jemand nach seinem Namen gefragt, den er übrigens sehr lange nicht richtig aussprechen konnte, so hatte er geantwortet: „Ich nicht sag." Das letzte Wort hatte er betont, denn in dem Satz „sag ich nicht" ist „sag" betont. Inzwischen klangen seine Sätze ganz normal, als ob nichts gewesen wäre. Der Gedanke beschäftigte mich eine Weile. Die Satzmelodie war im Gehirn richtig angekommen, nicht aber die Reihenfolge der Wörter. Eigenartig.

Wieder ein Unglück

Zwischen den Besuchen bei Julia gingen wir nicht nur auf die abschüssige Wiese auf der Südseite des Krankenhauses. Manchmal zogen wir das Buchenwäldchen auf der Nordseite vor. Dort gab es viel zu entdecken. Wir rochen an den Blumen und befühlten die Rinde der Buchen und Birken, wir sahen Veilchenblätter und wußten, daß es im Frühjahr hier ganz blau blühte. Dann entdeckten wir ein Spinnennetz und suchten die Spinne. Auf dem

Boden fanden wir Bucheckern und sammelten sie in eine Tüte, die wir für diesen Zweck mitgebracht hatten. Sie eigneten sich gut zum Basteln. Bei uns daheim wußte ich kein Plätzchen zum Bucheckernsammeln. So wollte ich sie vom Urlaub mitbringen. Sie fühlten sich sehr rauh und kantig an. Daniel liebte diese Spaziergänge, er konnte kaum genug davon haben. Er wollte am liebsten nicht mehr zurück in die Ferienwohnung oder ins Krankenhaus zu seiner Schwester: „Ich möchte noch mehr Erlebnisse sammeln!" Julia wartete schon auf uns. Wir gingen den Weg hinunter zur Klinik. Ich ging ein kleines Stück voraus. Daniel hatte einen blühenden Löwenzahn entdeckt und war stehen geblieben. An ihm wollte er noch riechen. „Mama, der riecht süß!" Ich ging die scharfe Linkskurve aus, die wir schon zigmal gemeinsam gegangen sind, um eine Anpflanzung herum, und erreichte den Klinikparkplatz. Im Gehen sagte ich zu Daniel: „Paß auf, tu langsam, da können Autos kommen." Daniel war sehr vorsichtig geworden und blieb sofort stehen, wenn ich ihn dazu ermahnte. Doch dieses Mal hat er meine Worte nicht gehört. Er kannte das Gelände und wußte, daß ein kleiner Trampelpfad durch die Anpflanzung führte und die Linkskurve abkürzte. Er war höchstens eineinhalb Meter lang. Das Gelände war abschüssig, und dementsprechend führte dieser ausgetretene Pfad noch steiler nach unten als die Straße. Nie hatte er diese Abkürzung gebraucht, doch nach dem vielen Spielen und Rennen am Südhang des Krankenhauses wagte er es, rannte los und sauste mit fliegenden Beinen direkt auf die Parkplatzeinfahrt. Und da passierte wieder ein Unglück.

Ich sah von links meinen Sohn rennen, und von unten sah ich ein Auto kommen. Es fuhr direkt auf die Ausfahrt zu. Die Fahrerin schaute im Fahren nach links, um sicherzugehen, daß sie nach links abbiegen konnte. Ich wußte, gleich würden die beiden zusammenstoßen, und stieß einen gellenden Schrei aus. Und da krachte es. Daniel flog regelrecht von oben auf die Motorhaube, wurde durch den Aufprall mit dem Bauch auf das Auto gepreßt und durch das scharfe Abbremsen des Autos mehrere Meter rückwärts durch die Luft geschleudert. Seine rote Hose leuchtete richtig. Wie durch ein Wunder kam er auf seinen Füßen auf und fiel erst dann um. Er kam mit einer Gehirnerschütterung, einem aufgeschürften Knie und Ellenbogen sowie einer starken Prellung an der linken Hüfte davon. Die Kopfschmerzen, an denen er seit dem Schädelbruch bei Erschütterung und Aufregung immer noch litt, nahmen wieder stark zu. Er wurde geröntgt und untersucht. Sicherheitshalber sollte er einen Tag zur Überwachung in der Klinik bleiben. Ich ließ ein Notbett neben Julias Bett stellen und konnte bei beiden Kindern sein. Abends nahm ich Daniel mit mir mit. Ich machte stündlich Atem- und Pupillenkontrolle und fühlte den Puls. Das kannte ich schon zur Genüge. Am nächsten Tag legte ich ihn wieder neben Julia. Zwei Tage war Daniel ruhiger und wollte sich öfters hinlegen. Dann erwachte wieder sein Tatendurst.

Ich war noch wie gelähmt von dem Schock. Was stand uns noch alles bevor? Schädelbruch im April, Polypenoperation im Mai, Fahrradunfall im Juli und Autounfall im August. Die Unfälle standen alle in Zusammenhang mit den Fortschritten, die Daniel in seiner Entwicklung gemacht hatte.

Im allgemeinen bemühte er sich darum, vorsichtig zu sein. Er merkte sich die Situationen, von denen er wußte, daß sie gefährlich waren. Wenn sie wieder auftraten, verhielt er sich äußerst zurückhaltend. Was war aber, wenn die Situationen sich nicht glichen oder er etwas zum ersten Mal ausprobierte? Da erkannte er die Gefahr nicht und konnte ihr folglich nicht aus dem Weg gehen. So erlitt er immer wieder Schiffbruch. Es ist zu staunen, daß er den Mut darüber nicht verlor. Ich wußte, daß er vermehrt in Gefahr war, und paßte auf ihn auf, so gut es mir möglich war. Aber anbinden konnte ich ihn auch nicht. Diese Unfallserie begleitete Daniels stürmische Entwicklung. Der Autounfall bildete Gott sei Dank den Abschluß. Kleinere Stürze gab es immer wieder, die sind aber nicht der Rede wert.

Wir haben auch angenehme Erlebnisse

Zwischen den Krankenhausbesuchen konnte ich nun nicht mehr spazierengehen, da Daniel seine Hüfte schonen mußte. So ging ich mit ihm in die Ferienwohnung und bastelte mit ihm. Es kam mir in den Sinn, die Bucheckern zu verwenden. Sie eigneten sich gerade zum Basteln mit Daniel gut, weil sie einen intensiven Berührungsreiz boten. Daniel leerte sie in einen Topf und rührte mit beiden Händen darin herum. Er schien das Gefühl angenehm zu finden. Später sah ich im Sprachheilkindergarten eine Schüssel mit Bucheckern stehen. Darauf angesprochen, sagte mir die Kindergärtnerin, daß sie sie wegen des starken Berührungsreizes verwenden. Ich hatte das Richtige für den Augenblick gefunden, in dem Daniel sich nicht viel bewegen durfte. Ich hatte noch zwei Styroporkränze und Kleber gekauft, einen gleich für Julia in Reserve.

Daniel und ich setzten uns an den Küchentisch. Er saß an der Längsseite und ich rechts neben ihm an der Querseite. Er bastelte gern und freute sich, die frisch gesammelten Bucheckern gleich verwenden zu können. Ich tupfte Kleber auf die Stielchen und Daniel steckte die Bucheckern in den Kranz, eine möglichst nah an die andere. So mußte er nicht fortlaufend den Kleber in die Hand nehmen und wieder weglegen. Bald bemerkte ich, daß er die Bucheckern immer nur mit der rechten Hand nahm, mit der er sie auch in den Kranz steckte. Er brauchte dazu die Körpermittellinie nicht zu kreuzen. Das hätte ich aber gern mit dem Basteln verbunden. So wechselte ich unter einem Vorwand meinen Platz und setzte mich ihm gegenüber hin. Jetzt konnte ich ihm die Bucheckern von rechts, von links oder von vorne reichen, und er kreuzte mit seiner rechten Hand immer wieder die Körpermittellinie. Manchmal vermied er dies und nahm sie mit der linken Hand und reichte sie weiter an die rechte Hand, mit der er sie in den Kranz steckte. Mit bemerkenswert viel Ausdauer blieb Daniel über der Bastelarbeit und brachte sie zu Ende. Er war glücklich über das wirklich ansehnliche Ergebnis. Er nahm seinen Kranz mit nach Hause und hängte ihn in seinem Zimmer auf.

In der Ferienwohnung stand ein größerer Tisch. Daniel hängte eine Decke darüber und baute eine Höhle. Dann schob er noch Stühle und einen Sessel dazu. Auch über sie breitete er die Decke und hängte noch eine weitere darüber, damit seine Wohnlandschaft auch wirklich ein durchgängiges Dach hatte. Eine Küche gab es, eine Garderobe und natürlich ein Bett. Fast die ganze Ferienzeit schlief er dort auf einem ausgebreiteten Schlafsack unter seiner Bettdecke. Zu dieser Höhle hatte ihn Herr Baumer angeregt, der in der letzten Stunde vor den Ferien mit ihm eine Höhle gebaut und sogar eine Mahlzeit darin eingenommen hatte.

Dann wurde Julia aus dem Krankenhaus entlassen, und wir waren endlich wieder zusammen, mußten aber noch langsam tun. Wir bastelten wieder. Ich besorgte Wachsplatten und Kerzen, und wir beklebten sie mit dem Wachs. Man kann Wachsstücke in eine bestimmte Form schneiden und dann aufdrücken oder aber kleine Stücke abreißen, zwischen den Fingern zu einem Kügelchen formen und dieses auf die Kerze drücken. Bei der zweiten Möglichkeit wird der Pinzettengriff, also das Greifen mit Daumen und Zeigefinger, geübt. Durch das Kügelchenformen ist eine intensivere Körperwahrnehmung möglich als bei der Schneidemethode. Ich fragte die Kinder nicht lange, was sie lieber haben, sondern bot ihnen kleine Wachsstückchen an und ermunterte sie, zwischen Daumen und Zeigefinger daraus Kügelchen zu formen und sie anschließend nach ihren Vorstellungen auf die Kerze zu drücken. Daniel versuchte die Wachsstückchen zwischen den Handflächen zurechtzudrücken. „Mit den Fingern bin ich nicht so geschickt wie mit den Handflächen. Deswegen mache ich es so.“ Daniel war pfiffig und kam bald auf die Idee, sich eine Schere zu holen und die Wachsstückchen von der Platte abzuschneiden und gleich auf die Kerze zu drücken. Dazu rollte er sie auf dem Tisch in der Hoffnung, sich das leidige Andrücken mit den Fingern zu ersparen. Besonders schön war die Kerze nicht geworden. Er hatte an diesem Tag zwar eine Kerze bekleben wollen, aber keine Lust gehabt, Schwierigkeiten zu meistern.

Im Urlaub unternahmen wir verschiedene Ausflüge. Die Anfahrten im Auto waren für Daniel keine Last mehr, wie sie es noch vor einem halben Jahr waren. Ihm wurde es nicht mehr so leicht schlecht. Vergnügt schaute er zum Fenster hinaus und plapperte die meiste Zeit. Auf einem Parkplatz kamen wir mit anderen Leuten ins Gespräch. Daniel erzählte ihnen von seiner Höhle und fand sie wohl recht nett. Auf einmal griff er in seine eine Hosentasche und zog vier Zuckerpackungen heraus, die er beim letzten Gasthausbesuch eingesteckt hatte. Er schenkte jedem eines, um eine Freude zu bereiten. Herzlich, großzügig und spontan ist unser Daniel.

Wir hatten unsere Fahrräder dabei und kamen gegen Ende des Urlaubs auch noch gelegentlich dazu, sie zu verwenden. Daniel lernte es, Slalom zu fahren. Er war ganz stolz, daß er es wagte, sich in der Kurve schräg zu legen. Dann begann er, Kreise zu fahren, sie wurden immer enger und kleiner. Das Glück leuchtete ihm richtig aus den Augen. Mit dem Gleichgewicht kam er immer besser zurecht. Schwierigkeiten bereiteten ihm zwei Pflöcke, die mit einem guten Meter Abstand in den Fahrradweg eingelassen waren, um Autofahrer am Weiterfahren zu hindern. Langsam fuhr er an diese Stelle heran. Er hatte Angst, den Durchschlupf nicht zu treffen. Ich fuhr neben ihm und machte ihm Mut: „Du schaffst das im Fahren, du brauchst nicht abzusteigen." Langsam fuhr er zwischen den beiden Pflöcken durch. Er atmete hörbar auf, als er diese Schwierigkeit gemeistert hatte.

Wir radelten zu einem Eislokal und kehrten ein. Genüßlich schleckte Daniel sein Eis. Er war ein Genießer und brauchte lang. Julia war ganz anders. Fast gierig verdrückte sie es und war meist viel eher fertig als ihr Bruder. Am Ende zog Daniel sein Hemd aus der Hose und wischte sich den Mund daran ab. Das konnten wir ihm nicht abgewöhnen. Danach hing das Hemd heraus. Wenn er auf die Toilette gegangen war, hing es auch heraus und ebenso, wenn er sich einfach am Bauch gekratzt hatte. Ich steckte es ihm gelegentlich in die Hose und zog auch diese zurecht, weil sie meist irgendwie schief saß. Das hielt dann eine Weile und sah bald wieder aus wie vorher. Dann ließ ich ihn so, wie er war. Das etwas durcheinandergebrachte Äußere schien zu unserem Daniel zu gehören. Er merkte es nicht und steckte sich deshalb das Hemd nicht in die Hose, oder es störte ihn einfach nicht.

Wir hatten den Anamnesebogen von Dr. Hartmann mit in den Urlaub genommen. Ausführlich wurden wir nach Schwangerschaft, Geburt, Krankheiten und Verhaltensweisen befragt. Viele der Fragen beantworteten wir mit Ja. Wir stellten fest, daß wir in einigen Fällen vor wenigen Monaten noch „ja, sehr oft" geantwortet hätten, während wir jetzt nur „ja, gelegentlich" eintrugen. Dann steckten wir den ausgefüllten Anamnesebogen in einen Umschlag und schickten ihn an Dr. Hartmann.

Allmählich ging unser verunglückter Urlaub zu Ende. Julia, Daniel und auch meinem Mann ging es wieder so gut, daß wir die Heimreise antreten konnten.

Zweiter Ausflug in die Hyperkinese

In den letzten Ferientagen gingen mein Mann und ich ohne die Kinder zu Dr. Hartmann. Er bat uns, Platz zu nehmen, und begann: „Ich habe Ihren Anamnesebogen durchgelesen. Um meine Vorstellungen von Ihrem Sohn abzurunden, bitte ich Sie um ein paar Geschichten, die Sie sicher über ihn aus dem Alltag in der Familie und im Kindergarten erzählen können." Das konnten wir. Er kam zu dem Schluß, daß Daniel mit ziemlicher Sicherheit ein hyperaktives Kind ist. Zum Schuleintritt sollte er Ritalin bekommen. Für die Dauer der Wirkung des Medikaments würden sich seine Symptome bessern. Dann könnte er sich besser konzentrieren und würde nicht durch sein Verhalten zum Klassenkasper oder Außenseiter der Klasse werden. Er erwog es, Daniel dieses Medikament bereits jetzt zu geben, um ihn für die Therapie zugänglicher zu machen. Die Neigung zur Leistungsverweigerung und die leichte Ablenkbarkeit stellten schließlich noch immer ein Problem dar. So könnte die Wirksamkeit der Fördermaßnahmen erhöht werden. Er wollte diese Entscheidung erst nach einer gründlichen Untersuchung Daniels treffen und uns anschließend beraten.

Er lehnte sich zurück und schaute uns an. „Sie erzählten von Daniels heftigen Wutausbrüchen. Was machen Sie denn in so einer Situation?" – „Wir versuchen ruhig zu bleiben und zu verhindern, daß er anderen weh tut oder Dinge kaputtmacht. Anfassen läßt er sich nicht, und ansprechbar ist er auch nicht. Eigentlich sind wir hilflos.“ – „Wissen Sie, es ist für Daniel wichtig zu wissen, wer der Stärkere ist, auch und gerade in so einer Situation. Wenn er den inneren Halt verloren hat, braucht er jemanden, der ihm diesen Halt geben kann. Und das kann nur ein Stärkerer. Verstehen Sie das aber bitte nicht im Sinne eines Machtkampfes, so nach dem Motto: Mal sehen, wer hier der Herr im Haus ist. Dann hätten Sie mich gründlich mißverstanden. Es geht darum, dem Kind die spür-bare Gewißheit zu geben, daß jemand da ist, an dem er sich festhalten kann und der ihn gegebenenfalls auch einmal von sich aus festhält. Ich kann Ihnen ein Büchlein empfehlen. Jirina Prekop hat es geschrieben und ihm den Titel ‚Der kleine Tyrann‘ gegeben. Darin beschreibt sie, wie sie ein Kind bei einem so hemmungslosen Wutausbruch festhält. Sie hält es nicht, um es zu bestrafen, sondern um es zu halten, um ihm den fehlenden Halt zu geben. Aus meiner eigenen Erfahrung möchte ich Ihnen Mut machen, auch Ihren Daniel in solchen Augenblicken festzuhalten. Machen Sie das aber nur, wenn Sie Zeit haben. Das kann dauern. Und Sie dürfen nicht aufgeben. Mit der Zeit wird es besser werden. Hyperkinetische Kinder brauchen ein eisernes Geländer, auf das sie felsenfest vertrauen können. Daher brauchen sie auch einen festen Tagesrhythmus und klare Spielregeln. Die Festhaltemethode wurde eigentlich für autistische Kinder entwickelt, hilft aber auch bei Hyperkinetikern.“ Ich war sehr froh. Vielleicht würden auch wir mit diesem Festhalten Erfolg haben. Beim nächsten Wutanfall würden wir jedenfalls nicht mehr ohnmächtig danebenstehen müssen.

Wir schnitten das Thema Schule an. „Herr Dr. Hartmann, haben Sie hinsichtlich der Wahl der Schule Erfahrungen mit hyperaktiven Kindern gesammelt, die Sie uns weitergeben möchten?“ – „Neben der üblichen Grundschule gibt es Privatschulen und verschiedene Sonderschulen. Für Daniel könnte die Sprachheilschule in Betracht kommen, das hängt von seiner Entwicklung ab. Wichtig ist für ihn eine möglichst kleine Klassenstärke und eine individuelle Behandlung. Eine Schule mit großen Klassen und mit vielen strikten Regelungen und Anordnungen, denen alle zu folgen haben, ist für ihn nicht von Vorteil. Er ist dort nicht gut aufgehoben, selbst wenn die Unterrichtsinhalte Ihnen zusagen und in Ihren Augen eine begrüßenswerte Alternative zur üblichen Grundschule darstellen."

Dieser Hinweis hat uns geholfen. Er schränkte die Bandbreite der Möglichkeiten ein und machte die Entscheidung leichter. Wir wußten, auf welche Kriterien wir zu achten hatten.

Eine Woche später kam ich mit Daniel zu ihm in die Sprechstunde. Er machte bei der Untersuchung gut mit, zeigte davor und danach aber für ihn durchaus charakteristische Verhaltensweisen. Am Anfang kam er der Aufforderung, sich auszuziehen, nicht nach und drohte: „Ich ziehe mein Hemd nur aus, wenn ich die Knöpfe abreiße!" Ähnlich verhielt er sich am Ende. Als Dr. Hartmann ihn bat, sich seine Hose anzuziehen, tat er, als ob er nicht gemeint wäre. Beim Blutabnehmen war er ganz tapfer. Erst kam ein Tupfer auf den Einstich, dann sollte ein Pflaster daraufgeklebt werden. Auf einmal schrie er wie am Spieß los: „Weg mit dem Tupfer, weg mit dem Arschlochpflaster, ich will einen neuen Tupfer!" Den bekam er. Dann war er ruhig und zufrieden, als ob nie etwas gewesen wäre. Eine ungeahnte Kleinigkeit hatte ihn völlig aus der Fassung gebracht. Die Stimmungslagen konnten sich bei Daniel sehr schnell ändern.

Im Anschluß an die Untersuchung sollte er in einem anderen Zimmer zwei Bilder malen. Auf dem einen sollten ein Haus mit einem Baum, der Himmel und ein Kind zu sehen sein. Auf dem anderen sollte er seine Familie nach dem Besuch eines Zauberers malen, der alle Familienmitglieder in ein Tier verwandelt hatte.

Währenddessen sprach Dr. Hartmann mit mir: „Daniel ist mit sehr großer Wahrscheinlichkeit hyperaktiv, und ich rate Ihnen zu einer medikamentösen Behandlung. Der Vollständigkeit halber möchte ich Sie darauf hinweisen, daß ein geringer Teil der hyperaktiven Kinder positiv auf die phosphatfreie Diät anspricht. Wenn Sie diese Diät ausprobieren möchten, dann sollten Sie das möglichst vor dem Schuleintritt in irgendwelchen Ferien tun. Da haben Sie die beste Kontrolle über das, was Ihr Kind ißt. Nach drei Tagen konsequenter Diät sehen Sie bereits, ob sich das Verhalten Ihres Kindes deutlich ändert. Besprechen Sie sich bitte mit Ihrem Mann, und rufen Sie mich wieder an."

Ich verabschiedete mich und ging zu meinem Sohn. Er zeigte

mir seine Bilder, und ich betrachtete sie. Bei dem Bild mit dem Haus fiel mir das Kind auf. Er hatte ein Mädchen mit Zöpfen gemalt. Es hatte einen dreieckigen Kopf und ein Auge in der Mitte. Manchmal hatte Daniel eine ungewöhnliche Sichtweise. Ich fühlte mich an moderne Malerei erinnert. Vielleicht nahmen Maler, die die Wirklichkeit anders malten, als wir sie kannten, die Welt anders wahr? Hatten sie dann Wahrnehmungsstörungen? Oder Bewußtseinserweiterungen? Sich selber malte Daniel übrigens nie. Das andere Bild versetzte mich noch mehr in Erstaunen. In der Mitte war ein kleiner Löwe zu sehen, das war Julia. Rechts davon stand ein großer, gutmütiger Bär. Das war der Papa. Links im Bild war ein Baumstamm mit einem dünnen Ast, der nach rechts ragte. An diesem Ast hing, kaum zu erkennen, ein Äffchen, alles zartbraun gehalten. „Mama, das bist Du. Ein winziges Äffchen, das turnt da herum!“ Dazu lachte Daniel in sein Fäustchen, als ob er einen guten Witz gemacht hätte. Ich war fast etwas beleidigt. Er sah mich wohl als einen lächerlichen Affen, der für alle herumhampelte. Tatsächlich kam ich mir manchmal so vor. Ob ich weniger Wünsche erfüllen sollte? Es fehlte noch Daniel. Er hatte sich am Himmel als Fischvogel gemalt, ohne Hände und Füße und ohne Bezug zum Boden. Er schien keine Verantwortung zu haben und konnte es sich aussuchen, ob er lieber Fisch oder Vogel sein wollte. Er nahm eine Sonderstellung ein. Nur mit dem Affen hatte er eine Gemeinsamkeit: Sie hingen beide in der Luft. Die Arzthelferin nahm die beiden Bilder in Empfang, und wir verließen die Praxis.

Endlich Grund unter den Füßen

Daniel besucht den Sprachheilkindergarten

Unterdessen hat das neue Kindergartenjahr angefangen. Daniel wurde jeden Morgen um 7.40 Uhr mit dem Schulbus abgeholt und mittags wieder zu Hause abgeliefert. Die Umstellung bereitete ihm in den ersten Tagen Schwierigkeiten. Doch dann ging er wirklich gern in den Kindergarten. Morgens ließ er sich willig anziehen und zum Frühstück führen. Er war noch verschlafen und hing seinen Träumen nach. Manchmal schob ich ihm einen Löffel Haferflocken in den Mund und gab ihm die Tasse in die Hand. Zum selbständigen Frühstücken ging ihm alles etwas zu schnell. Nach dem Essen kam er mit zum Zähneputzen, als ob er das immer so getan hätte. Was war das früher immer für ein Theater vor dem Kindergarten. Bald stieg er ganz selbstverständlich in den Bus ein.

Mittags kam er meist ausgeglichen und fröhlich heim. Er erzählte, was ihm wichtig gewesen ist, und zeigte mir neue Kunststückchen mit der Zunge oder Fingerspiele. Manchmal kam er mit einem ärgerlichen Gesicht heim. Dann schimpfte er über dieses oder jenes und war anschließend wieder guter Dinge. Er ließ nun mittags seine Schwester in Ruhe ihre Hausaufgaben machen und störte sie nicht mehr. Statt dessen half er mir im Haushalt oder spielte in meiner Nähe eine Weile für sich, am liebsten mit Duplo oder Klötzen. Allein sein mochte er nicht gern. Daniels Verhalten hatte sich mit dem Wechsel des Kindergartens deutlich entspannt. Er fühlte sich viel wohler und war damit ruhiger geworden. Das Geschwisterverhältnis wurde deutlich besser. Wir waren alle erleichtert.

Der Gruppenraum im neuen Kindergarten war doppelt so groß wie der im alten Kindergarten. Acht Kinder bildeten eine Gruppe, im Laufe des Kindergartenjahres kamen noch zwei dazu. Die Erzieherin hatte eine Montessori-Zusatzausbildung. Ihr war eine Praktikantin an die Seite gestellt. Hier hatten die Kinder Freiraum und konnten optimal gefördert werden. Einmal in der Woche hatte jedes Kind eine halbe Stunde Logopädie. Die Logopädin, Frau Bach, behandelte es in ihrem Zimmer. Sie holte jedes Kind aus dem Gruppenraum ab und brachte es wieder zurück. Alle Kinder gingen zu ihr. So war es nichts Besonderes, zur Logopädie zu gehen. Zweimal in der Woche stand ihnen der Rhythmikraum zur Verfügung. In der Gruppe hatten die Kinder eine feste Freispielzeit. Daneben wurde viel gebastelt und gemalt, getanzt und gesungen, Bilderbücher vorgelesen, Fingerspiele wurden gespielt und vieles mehr. Alle diese Beschäftigungen zielten unauffällig auf die Verbesserung der Körperwahrnehmung, der Formenwahrnehmung, des Reihenfolgedenkens, des Sozialverhaltens und natürlich der Sprache.

In den letzten Monaten hatte ich Daniel viel in dieser Richtung angeboten. Jetzt nahm mir der Kindergarten diese Arbeit weitgehend ab. Ich unterstützte diese Bemühungen zwar durch das entsprechende Angebot an Spielen und Material und nützte Situationen, die der Alltag bot, und gab immer wieder Anregungen. Doch fühlte ich mich nicht mehr in diesem Maße verantwortlich und empfand darüber eine große Erleichterung. Ich mußte nicht mehr strampeln und hatte Grund unter den Füßen. Von nun an nahm ich mir nicht mehr bestimmte Beschäftigungen mit Daniel vor und gewann dadurch Zeit. Ich brachte Daniel nach der Sommerpause wieder zu seinen Therapiestunden und genoß im übrigen die Entlastung nach den anstrengenden Monaten seit November.

Wir nahmen das Reiten wieder auf. Daniel freute sich immer darauf, bergauf und bergab durch den Wald zu reiten. Am liebsten hatte er es, wenn das Pferd zwischen engen Sträuchern durchlief. Runden auf der Reitbahn schätzte er nicht so sehr, zumal er da oft irgendwelche Übungen machen sollte.

Einmal in der Woche war Beschäftigungstherapie. Herr Baumer gab mir einen Termin um 8 Uhr. So konnte ich ihn anschließend in den Sprachheilkindergarten bringen. Wir achteten darauf, daß sich diese Stunde nicht mit der Rhythmikstunde des Kindergartens überschnitt. Statt der bislang üblichen zweiten Einzelbehandlung wollte er Daniel in eine Psychomotorikgruppe hereinnehmen. Vorher war eine entsprechende Gruppe nicht zustande gekommen. Zudem hatte er wegen Daniels oft explosivem Verhalten bezweifelt, daß Psychomotorikstunden für ihn bereits sinnvoll waren. Jetzt hielt er seine Beteiligung an einer Kleingruppe für möglich.

Ich konnte mir unter Psychomotorik nicht viel vorstellen. Hannelore hatte sie bereits erwähnt und ihr einen hohen Stellenwert zugemessen. Herr Baumer spürte meine Unsicherheit und versuchte mir zu erklären, was sich hinter diesem Wort verbarg: „Eine Psychomotorikgruppe besteht aus vier bis sechs Kindern. Die Kinder bekommen eine Gelegenheit zu lernen, mit ihren eigenen Schwächen und Stärken und mit denen der anderen Kinder umzugehen. Insofern wird ihr Sozialverhalten gefördert. In gleichem Maße sprechen wir mit den Übungen ihre Grob- und Feinmotorik an. Die Kinder erfahren mehr über ihren Körper. Die Psyche und die Motorik stehen in dieser Stunde im Vordergrund, daher der Name Psychomotorik. Ich betreue die Gruppe zusammen mit unserer Krankengymnastin. Die Eltern sind bei der Stunde nicht im Raum anwesend.“ Jetzt wußte ich etwas mehr, aber nichts Genaues. Ich mußte mich also gedulden. Mit der Zeit würde ich sicher mehr verstehen. Ich war froh, daß Daniel in die Psychomotorikgruppe aufgenommen wurde. „Die Stunde wird in der Turnhalle der Kinderklinik stattfinden, und zwar mittwochs um 14.15 Uhr. Ich hoffe, Ihnen paßt die Zeit. Da mir die Turnhalle nur sehr begrenzt zur Verfügung steht, kann ich die Stunde nicht verschieben.“ Der Zeitpunkt war denkbar ungünstig. Mittwochs hatten wir um 12 Uhr Reiten. Ob ich es aufgeben mußte? Die Psychomotorik schien mir wichtiger zu sein, falls ich mich zwischen den beiden Angeboten entscheiden müßte. So sagte ich zu.

Während Herr Baumer mit mir sprach, baute Daniel aus Material, das er vorfand, eine Ampel. Herr Baumer regte den Bau einer Straße mit Kreuzung an, damit die Ampel Verwendung finden konnte. Vorher sollte er die geplante Straßenanlage auf Papier aufzeichnen. Daniel malte erst zwei Straßen und eine Kreuzung auf. Viele neue Ideen machten es ihm schwer, die Übersicht zu wahren. Plötzlich kamen Kurven und Schlingen dazu. Herr Baumer radierte sie wieder weg. Daniel hatte auf einmal keine Lust mehr, die Straße zu bauen, die er gemalt hatte. Irgendeine andere wollte er bauen. Daniel sollte es lernen, eine Handlung zu planen und sich an diesen Plan zu halten. Das fiel ihm schwer, und er machte nicht mehr mit. Herr Baumer half ihm dann erheblich, und Daniel faßte wieder Mut. Er durfte sich, als die Straße fertig und die Ampel aufgestellt war, auf einen Laster setzen. Herr Baumer fuhr ihn auf seiner Straße über die Kreuzung.

Die Straßenanlage mit der Kreuzung war anspruchsvoller als die geraden oder gebogenen Straßen, die Daniel bis jetzt gebaut hatte. Außerdem war es schwieriger, eine Straße nach einer gezeichneten Vorlage zu bauen, als eine gebaute Straße zu Papier zu bringen. Diese Aufgabe war für Daniel zu schwierig. Daher hatte er blockiert.

In der nächsten Stunde baute Daniel ein Haus. Er durfte alles Material verwenden, das er im Raum vorfand. Wie beim Bau der Höhle in der letzten Stunde vor den Ferien mußte er den Aufbau planen und durchführen. Er zog und trug Baumaterial herbei. Möglichst selbständig sollte er sein Haus bauen. Daniel mußte ständig aufpassen, daß er nicht versehentlich eine Mauer umstieß. Seine räumliche Wahrnehmung bereitete ihm noch immer Schwierigkeiten. Wieder gab es eine Mahlzeit und wieder wurde das Geschirr spiel-gespült.

Herr Baumer bekam neue, große Schaumstoffelemente geliefert. Daniel verwendete sie sehr gern und baute so manches Haus aus ihnen.

Wichtig war immer die Hinführung zur selbständigen Planung und Durchführung, verbunden mit den körperlichen Erfahrungen.

Wie schon beim Bau der Höhle wurde ein im Vergleich zum Bergbauen anspruchsvolleres räumliches Wahrnehmen geübt.

Herr Baumer kam immer wieder auf die gleichen Beschäftigungen zurück, wandelte sie ab und brachte so Abwechslung in seine Stunden. Wiederholung ist beim Lernen sehr wichtig. Im allgemeinen ging Daniel gern zu Herrn Baumer. Seit dem Beginn der Beschäftigungstherapie hatte er deutliche Fortschritte erzielt. Sie äußerten sich in einer etwas besseren Konzentration und geringeren Ablenkbarkeit, in den schon deutlichen Erfolgen beim Planen und Durchführen der Handlungsabläufe, beim Erkennen von Formen und von räumlichen Beziehungen, in der Motorik und durch all dies letztlich auch in der Sprache. Doch mußte an den gleichen Schwachpunkten weitergearbeitet werden.

Daniel liebt starke Berührungsreize

An einem schönen Wochenende machten wir einen Spaziergang. Julia war nicht mitgekommen. Sie wollte lieber mit ihrem Papa zu Hause bleiben und mit ihm allein spielen. Wir kamen an einem abgeernteten Getreidefeld vorbei. Das Stroh lag noch auf dem Boden. Daniel rannte freudig in das Feld und warf Stroh in die Luft. Übermütig begann er, mich damit zu bewerfen. Ich warf Stroh zurück, und im Nu lieferten wir uns eine lustige Strohschlacht. Daniel hüpfte auf den Strohhaufen, ließ sich darin vergraben und kroch wieder heraus. Das war wirklich lustig. Daniel trug eine kurze Hose. Ich war erstaunt, daß ihn das Stroh an den nackten Beinen nicht störte. Er war etwas verkratzt, aber glücklich. Auch ich hatte meinen Spaß dabei. Strohschlachten waren ein Herbstvergnügen und ein altes Kinderspiel. Und doch konnte ich nicht umhin zu denken: Das hat Daniel sicher gutgetan, das hat den Tastsinn und den Gleichgewichtssinn angeregt und ihn seinen Körper intensiv wahrnehmen lassen.

Wir waren beide ziemlich verstaubt und schmutzig. Zu Hause stellte ich Daniel unter die Dusche. Er mochte nicht geduscht werden. Er jammerte und weinte: „Das Wasser kitzelt mich. Stell die Dusche ab!“ Ich beeilte mich, ihn abzuseifen und abzuwaschen. Am schlimmsten war es für ihn, als ich die Dusche abgestellt hatte und das Wasser an seinem Körper herunterlief. „Die Tropfen kitzeln mich, sie machen mich ganz verrückt. Da ist einer und da und da.“ Er weinte erbärmlich. Ich trocknete ihn ab und tupfte alle Tropfen weg. Die Haut juckte ihn noch einige Zeit weiter. Das abendliche Waschen war ihm immer unangenehm. Am besten ging es noch mit einem Waschlappen am Waschbecken. Da sollte womöglich kein Wassertropfen heruntertropfen und auf seinem Körper weiterfließen. Er reagierte stark auf leichte Berührungsreize. Das Kratzen im Stroh dagegen hatte ihm nichts ausgemacht. Die Wassertropfen brachten ihn zur Verzweiflung. So war es auch bei Verletzungen. Eine kleine Aufschürfung war für ihn fast schlimmer als eine größere Wunde.

Da er starke Berührungsreize liebte, bereitete ich eine Schüssel mit Bucheckern vor, versteckte darin einige Holzfigürchen und bot sie Daniel zum Spielen an. Er interessierte sich dafür und begann mit den Händen in den Bucheckern zu rühren und freute sich jedesmal, wenn er ein Figürchen gefunden hatte. Danach versteckte er sie noch einmal, zog seine Schuhe und Strümpfe aus und steckte seine Füße in die Schüssel. Das piekste, und er holte sie bald wieder heraus. Er spielte noch eine Weile mit den Bucheckern. Mit den Händen baute er Türmchen aus ihnen. Ich war während dieses Spiels in Daniels Nähe. Doch spielte er für sich und brauchte mich nicht mehr zum Mitspielen. Er hatte gelernt, sich mit solchem Material allein zu beschäftigen. Ich freute mich an seiner Ausdauer. Wenn ich ein Spiel gemeinsam mit ihm begonnen hatte, spielte er jetzt gelegentlich eine Viertelstunde und manchmal sogar noch länger damit weiter, selbst wenn ich mich einer anderen Tätigkeit zuwandte. Wichtig war es, daß ich in der Nähe blieb oder zumindest häufig zu ihm schaute und ihn lobte und ermunterte, weiterzuspielen.

Eines Tages brachte er vom Kindergarten eine Idee mit nach Hause. Er wollte Wachs erhitzen und auf eine Unterlage tropfen lassen. Wir holten gemeinsam ein Stück alte Tapete, eine Kerze und Streichhölzer. Daniel zündete die Kerze an und begann das Wachs auf die Tapete tropfen zu lassen. Ich nahm ein weiteres Tapetenstück und malte einen Kreis und ein Viereck mit Bleistift auf. „Kannst du das Wachs genau in diese Formen tropfen lassen?" – „Ich weiß nicht. Ich versuche es mal." Ich gab Daniel eine klare Aufgabe mit eindeutigen Formen vor. Eine Phantasiefigur wäre nicht so geeignet gewesen. Ich setzte mich zu ihm und erinnerte ihn gelegentlich an sein Vorhaben. Nach einiger Zeit hatte er den Kreis und das Viereck vollgetropft und blies die Kerze aus. „Daniel, fühl mal den Kreis und das Viereck. Mache dabei auch einmal die Augen zu." Mit geschlossenen Augen betastete er die beiden Formen. „Jetzt lege ich deine rechte Hand auf eine Form, und du machst deine Augen wieder zu. Meinst du, du kannst fühlen, ob du das Viereck oder den Kreis berührst?" Daniel machte immer noch mit. Angestrengt fühlte er. Lange hielt er durch. Ich beendete die Beschäftigung vor ihm, stellte ihm zusätzlich Knete auf den Tisch und wandte mich im gleichen Zimmer meiner Bügelwäsche zu. Daniel begann zu kneten. Auf das Viereck und den Kreis pflanzte er Bäumchen und vertiefte sich in sein Spiel. Am Ende räumte Daniel ganz selbstverständlich mit mir zusammen auf.

Es lohnte sich für mich, eine Zeitlang mit ihm gemeinsam zu spielen oder mich anderweitig ihm zuzuwenden. Dann konnte er danach mehr mit sich anfangen.

Ärger und Freude mit Daniel

Alles war so normal geworden und so unglaublich leicht. Sollte ich meine Notizen über Daniel überhaupt fortführen? Ein knappes Jahr Großeinsatz hat seine Früchte getragen. Dann kam es wieder zu Szenen wie dieser, und ich wußte: Noch ist nichts normal. Fröhlich und unbekümmert kam Daniel aus dem Kindergarten nach Hause. Er ließ seine schmutzigen Schuhe an und lief durch die Wohnung. Den Anorak ließ er unterwegs fallen. „Ziehe bitte deine Schuhe aus, und hänge den Anorak auf!" Er hörte nicht darauf. Ich lief ihm nach und führte ihn zurück zum Schuhplatz. Er machte sich stocksteif und gab mir den Befehl: „Du sollst meine Schuhe ausziehen. Sonst lasse ich die Stühle wackeln." Ich zog sie ihm nicht aus und wartete. Ich blieb vor ihm knien und hinderte ihn daran, wegzulaufen. Innerlich kochte ich vor Wut. Er weigerte sich, den Klettverschluß zu öffnen, und ich mußte seine Füße festhalten, um nicht getreten zu werden. Schließlich zog ich ihm die Schuhe aus und wollte ihm gerade die Hausschuhe anziehen. Da brüllte er mir laut ins Ohr. Da war es aus mit meiner Beherrschung, und ich gab ihm eine schallende Ohrfeige.

Er lief zu seiner Schwester und ließ sich von ihr trösten. Wann immer er traurig ist oder Hilfe braucht, streichelt sie ihn und nimmt ihn in den Arm. Nur nicht auf dem Spielplatz. Da will sie nicht so gesehen werden.

Entnervt räumte ich den Anorak auf. Solche Szenen sind selten geworden. Nicht zuletzt, weil ich ihnen aus dem Weg gehe und Forderungen vermeide. Daniel machte freiwillig und ohne Druck vieles, worum ich ihn bat. Einer unliebsamen Aufforderung kam er aber nur nach, wenn er Lust dazu hatte. Ansonsten war sie ein Anlaß für einen heftigen Wutausbruch. Ursache für solche Szenen konnten auch ganz unscheinbare Kleinigkeiten sein.

So war es an einem Morgen. Ich hatte Daniel wie immer geweckt, angezogen und an den Frühstückstisch geführt. Auf dem Tisch stand ein kleines, leeres Schächtelchen, dem ich keine Bedeutung beimaß. Daniel öffnete es und hatte wohl erwartet, daß es eine Überraschung birgt. Aber es war leer. Unzufrieden schmiß er es vom Tisch und gleich eine Handvoll Haferflocken hinten nach. Er setzte sich demonstrativ unzufrieden an den Tisch. Dann wischte er auch noch meine Tasse hinunter, ich konnte sie zum Glück rechtzeitig auffangen. Ich sagte in bestimmtem Ton: „Ich möchte nicht, daß du Sachen vom Tisch wirfst." Am liebsten hätte ich Daniel aus der Küche geführt und ihn festgehalten, bis der Wutanfall vorüber war. Das wollte ich aber nicht, weil wir um 8 Uhr einen Termin in der Frühförderung hatten und Daniel ohne Frühstück bei Herrn Baumer bestimmt nicht mitmachen würde. So achtete ich darauf, daß nicht noch mehr passierte und behandelte Daniel wie eine scharfe Bombe. Ich versuchte ihn zu besänftigen und fütterte ihn. Das Frühstück verlief in angespannter Atmosphäre. Daniel saß nur da und knurrte. Beim Verlassen des Frühstückstisches stieß er nochmals das leere Schächtelchen weg, das ich wieder aufgehoben hatte. Dann putzten wir die Zähne und verließen die Wohnung.

Das Schächtelchen war ihm aus den Augen, aus dem Sinn. Er

war wieder gut gelaunt und zufrieden, aber sicher besonders stimmungslabil. Wir läuteten und warteten im Wartezimmer auf Herrn Baumer. Mit einem dicken Schal um den Hals kam er zu uns. Er war ziemlich erkältet und fühlte sich nicht wohl. Er machte Daniel einen Vorschlag für diese Stunde, Daniel hatte aber keine Lust, auf diesen Vorschlag einzugehen. Dann stellte Herr Baumer, ohne lang zu reden, ein Tischchen in die Mitte des Raumes, legte ein Holzbrett darauf und verteilte für sich und Daniel Holzplättchen mit geometrischen Mustern. Er wollte ein Bild legen, und Daniel sollte es nachlegen und umgekehrt. In der gleichen Art hatte er mit ihm aus Klötzen Figuren gelegt. Es ging wieder um das Erkennen von Formen und Strukturen. Herrn Baumers Stimme war ein wenig bestimmter als sonst. Daniel machte nicht mit, er setzte ganz auf Provokation, sagte häßliche Sachen und versuchte, das Holzbrett vom Tisch zu stoßen. Herr Baumer hielt ihn dann richtig fest, fand das aber doch nicht so gut und lockerte seinen Griff. Daniel riß sich los und flüchtete sich zu mir. Ich hielt ihn dann mit ausgestreckten Armen fest und zeigte ihm meinen Unwillen über sein Verhalten. Ich war noch angestrengt von der vorangegangenen Frühstücksszene. Daniel riß sich von mir los und verkroch sich in einer schnell zusammengeschobenen Höhle. Das war eine schlimme Stunde. Seit langem sprach Herr Baumer wieder einmal davon, eine Psychologin zu Rate ziehen zu wollen. Er wußte nicht, wie er sich in solchen Situationen verhalten sollte.

Anschließend brachte ich Daniel in den Kindergarten. Mittags kam er nach Hause und fiel mir durch seine Unruhe auf. Das chaotische Verhalten vom Morgen setzte er fort. Wie er wohl im Kindergarten war? Ich wollte einmal die Kindergärtnerin aufsuchen und sie fragen. Ich ging zu Daniel und hielt ihn fest, so wie es mir Dr. Hartmann geraten und ich es in dem von ihm empfohlenen Buch gelesen habe. Daniel wehrte sich mit Leibeskräften, spuckte, trat und versuchte, mich zu beißen und zu kratzen. Ich konnte ihn nur mit Mühe halten. Ich setzte mich auf den Boden, um mit meinen Beinen die seinen bändigen zu können. Daniel verfügte über unglaubliche Kräfte. Nach einer Stunde wurde er ruhig und wollte sich hinlegen. Ich ließ ihn los, und er kroch zwischen die zwei Matratzen unseres aufklappbaren Gästebetts, das in seinem Zimmer stand. Ich sollte noch auf die Matratzen drücken. Das tat ich. Durch die Enge zwischen den Matratzen und den Druck von oben konnte er seinen Körper deutlicher wahrnehmen und sich leichter wiederfinden. Als er sich beruhigt hatte, bat er mich, ihn allein zu lassen.

Ich war erschöpft. Es hatte mir in der Seele weh getan, Daniel so zu behandeln. Jetzt mußte ich mich erst einmal erholen. Nach einer Weile kam Daniel aus seinem Zimmer. Er wirkte müde, aber ansonsten schien es ihm gutzugehen. Er kletterte auf meinen Schoß, drückte mich liebevoll und sagte: „Mama, ich habe dich ja sooo lieb." Auch ich drückte ihn und nahm ihn in den Arm. „Ich habe dich auch sehr lieb. Nur dein Verhalten kann ich manchmal nicht ertragen." Als Daniel genug geschmust hatte, ging er in sein Zimmer und holte sich ein Puzzle. In meiner Nähe legte er es von sich aus und ganz allein, dann holte er das nächste und legte es und noch mal eines, und schließlich holte er auch noch die von seiner Schwester mit sechzig Teilen. Zum Glück erlaubte sie es ihm, sonst hätte er vielleicht wieder die Beherrschung verloren. Auch sie legte er, alle in einer langen Puzzlereihe. Es ging ihm den ganzen Nachmittag und Abend sehr, sehr gut. Das Halten hatte ihm den Halt wiedergegeben, den er verloren hatte. Diese Erfahrung bestärkte mich darin, meinen Sohn wieder zu halten, wenn ich glaubte, daß er es brauchte.

In den nächsten Tagen rastete er wieder aus. Ich hielt ihn wieder fest und umklammerte ihn. Jetzt beruhigte er sich schneller als beim ersten Mal. Wieder kroch er zwischen die beiden Matratzen und bat mich, ihn von oben zu drücken. Die Wutanfälle wurden in den nächsten Wochen seltener und nahmen an Heftigkeit ab.

Manchmal merkte Daniel selber, daß ihm etwas zuviel wurde. Dann kroch er von sich aus zwischen die Matratzen. Andere Male merkte er es nicht. Dann wies ich ihn darauf hin: „Daniel, ich habe den Eindruck, daß du unruhig wirst. Wenn dir hier zuviel Trubel ist, darfst du in dein Zimmer gehen und allein sein. Ich sorge dafür, daß dich niemand stört." So lernte er mit der Zeit, seine Unruhe wahrzunehmen und sich rechtzeitig zurückzuziehen, ehe er die Nerven verlor.

Dem Trubel konnte er sich entziehen, nicht aber Enttäuschungen und Aufgaben, die von außen an ihn herangetragen wurden. Im Alltag und in den Therapiestunden bei Herrn Baumer führte seine mangelnde Fähigkeit, mit ihnen umzugehen, immer wieder zu schwierigen Situationen. Wir betrachteten es als unsere Aufgabe, ihm zu helfen, auch hier besser mit sich zurechtzukommen. Dann könnte er glücklicher werden und sich leichter in sein soziales Umfeld einfügen. Es gab aber nicht nur den Daniel, der viel Geduld, Liebe und Verständnis brauchte. Es gab auch den Daniel, der großzügig seine Liebe verschenkte und viel, viel Freude bereitete.

Manchmal brachte er mir etwas von seinem Kindergartenvormittag mit. Wenn er zur Tür herein kam, hielt er mir dann strahlend oder auch geheimnisvoll seine eine Hand entgegen, die er geschlossen hielt. Er öffnete sie und reichte mir ein kleines Stückchen von einer Salzlette, die ihm die Kindergärtnerin geschenkt hatte. Er hatte es die ganze Busfahrt über gehalten, und es war ganz warm geworden. Er schenkte es mir. Über solche kleinen Liebeszeichen freute ich mich außerordentlich. Daniel hat wirklich sehr liebe Seiten. Ein anderes Mal trug er behutsam wie einen kostbaren Schatz ein Blatt von einem Baum, das ihm besonders gut gefallen hat und das er mir schenken wollte. Daniel kann sich an vielen alltäglichen Dingen freuen, die andere kaum wahrnehmen. Ich mag diesen Zug an ihm sehr gern. Ich nahm ihn in den Arm und zeigte ihm, wie lieb ich ihn habe. Er drückte mich, und wir schmusten miteinander. Mit seinem Papa und seiner Schwester schmust er auch gern, aber nicht so lange wie mit mir. Andere dürfen ihn kaum in den Arm nehmen. Da entwindet er sich schnell. Nur Herr Baumer bildet eine Ausnahme. Seine Umarmungen kann er zunehmend genießen.

Eines Tages besuchten wir ein Hallenbad mit einer riesigen Wasserrutsche. Sie lockte Daniel an. Er wollte gern rutschen, traute sich aber nicht. Auch mit seiner Schwester traute er sich nicht durch den langen, dunklen Tunnel direkt ins Wasserbecken zu rutschen. So stieg ich mit ihm die Treppe hinauf, setzte ihn oben zwischen meine Beine, und wir sausten gemeinsam hinunter ins Wasser. Manchmal hängte sich Julia hinten an, dann waren wir gleich zu dritt. Wir gingen immer wieder hinauf und rutschten hinunter. Schließlich wagte er es, mit einem großen Mädchen gemeinsam zu rutschen, dann machte er eine Pause und wollte wieder mit mir rutschen. Für Daniel war diese Wasserrutsche ein ideales Spielgerät, aus diesem Grund rutschte ich noch weitere Male mit ihm, obwohl es mir eigentlich schon langte. Schließlich setzte ich mich an den Beckenrand und beobachtete das Treiben, Julia war irgendwo unterwegs, und Daniel kletterte wieder einmal auf meinen Schoß. Er legte seine Arme um mich und lachte mich an: „Mama, ich bin nicht allein, und du bist nicht allein. Ich habe dich lieb!“ Dann küßte er mich und sprang wieder davon.

Er hat noch eine Eigenschaft, die uns sehr freut. Sie ist deutlich zu erkennen, wenn es ihm gutgeht und er in sich ruht. Daniel kann andere Menschen feinfühlig beobachten und bemerkt es, wenn jemand traurig ist oder Schwierigkeiten hat. Dann versucht er, besonders nett zu sein. Er sagt dann etwas Liebes, streichelt denjenigen oder schenkt ihm etwas oder stellt ihm einen Stuhl hin, damit er sich setzen kann. Er verlacht niemanden und will niemandem weh tun. Daniel hat ein ganz liebes Wesen. Oft ist es verdeckt, und andere ahnen nicht, wie sonnig das Kind sein kann, das vor ihnen steht. Wir wissen es und wollen die liebenswürdigen Seiten erhalten, indem wir Daniel über all die Schwierigkeiten hinwegzuführen versuchen, die sie zudecken.

Daniel ist auch originell und interessant. Er verfügt über einen wahren Schatz an Ideen. Er verwendet das Material, das er vorfindet, und macht etwas anderes daraus. Er läßt durch oft eigenwillige Zusammenstellungen aus Drähten, Hölzern, Steinen, Bierdeckeln, Nägeln, Lego, Küchenartikeln usw. Ampeln, Kleiderhaken, Blitzableiter und vieles mehr entstehen. Er verwendet die Spielsachen nur selten so, wie es der Hersteller vermutlich erwartet hat.

Im Kindergarten spielte er einmal wieder mit Lego. Dazu brauchte er einen Faden und eine Nadel. Die Kindergärtnerin gab ihm das Gewünschte. So entstand ein Elektrizitätswerk. Er hat unglaublich viel Phantasie. Diese Art von Kreativität geht über das Normalmaß hinaus und ist in der Schule kaum gefragt. Wir sehen in dieser Veranlagung eine wertvolle Gabe und wollen sie nach Möglichkeit stützen und fördern. Einmal fragte ich Daniel, ob er schon weiß, welchen Beruf er einmal ergreifen möchte. Er gab mir zur Antwort: „Ja. Erfinder!" Vielleicht wird er einmal wirklich Erfinder, wer weiß?

Im Kindergarten ist Daniel ein Musterkind

Ich vereinbarte einen Termin mit Frau Meier, Daniels Kindergärtnerin. Sie wußte mir nur Erfreuliches über Daniel zu berichten: „Er ist fast der einzige in der Gruppe, der seinen Anorak aufhängt und seine Schuhe aufräumt. Er macht überall mit, zeigt eine gute Arbeitshaltung und ist in der Gruppe beliebt und anerkannt. Mit einem Kind hat er sich schon angefreundet. Anweisungen befolgt er problemlos, und Verbote hält er auch ein." Daniel schien ein Musterkind zu sein. Warum nur war er zu Hause so anders? Ich war fast froh, daß Daniel nicht nur bei mir, sondern auch bei Herrn Baumer immer wieder die Leistung verweigerte und ausbrach. Allein an mir konnte es also nicht liegen. Ich erzählte ihr, was in meinem Kopf herumging. „Das kenne ich auch von anderen Kindern. Die Logopädin und auch die Praktikantin berichten, daß Kinder in der Einzelsituation oft gänzlich andere Verhaltensweisen zeigen als in der Gruppe. Manchmal spielen sie in der Familie eine Rolle, die in der Gruppe schon besetzt ist. Die Rolle des Ausrasters hat in meiner Gruppe ein anderes Kind inne. Zu Hause und in der Einzeltherapie kann Daniel sie jedoch weiterspielen. Das wäre eine mögliche Erklärung für sein Verhalten." Ich war froh, daß Daniel in der Gruppe gut zurechtkam. Schließlich muß er sein ganzes Leben lang in Gruppen lernen und mit Gruppen leben. Da war es sehr wichtig, daß er gruppenfähig war. Wie um alles in der Welt konnte ich ihn dazu bringen, auch zu Hause und in der Einzelförderung Anordnungen und Verbote zu beachten? Dann dachte ich an die Wutausbrüche und Szenen, die er gelegentlich lieferte. „Ist er nie aggressiv oder chaotisch?" – „Nein, das ist er nicht. Beim Anstellen vor der Pause trat er einmal seinen Hintermann mit den Füßen. Der war ihm wohl zu nah gekommen. Sonst ist mir nichts aufgefallen. Diese Tage habe ich Daniel und drei andere Kinder beim Spielen in der Puppenecke beobachtet. Normalerweise dürfen immer nur zwei Kinder in die Puppenecke. Weil sie sich so gut verstanden und unbedingt zusammen spielen wollten, habe ich es ihnen erlaubt. Sie haben sich richtig nett unterhalten und zu viert schön gespielt. Das war das erste Mal, daß ich Daniel so erlebt habe. Im Sozialverhalten hat er Fortschritte gemacht." Seit vier Wochen besuchte Daniel den Sprachheilkindergarten. Er hatte sich schon gut eingelebt und fühlte sich wohl.

Dann wollte ich die Logopädin der Sprachheilschule, Frau Bach, kennenlernen. Sie lud mich ein, bei der nächsten Behandlung dabeizusein. Anschließend wollte sie mit mir allein sprechen.

Ich kam am verabredeten Tag in den Kindergarten und ging in Daniels Gruppe. Dort holte mich Frau Bach zusammen mit ihm ab, und wir gingen in ihr Zimmer. Es war freundlich eingerichtet und machte auf mich einen einladenden Eindruck. Auf dem Boden sah ich eine Kiste, die von einem grünen Tuch eingehüllt war. Darauf standen Holztierchen, ein Holzbäumchen und vier Biegepüppchen, Mama, Papa, Kind und Opa. Mit Interesse ging Daniel darauf zu. Ich sollte mich auf einen Stuhl setzen und einfach zuschauen. „Daniel", sagte Frau Bach „wir setzen uns wie immer erst an den Tisch und besprechen das Spiel, das ich mit dir spielen möchte." Daniel setzte sich und Frau Bach auch. „Ich habe ein Spiel vorbereitet. Auf dem Boden steht eine Kiste mit einem grünen Tuch. Das ist eine Almwiese in den Bergen. Die Bergbauern sind zwischen ihren Tieren. Siehst du sie?" Er nickte. Wie gebannt schaute er auf die Almwiese. „Wir versorgen die Bauern jetzt mit Lebensmitteln. Die fahren wir mit einer Seilbahn hinauf. Dann lassen wir die Seilbahn wieder hinunter fahren, beladen sie wieder und lassen sie wieder hinauffahren. Komm mit, knie dich neben mich auf den Boden."

Daniel kniete sich an die angegebene Stelle, und Frau Bach gab ihm das Unterteil einer kleinen Schachtel und stellte ihm ein Döschen hin mit lauter kleinen, bunten Filzschnipseln. „Die gelben Schnipsel sind Butter, die grünen Äpfel und die roten Kartoffeln. Lade mal lauter Äpfel ein." Mit Daumen und Zeigefinger fingerte er alle grünen Schnipsel aus dem Döschen und legte sie in die Seilbahn. Dann machte ihm Frau Bach vor, wie der Motor beim Hinauffahren klingt: schschsch. Daniel protestierte. „Motoren machen brbrbrbr!“ Frau Bach ließ sich nicht irritieren: „Dieser Motor macht schschsch. Jetzt darfst du die Äpfel zu den Bauern fahren.“ Mit dem sch hatte Daniel Schwierigkeiten, deswegen übte Frau Bach es mit ihm. Sie verbesserte ihn nicht. Sie sagte nur: „Daniel, schau auf meinen Mund, wenn ich den Motor nachmache.“ Eifrig lud Daniel die Seilbahn ein und aus und ließ sie hinauf und hinunter fahren.

Die halbe Stunde verging schnell, und Daniel mußte das Spiel beenden. Er ging gern zu Frau Bach. Er kehrte allein zurück ins Gruppenzimmer, und ich blieb mit ihr zurück. Sie sagte zu mir: „Daniel ist ein leichter Fall. Die Grammatik und der Wortschatz sind so weit in Ordnung. Nur das sch, das zw und das pf kann er nicht aussprechen. Und beim s schiebt er die Zunge zu weit nach vorne, das verursacht das Lispeln. Bis zum Sommer wird Daniel wahrscheinlich alle Laute richtig aussprechen können.“

Ich erzählte ihr, wie Daniel noch sechs Monate vorher gesprochen hatte, als die Grammatik noch drunter und drüber gegangen war, er viele Laute und Lautkombinationen nicht hatte aussprechen können und bei den meisten zwei- und mehrsilbigen Wörtern die Hälfte des Wortes weggelassen hatte. Sie staunte und fragte, ob wir uns diesen großen Fortschritt erklären können. Dann berichtete ich von der Frühförderung, dem Reiten, dem häufigen Schwimmen und unseren eigenen Aktivitäten und der Anleitung durch Hannelore, ohne die wir nicht gewußt hätten, wie wir die Entwicklung von Daniel unterstützen können. „Ja, von den Eltern hängt sehr viel ab. Die Fördermaßnahmen durch Therapeuten, Kindergarten und Schule können unmöglich alles abfangen. Ich finde es wunderbar, wie Sie sich für Ihr Kind einsetzen. Und den ersten Erfolg sehen Sie bereits.“

Dann erklärte sie mir ihre Methode, Daniel das sch beizubringen. „Ich kopple an den Laut sch diese Bewegung.“ Sie nahm beide Hände vor die Brust und schob sie nach vorne, bis die Arme ausgestreckt waren, und machte die gleiche Bewegung rückwärts. „Dieses Schieben kann gerade nach vorne oder schräg nach oben und wieder zurück erfolgen. Ich denke mir Spiele aus, bei denen diese Bewegung häufig vorkommt. Das spielen wir dann und sagen schsch dazu. Sobald Daniel das sch richtig aussprechen kann, hänge ich eine Silbe daran, z. B. Schuh."

„Ich würde Ihre Arbeit gern unterstützen, wenn Sie das möchten und mir sagen, wie ich das machen kann." – „Das können Sie. Denken Sie sich auch zu Hause Spiele aus, in denen diese Schiebe-Bewegung vorkommt. Nehmen Sie Klötze oder etwas anderes und schieben sie als Autos in eine Garage. Sie werden schon eine gute Idee haben. Knien Sie sich neben Daniel auf den Boden, so wie ich vorhin. In dieser Stellung ist die Körperspannung optimal, und er kann mit den Beinen nicht unruhig herumzappeln." Ich bedankte mich für die Anregungen und verabschiedete mich. Beim Aufräumen und Zusammenschieben der Duplosteine, Autos usw. griff ich immer wieder dieses sch auf. Das bereitete wirklich keine Mühe und machte aus dem leidigen Aufräumen ein Spiel.

Ich hatte seit Daniels Untersuchung durch Dr. Hartmann nicht mehr dort angerufen. Mein Mann und ich hatten erst einige Zeit vergehen lassen wollen, um zu sehen, wie sich der Kindergartenwechsel auf Daniels Verhalten und Entwicklung auswirkt. Ritalin wollten wir ihm nur geben, wenn keine Erleichterung zu erkennen war. Die war aber so spürbar, daß wir Ritalingaben im Augenblick nicht für notwendig erachteten. Wir entschieden uns dafür, ohne das Medikament den eingeschlagenen Weg weiter zu beschreiten. Ich rief Dr. Hartmann an und berichtete ihm von unserer Entscheidung. Es war für uns wichtig, zu wissen, daß wir notfalls auf Ritalin zurückgreifen konnten. Wir brauchten nur mit ihm zu telephonieren. Ich dankte ihm für den Hinweis mit dem Festhalten und sagte ihm, daß die Wutausbrüche bereits schwächer und seltener wurden.

Zwischen Reiten und Psychomotorik machen wir Picknick

Nach der Sommerpause hatten wir das Reiten wiederaufgenommen. Mittwochs fuhren wir im Anschluß an Daniels Rückkehr aus dem Kindergarten meist mit dem Fahrrad dorthin. In nur zehn Minuten waren wir bereits am Ziel. Ich war sehr froh, daß der

Anweg so kurz war und Daniel immer im Gelände reiten durfte. Walter führte ihn, und ich lief mit. Für mich war das ein angenehmer Waldspaziergang. So war diese Stunde nicht nur Belastung, sondern auch Erholung. Seit September wartete jede zweite Woche neben Daniel auch Felix auf das Reiten. Walter fand es für beide wichtig, gelegentlich Partnerschaftsübungen auf dem Pferd zu machen. Das schuf Körperkontakt und förderte das Sozialverhalten. Dann saßen sie einfach hintereinander auf dem Pferd oder sollten ihre Arme nach oben strecken und sich an den Händen fassen. Oder sie sollten sich Rücken an Rücken setzen. Manchmal fanden sie beide Spaß daran, andere Male konnten sie sich nur schwer ertragen. Dann wechselten sie sich mit dem Reiten ab und führten sich gegenseitig durch den Wald.

Seit dem Beginn des neuen Kindergartenjahrs fand mittwochs um 14.15 Uhr die Psychomotorikstunde in der Turnhalle der Kinderklinik statt. Ich hatte hin und her überlegt, ob ich das Reiten aufgeben mußte oder es beibehalten konnte. Strengte ihn das Reiten an, oder machte es ihm Spaß? Schließlich war ich zu einer annehmbaren Lösung gekommen und wollte versuchsweise das Reiten beibehalten. Wenn es Daniel zuviel wurde, konnte ich es immer noch absagen. Es schien mir wichtig, Streß und Hektik zu vermeiden und eine angenehme Atmosphäre zu schaffen. So sah dann der Mittwoch mittag aus:

Julia ging an diesem Tag nach der Schule zu einer Schulfreundin und war versorgt. Ich nahm unser Mittagessen und auch die Turnsachen mit zum Reitstall. Der lag fast auf dem Weg zu der Psychomotorikstunde. Nach dem Reiten aßen wir je nach Wetter dort im Aufenthaltsraum, oder wir breiteten unsere Decke auf der Wiese aus und machten Picknick. Ich hatte immer ein Buch zum Vorlesen dabei und einen Ball. Es war richtig gemütlich. Nach dieser Mittagspause radelten wir in zwanzig Minuten zur Kinderklinik. Auf diese Weise wurde Daniel dieser Mittwoch nicht zuviel. Die Lösung bewährte sich, und wir konnten das Reiten beibehalten.

In der Psychomotorikstunde war Daniel mit drei anderen Kindern zusammen. Daniel mochte den einen Jungen nicht. Eigentlich machte ihm die Stunde Spaß, aber so freute er sich nicht übermäßig darauf. Die Turnhalle war ebenerdig und hatte auf der Gartenseite eine große Fensterwand. Ich setzte mich in der Zwischenzeit gern in den Garten und las oder legte mich ins Gras oder unter einen Baum. Von hier aus bekam ich die Stunden bruchstückhaft mit. Es gab Spielregeln, aber keinen Zwang. Wenn ein Kind keine Lust hatte mitzumachen, dann mußte es nicht mitmachen. Es sollte sich dann an den Rand auf eine Matte setzen und den anderen zuschauen. Die Gruppenbeschäftigung sollte so ansprechend sein, daß es schließlich doch Lust bekam mitzutun und sich freiwillig der Gruppe anschloß. Nach Leistung wurde nicht gefragt. Das war sicher wichtig für Kinder wie unseren Daniel, die oftmals eine gewünschte Leistung nicht erbringen konnten oder sie auch verweigerten. Dementsprechend war die Atmosphäre gelöst und freundlich. Zu Beginn der Stunden beobachtete ich großräumige Bewegungen, die dann in einen begrenzten Bereich gelenkt wurden. Gegen Ende der Stunde setzten sich alle in einem Kreis auf den Boden und unterhielten sich. Ich fragte Daniel, worüber sie am Ende denn miteinander sprachen, und er antwortete: „Was wir gemacht haben, was uns gefallen hat und was nicht." Der Verlauf der Stunde wurde demnach in Worte gefaßt und eine Verbindung zwischen Handlung und Sprache hergestellt. Dabei konnten angenehme und unangenehme Erfahrungen ausgetauscht werden. Mir fiel auf, wie ausgeglichen Daniel mittwochs immer war, wenn wir nach Hause kamen.

Zwölf Monate Therapie. Ich ziehe Bilanz

Ein knappes Jahr war vergangen, seit wir Hannelore auf Daniels Sprachauffälligkeiten angesprochen hatten. Zwölf Monate harter Arbeit lagen hinter mir. Vier Monate nach dem Beginn unserer Therapien hatten sich die ersten Erfolge eingestellt, und eine stürmische Entwicklung folgte. Körperlich war Daniel viel geschickter geworden, sein Verhalten hatte sich gebessert, und die Sprachbarriere war eingerissen. So konnte er sich jetzt mit jedem unterhalten, wurde verstanden und verstand auch seinerseits. Zu Beginn der Therapie hat er nur ganz einfachen, kurzen Sätzen folgen können. Deswegen hatte er beim Vorlesen altersgemäßer Bücher oft gestört. Mein Einsatz hat sich gelohnt.

Das vergangene Jahr hat mich viel Kraft gekostet. Ich habe viel Zeit für meine Beschäftigungen investiert und andere Arbeiten liegenlassen. Erst kam das Wichtige und dann das Dringende. Daniels Schwierigkeiten mit sich und seine Kommunikationsprobleme mit der Schwester standen für mich an erster Stelle. So suchte ich für mich Entlastung und nahm eine Putzhilfe. Das sparte mir Zeit, gab mir aber nicht die Kraft wieder, die ich täglich an meine Familie abgab. Das andauernde und pausenlose Motivieren und Sich-in-den-anderen-Hineinfühlen und Erdulden verbrauchten mich. Ärgerlich und völlig unnötig waren die Reibereien mit den Nachbarn, die uns Unfähigkeit zu einer vernünftigen Erziehung vorwarfen. Sie raubten mir den letzten Nerv. Eine Bekannte gab mir einen guten Rat: „Mache etwas für dich. Tu dir etwas Gutes und sei einmal genausolieb zu dir, wie du es zu den anderen bist!" Ich überlegte, woran ich Freude haben könnte, und kam auf die Musik. Ich begann, Flötenstunden zu nehmen. Beim Musizieren konnte ich alles um mich herum vergessen. Das gab meiner Seele Nahrung. Wichtig war für mich auch die große Anerkennung durch meinen Mann. Er unterstützte mich und zollte mir große Anerkennung. Er freute sich mit mir an jedem noch so kleinen Fortschritt und sagte immer wieder: „Toll, wie du das machst!" Jede Anerkennung tat mir gut und gab mir Kraft und Sicherheit. Das gleiche galt für die Freunde und Verwandten, die unsere Bemühungen sahen und anerkannten, allen voran Hannelore, deren Lob mir besonders guttat, weil sie am meisten von allen verstand und mitbekam.

In diesem Jahr habe ich mich verändert. Ich bin geduldiger und verständnisvoller geworden und sehe meine Mitmenschen anders, die großen und die kleinen. Ich bin wacher und aufmerksamer geworden und kann besser beobachten. Auch habe ich gelernt, meine Familie und mich so zu nehmen, wie wir sind. Ich kann zu unseren Schwächen und Stärken stehen. Die vergangenen Monate haben mich menschlich weitergebracht. Auch unter diesem Aspekt waren die vielen Mühen nicht umsonst.

Auch mein Mann hat sich in diesem Sinne verändert. Wir

beide gehen mit unseren Kindern und auch als Paar miteinander anders um, weil wir mehr Verständnis für ihr und unser Verhalten gewonnen haben. Dadurch ist mit der Zeit das Familienklima noch wärmer, herzlicher und lockerer geworden.

Die Beziehung zwischen den Geschwistern ist auch besser geworden. Daniel beginnt, Julias Freiraum zu respektieren, und fragt nach, ob er sich in ihr Zimmer setzen darf, während sie Hausaufgaben macht. Wenn sie es ihm erlaubt, ist alles gut. Dann ist Daniel so glücklich und zufrieden, daß er still auf dem Boden sitzt und sich in Ruhe ein Bilderbuch anschaut. Schlägt sie ihm aber seinen Wunsch ab, dann kann es passieren, daß er herumschreit und sie böse beschimpft. Er bekommt aber nicht mehr gleich einen Wutanfall.

Gelegentlich spielen die beiden ein Rollenspiel. Eine Weile geht das wirklich gut, dann hat Daniel plötzlich keine Lust mehr und geht weg. Das verärgert Julia immer wieder. Das kann sie nicht verstehen. Dann klagt sie über ihn und ist manchmal richtig böse auf ihn. Mir ist klar, daß sie nicht so schnell wieder Lust hat, mit ihrem Bruder ein solches Spiel zu spielen. Doch tut es mir weh, wenn sie ihn am liebsten los wäre: „Ich hätte lieber den Florian als Bruder, der ist viel netter. Und mit dem kann man auch spielen. Und nicht den Arschloch Daniel."

Trotz all dieser Schwierigkeiten liebt Julia ihren Bruder. Sie bringt ihm in rührender Weise Verständnis entgegen und gibt sich immer wieder wirklich Mühe. Andere Male platzt ihr der Kragen, und sie ärgert ihn dann, wenn der Anlaß schon längst vorbei ist und Daniel einen Zusammenhang zwischen seinem und ihrem Verhalten nicht mehr herstellen kann.

Beim Gute-Nacht-Sagen kam Julia einmal wieder auf Daniel zu sprechen und flüsterte mir ihre Klagen leise ins Ohr, daß er es ja nicht hört und ärgerlich wird und womöglich mit seinen Füßen von unten gegen ihre Matratze trampelt. „Julia", sagte ich, „Daniel schläft schon. Du kannst ganz normal reden." Ich hörte ihr lange zu. Dann sagte ich: „Daniel hat mehr Schwierigkeiten als viele andere Kinder, und wir alle müssen ihm helfen, mit diesen Schwierigkeiten zurechtzukommen und sie womöglich zu überwinden. Deswegen geht er zur Frühförderung, zum Reiten usw.

Das ist für ihn Medizin. Er hat bereits große Fortschritte gemacht. Ich sehe auch dich, Julia, und vergesse dich nicht. Ich sehe auch, daß du dir oft große Mühe gibst, lieb zu Daniel zu sein. Manchmal ist sein Verhalten für dich kaum zu ertragen. Daran kann ich aber für den Augenblick nichts ändern. Ich bin überzeugt, daß es jede Woche noch ein bißchen leichter wird, für dich, für ihn und für Papa und mich." Es wurde ein langes Gespräch. Julia wirkte danach erleichtert. Ich gab ihr einen Kuß und drückte sie noch einmal. Dann machte ich das Licht aus.

Nach diesem Jahr verstummten endlich die letzten Ratschläge, Daniel bei unerwünschtem Verhalten zu schlagen. Das Unverständnis schlug angesichts des Erfolgs in Anerkennung um. Eine Nachbarin bat mich, ihr von der Therapie zu erzählen, sie kenne noch ein Kind, das auch so wäre. „Mit Ohrfeigen und beständigen Ermahnungen kommen die Eltern auch nicht weiter." Wir standen zusammen im Trockenraum, und ich erzählte. Daniel war nicht dabei, sonst hätte ich nicht über die Therapie gesprochen. Im Frühjahr hatte Daniel etwas zu ihr gesagt, was sie aber nicht verstanden hatte. Daraufhin hatte sie ihm geantwortet: „So verstehe ich dich nicht. Gib dir einmal ein bißchen Mühe, deutlicher zu sprechen. Das versteht ja keiner." Daniel war auf sie zu gegangen und hatte sie angespuckt. Fassungslos hatte die Nachbarin mir zugesehen, wie ich ihn, statt ihm die erwartete Ohrfeige zu geben, hochgehoben und auf den Arm genommen hatte. Ich hatte ihn getröstet: „Daniel, das war jetzt schlimm für dich. Aber spucken darfst du nicht." Da waren ihm die Tränen über das Gesicht gelaufen, und er hatte hemmungslos geweint. Zur Nachbarin hatte ich gesagt: „Frau Müller, da haben Sie Daniel sehr weh getan. Er gibt sich ja Mühe." Damit war sie nicht zurecht gekommen: „So geht es ja auch nicht. Ihr Kind spuckt mich an, und Sie machen mir einen Vorwurf." Daran mußte ich denken, als ich jetzt mit Frau Müller im Trockenraum stand.

Festigung der Therapieerfolge

Bei uns war Sperrmüll

Seit Daniel in den Sprachheilkindergarten ging, spielte ich weit weniger mit ihm. Ich ermunterte ihn aber zu den Beschäftigungen, die ihn meiner Meinung nach besonders förderten. Bevor er aus dem Kindergarten heimkam, stellte ich gelegentlich mitten in das aufgeräumte Kinderzimmer das Rollbrett oder klappte die Hängematte herunter und legte ein Kuschelkissen und ein Bilderbuch hinein. Oder ich klebte eine Straße aus Tesakrepp auf den Teppichboden und stellte ein paar Autos darauf. Daniel griff das Angebot oft auf. Er hatte in den letzten Monaten gelernt, allein mit dem angebotenen Spielmaterial umzugehen.

Eines Tages saß er in der Hängematte und stieß sich mit den Füßen am Boden ab. Dann fiel sein Blick auf den Gummifäden-Ball. Er holte ihn sich und setzte sich wieder in die Hängematte. Er zog seine Strümpfe aus und hielt den Ball mit den Zehen fest. „Mama, kannst du mir den Ball abnehmen. Ich halte ihn ganz fest." Auf diese Spielideen ging ich gern ein. Daniel schaukelte weiter und streckte mir seinen Fuß entgegen. Ich nahm ihm nach einigen mißlungenen Versuchen den Ball ab, und er ergriff ihn wieder mit seinen Zehen. Dieses Spiel förderte das Tastempfinden und die Geschicklichkeit der Füße. Die Idee wandelte ich einige Tage später ab. Ich legte eine Zeitung auf den Boden und hielt sie zwischen den Zehen. Ich gab vor, Zeitung zu lesen, und fragte, ob er auch Zeitung lesen wolle. Er wollte gern und nahm mir mit seinen Füßen mein Blatt weg. Ich nahm es ihm wieder ab. Wir mußten beide lachen.

Bei uns war Sperrmüll, und die Kinder brachten einige Schätze nach Hause. Darunter war ein dickes Seil. Wir legten es gerade und in Schlangenlinien auf den Boden. Barfuß versuchten wir auf ihm zu balancieren. Das war wieder etwas für den Tastsinn und das Gleichgewicht. Gleichzeitig mußten wir uns an den vorgegebenen Weg halten. Das hatte etwas mit dem Reihenfolgedenken zu tun. Das Seil konnte ich auch in eine bestimmte Form auf den Boden legen und damit eine Begrenzung schaffen. Zum Tauziehen war es zu schwer. Es bot auch so eine Fülle neuer Beschäftigungsmöglichkeiten.

Aus dem Sperrmüll brachten die Kinder auch noch Tapetenrollen mit. Die Rückseite der Tapeten eignet sich hervorragend zum großflächigen Malen. Die Kinder legten sich ganz darauf, und ich fuhr mit einem Stift ihre Konturen nach. Ich berührte sie dabei absichtlich und benannte den jeweiligen Körperteil, an dem ich gerade beschäftigt war. Anschließend betrachtete Daniel sein Bild und staunte, wie groß er schon war. Dann bat ich ihn, sein Gesicht in die Umrisse des Kopfes zu malen. Er wußte gar nicht, daß er Augenbrauen hat. Ich zeigte sie ihm im Spiegel. Als der Tapeten-Daniel auch Fingernägel, Zehen und Kniescheiben hatte, malte Daniel noch den fehlenden Nabel und einen Leberflecken auf den Bauch. Dieser Leberfleck gehörte schließlich zu ihm. Dann berührte ich Daniel an verschiedenen Stellen und fragte ihn, ob er sie auf dem Bild wiederfindet. Eine Zeitlang machte er mit, dann hatte er keine Lust mehr.

Ich hatte noch eine Spielidee. Auch sie kostete nichts. Im Teppichgeschäft war Kollektionswechsel, und die alten Proben wurden weggeworfen. Ich bat um ausgemusterte Proben und wählte solche mit unterschiedlicher Oberflächenstrukur aus. Sie sollten sich möglichst unterschiedlich anfühlen. Ich nahm einen ganzen Stapel mit. Zu Hause legte ich mit Daniel daraus eine Straße. Ich forderte ihn auf, darauf zu laufen, ohne vom Weg abzukommen. „Kannst du das auch mit geschlossenen Augen? Ziehe dazu besser deine Schuhe aus, dann kannst du besser fühlen." Daniel griff dieses Spiel in den nächsten Tagen wieder auf und spielte es allein. Welch ein Fortschritt! Er konnte länger bei einer Spielidee bleiben und wurde nicht mehr sogleich von der nächsten Idee davongetragen. Mit den Teppichstücken spielten wir auch Teppichlaufen. Jeder bekam zwei Teppichstücke, und wir legten sie hintereinander auf den Boden. Bei jedem Schritt mußte man sich drehen und bücken, um die hintere Platte nach vorne zu legen. Ich zerschnitt einige Platten und füllte kleine Stücke in einen Krabbelsack. Ein Teil blieb draußen. Ob Daniel fühlen konnte, welches Teil in dem Säckchen zu ihm gehörte? Er mußte sich ganz auf das Tasten konzentrieren. Das war eine schwierige Aufgabe.

Mit der Zeit fanden wir zunehmend Spaß an solchen Wahrnehmungsspielchen, und wir entwickelten viel Phantasie. Da gab es neben den Spielen mit dem Tastsinn auch solche, die das Riechen, Hören, Schmecken und Sehen betreffen. Diese Wahrnehmungsspiele werden auch als Kim-Spiele bezeichnet. Zahlreiche Anregungen schöpften wir aus dem Büchlein „Kimspiele“ von Hajo Brücken.

Daniel bat mich, mit ihm zusammen die Geschichte von Pony, Bär und Papagei mit seinen Holzfiguren in seinem Zimmer aufzubauen. Ich fand die Idee ausgezeichnet. Wir nahmen das Bilderbuch aus dem Regal, ich las die erste Seite vor, und wir betrachteten gemeinsam das zugehörige Bild. Dann baute Daniel die Figuren auf, die darin vorkamen. So blätterten wir langsam das ganze Buch durch. Bis zur letzten Seite hielt Daniel durch. Die gesamte Geschichte hatte er schließlich aufgebaut und nach und nach die Figürchen entsprechend der Handlung umgestellt. Dabei fielen sie so leicht auf dem Teppich um. Am Ende des Buches schnaufte Daniel auf: „Geschafft, Mama!“ Er war stolz und hatte allen Grund dazu. Eineinhalb Stunden hatte er konzentriert gebaut. Das war eine unglaubliche Leistung. Ich freute mich mit ihm.

Auf dem Rollbrett durch die Turnhalle

Wie jeden Mittwoch brachte ich Daniel zur Psychomotorik. In einer Ecke des Raumes waren Seile und Netze in geringer Höhe gespannt. Die Kinder sollten unter ihnen durchlaufen und womöglich keines berühren. Daniel fiel es schwer, seine Körpermaße abzuschätzen. Immer wackelten hinter ihm die Seile. So erzählte er mir nach der Stunde traurig.

Ein anderes Mal war ein Trampolin aufgebaut, und die Kinder durften darauf springen. Wenn eines sich das nicht traute, setzte Herr Baumer es darauf, stellte sich dahinter und sprang, um dem Kind so das Schwingungserlebnis zu vermitteln. In der zwangfreien, freundlichen Atmosphäre können die Kinder ihre Hemmungen und Ängste abbauen.

Zu einer anderen Stunde hatte Herr Baumer Rollbretter mitgebracht. In der großen Turnhalle mit dem glatten Boden machte es sicher Spaß, darauf zu fahren. Erst durften die Kinder einfach herum fahren, danach sollten sie auf den Linien fahren, die auf dem Boden aufgeklebt waren.

Wieder ein anderes Mal hatte er Klorollen dabei und ließ die Kinder daraus lange Papierstraßen legen. Auf ihnen sollten sie vorwärts im Stehen oder auf allen vieren laufen und das gleiche rückwärts versuchen. Ob die Kinder mit dem Rücken nach unten sich auf allen vieren bewegen können? Das war schwierig, aber sie konnten es.

Dann gab es noch das große Schwungtuch. Die Kinder konnten darunterkriechen oder sich darin einwickeln. Dann zog Herr Baumer sie alle auf einmal herum. Danach breitete er das Tuch wieder aus und legte einen Ball darauf. Alle Kinder sollten das Tuch heben und den Ball hin und her rollern. Wichtig war der Spaß und das gemeinschaftliche Erleben. Herr Baumer und Frau Welte machten immer mit, ob sie nun auf allen vieren krochen oder in der Hocke durch den Turnraum watschelten.

Herr Baumer und Frau Welte schimpften nicht und sprachen keine Verbote aus. Sie stellten klare Spielregeln auf und erinnerten immer wieder an sie. Einmal lief ein Kind einfach weg und ging hinaus zu seiner Mutter. Herr Baumer lief ihm nach, fing es ein und kniete sich neben es. Mit seinen kräftigen, aber sanften Händen hielt er es fest und sagte: „Wenn du zu deiner Mutter willst, dann mußt du mir das sagen. Wenn du einfach weggehst, weiß ich nicht, wo du bist. Das ist eine klare Spielregel, und ich möchte, daß du dich daran hältst.“ Er nahm das Kind ernst. Dann ging er allein zurück. Die Mutter schickte das Kind hinterher.

Inzwischen war es kalt geworden, und der Schlittschuhplatz war zugefroren. Für Daniel hatten wir Gleiter, die er unter seine Schuhe schnallen konnte. Sie hatten zwei flache Kufen und ermöglichten eine größere Standfestigkeit als Schlittschuhe. Er wollte sie ausprobieren, wir packten sie ein und liefen los. Vorsichtig betrat er an meiner Hand den Eisplatz. Schnell gewann er an Sicherheit und ließ mich los. Mit strahlenden Augen rutschte er dahin. Er entdeckte ein anderen Buben, der auch Gleiter hatte, und fuhr auf ihn zu. Danach sah ich sie zusammen über das Eis rutschen. Daniel gefiel es so gut auf dem Eisplatz, daß er am nächsten Tag wieder herkommen wollte. Das konnte ich ihm versprechen.

Es wurde dunkel, und wir machten uns auf den Heimweg. Daniel hatte Durst. Nach der Anstrengung auf dem Eis ließ er sich hängen und steigerte sich in seinen Durst hinein. Er schrie nach Tee und lief keinen Meter weiter. Schließlich trug ich ihn nach Hause. Für den kurzen Heimweg brauchten wir endlos lang. Seit langem war es wieder zu einer solchen Szene gekommen. Daniel war durstig, hungrig und müde. Da konnte er sich nicht mehr beherrschen.

Er hatte es inzwischen gelernt, seine Wünsche und Gefühle in Worte zu fassen. Er äußerte sich, wenn er durstig war. Und auch beim Bauen konnte er seine Schwierigkeiten nennen. Dann sagte er zum Beispiel: „Ich verstehe nicht, warum der Klotz nicht hält. Alles wackelt. Ich werde ganz ärgerlich." Mit beherrschtem Tonfall fing er an, dann wurde die Stimme immer zorniger. Dann brauchte er augenblicklich Hilfe, sonst verlor er die Nerven und die Selbstbeherrschung, und es kam zu einem Wutanfall. Jetzt konnte er rechtzeitig um Hilfe rufen. Das war wieder ein großer Fortschritt. Nur, was war, wenn der Helfer da war und nicht die ersehnte Hilfe bringen konnte? Dann mußte er mit Engelszungen an ihn hinreden oder ihn ablenken. Und wenn das nichts mehr half, weil er schon so müde war, dann kam es zu einer Szene wie der oben beschriebenen. Bei uns zu Hause kam es seit einiger Zeit nicht mehr zu einem solchen Zornesausbruch. Ich hatte aber

Angst davor, Daniel unbeaufsichtigt mit anderen Kindern spielen zu lassen. Zu leicht fühlte er sich in die Ecke gedrängt und wurde für andere unberechenbar. Dann mußte jemand behutsam eingreifen. Nur wenigen vertraute ich meinen Daniel für längere Zeit an. Und auch nur wenige waren bereit, ihn zu sich zu nehmen. Außerdem fühlte sich Daniel nur bei ganz wenigen ohne seinen Papa oder mich sicher. Zumindest Julia mußte in seiner Nähe sein. Ich war mir seiner Schwierigkeiten bewußt und handelte dementsprechend. Darüber vergaß ich das Positive nicht, Daniel hatte wieder einen großen Fortschritt gemacht: Zu Hause gab es keine hemmungslosen Wutausbrüche mehr.

Diesem Fortschritt folgte der nächste auf den Fuß. Daniel fragte seine Schwester nach einem schweren Puzzle. Sie gab ihm eines mit achtzig Teilen, und er hat es ohne jede Hilfestellung gelegt. Als es fertig war, lachte er über das ganze Gesicht. Ein halbes Jahr zuvor hatte er nicht einmal unser leichtestes Puzzle legen können. Er war wie beflügelt.

Im Lauf der nächsten Tage überraschte er uns wieder. Er ging am Nachmittag in die Küche. Wir hatten Plätzchen gebacken, und der Tisch war noch voll gestellt. Ich achtete nicht auf ihn, denn ich hatte den Eindruck, daß er zurechtkam. Nach langer Zeit ging ich in die Küche, um aufzuräumen und das Abendessen vorzubereiten. Ich staunte. Daniel hatte den Tisch abgeräumt und ordentlich gedeckt. Nichts fehlte. Nur das Brot mußte noch geschnitten und der Tee und die Milch vorbereitet werden. „Daniel, du bist ja super! Das hast du alles schon vorbereitet! Wie war dir das denn möglich?“ Und er erzählte, wohin er überall einen Stuhl stellen mußte, um an alles dranzukommen. Er hat sehr vorsichtig und konzentriert gearbeitet. Nichts und niemand hat ihn abgelenkt. Es war wichtig für ihn, daß er bei seinen Vorbereitungen allein sein konnte. Daniels Augen und Ohren glühten vor Glück.

Die Adventszeit stand vor der Tür. Es war Zeit, an den Adventskranz zu denken. Ich machte ihn jedes Jahr zusammen mit den Kindern selber. Das sollte auch dieses Jahr so sein. Wie immer trug ich das notwendige Material zusammen. Und doch war es anders als sonst. Ich achtete nicht nur auf das Aussehen der

Zweige, sondern auch auf ihren Duft und das Gefühl, das sie beim Anfassen vermittelten. Weiche Zypressenzweige mischte ich mit struppigen Kiefernzweigen und den zerbrechlich wirkenden Ästchen einer Mistel. Ich häufte sie in eine Wanne und stellte sie an unseren Arbeitsplatz. Wir holten Rohling, Draht und Zange und begannen unseren Kranz zu winden. Daniel reichte mir die Zweige. „Gib mir bitte einen Zypressenzweig. Riech einmal an ihm. Riecht er anders als die Mistel?“ – „Die Mistel riecht doch gar nicht. Oder?“ Ich hatte ihn etwas verunsichert. Roch sie vielleicht doch? Er nahm ein Ästchen in die Hand und schnupperte daran. „Die riecht eigentlich nicht. Dieser weiche Zweig riecht ganz stark. Riech du einmal!“ Das war die Zypresse. Das Adventskranzbinden wurde ein Riech- und Fühlerlebnis. Am Schluß strichen wir mit den Händen über den Kranz und rochen an ihm. Ob der Kranz letztes Jahr auch so geduftet hat?

Daniel findet an Gesellschaftsspielen Gefallen

Es war kalt, und wir gingen nicht mehr so viel hinaus. Jetzt kam die Zeit der häuslichen Spiele. Daniel begann, an Gesellschaftsspielen Gefallen zu finden. Memory spielte er gern und gut. Er hat ein sehr gutes visuelles Gedächtnis und kann sich Bilder sehr gut merken. Hierin lag eine seiner Stärken. Indem er sein visuelles Gedächtnis trainierte, versuchte er seine Schwächen in anderen Bereichen auszugleichen. Mensch-ärger-dich-nicht spielte er gern, wenn er nicht hinausgeworfen wurde. Mit dem Verlieren hatte er große Schwierigkeiten. Solange ich oder mein Mann mit ihm zu zweit spielten, gelang es ihm zu warten, bis er an die Reihe kam.

Wenn wir zu dritt spielten, verlor er die Geduld und den Überblick. Es war nicht möglich, ein Spiel mit beiden Kindern gemeinsam zu spielen. Daniel schaffte das nicht, und Julia konnte es nicht ertragen, daß wir die Spielregeln vereinfachten. „Ich spiele kein Babyspiel. Entweder spielen wir es richtig, oder ich spiele nicht mehr mit.“ Daniel wurde zornig, weil er das Wort „Babyspiel“ gehört hat, und die Gemütlichkeit war gänzlich dahin.

Mit den Großeltern ging es auch nicht besser. Ich erinnere mich an einen Nachmittag, als Daniel Memory spielen wollte und sie bei uns waren. Ich wollte sie nicht ausschließen und verteilte, ohne zu überlegen und ohne Daniel zu fragen, auch an sie Karten. Daniel konnte kaum abwarten, bis er an die Reihe kam. Als ihm dann nach kurzer Zeit jemand ein Pärchen wegschnappte, schmiß er alles hin. Die Oma meinte: „Aber Daniel! Das finde ich nicht schön." Da wurde er noch zorniger. Ich fragte ihn, ob er das Spiel noch einmal mit mir allein versuchen wollte. Das wollte er, etwas anderes hatte er auch vorher nicht beabsichtigt. Er wischte sich die Tränen aus dem Gesicht und spielte. Es ging wunderbar, und er besiegte mich sogar. Dabei hatte ich ihm kein Kartenpaar absichtlich überlassen. Die Oma konnte sich das andere Verhalten wohl nur dadurch erklären, daß Daniel jetzt seinen Willen bekommen hatte, denn sie sagte: „Siehst du, jetzt geht es. Du mußt nur wollen." Sie hat ihn nicht verstanden. Vielleicht ist das auch zuviel verlangt. Schlaglichtartig wurde mir wieder deutlich, daß bei der Erziehung unserer Oma in ihrer Kindheit nicht Wert gelegt worden war auf die Entfaltung der selbständigen kindlichen Persönlichkeit. Wahrscheinlich konnte sie nicht zuletzt aus diesem Grund die Bedürfnisse und Eigenheiten unseres Sohnes nur schwer akzeptieren. Ich denke insbesondere an seine Schwierigkeiten, mit Verboten und Anweisungen umzugehen, und an seine heftigen Reaktionen auf Enttäuschungen und Verletzungen seiner Seele.

Bloß keine Albereien!

Auch das konnte Daniel nicht haben: Albereien, die er nicht verstand. Wir Erwachsenen finden oft Spaß daran und denken, daß Kindern das auch so geht. Doch sie müssen unsere richtige Welt erst kennenlernen, ehe sie Albereien als solche durchschauen und gar lustig finden können. Ein Kind mit Wahrnehmungsstörungen tut sich ohnehin schwer damit, seine Sinneseindrücke zu koordinieren. Seine Sinne leiten dem Gehirn zwar die richtigen Reize zu. Das Gehirn kann sie aber nicht zu einem klaren Bild ordnen.

Es ist wie bei einem Puzzle, bei dem die Teile nicht zu einem Ganzen zusammengefügt wurden. Es ist nur mit Mühe möglich, das Bild zu erkennen. In einer solchen Situation sind Albereien über das Bild fehl am Platz. Daniel konnte Albereien, die er nicht verstand, nicht lustig finden. Wenn er sich aus einem Spaß ausgeschlossen fühlte, wurde er ärgerlich.

Er selber neckte uns jedoch gern und spielte so manchen Streich. Darüber freute er sich. Vor Vergnügen hüpfte er dann auf einem Bein herum. Für andere war es nicht zu verstehen, warum sie umgekehrt keine harmlosen Albereien mit ihm treiben durften.

Wir nähen und füllen Tastsäckchen

An einem kalten, nieseligen Nachmittag fragte Daniel mich, ob wir miteinander basteln könnten. Er wollte gern etwas mit Stoff machen. Ich ging auf seinen Wunsch ein und holte Stoffreste, die ich vom Nähen habe, sowie Schere, Stecknadeln, Nähnadel und Faden und für die Gemütlichkeit eine Kerze. Wir setzten uns an den Tisch, und Daniel durfte die Kerze anzünden. Ich schnitt größere Vierecke und Rechtecke aus dem Stoff. Ich wollte Säckchen nähen. Die Stoffstücke hatte ich so ausgewählt, daß ich von jeder Farbe möglichst mehrere aus unterschiedlichen Materialien zusammenbekam. Das forderte später eine genauere Beobachtung bei der Unterscheidung der Säckchen.

Ich zeigte Daniel, wie er den Stoff zusammenlegen und stecken mußte. Mit der Hand nähte er anschließend ein Säckchen. Er arbeitete mit Freude und Konzentration. Die Lippen waren aufeinandergepreßt und die Backenmuskulatur angespannt. Das war immer so, wenn er sich anstrengte. In der Zwischenzeit nähte ich mit der Nähmaschine die anderen Säckchen. In jedem Säckchen sparte ich eine kleine Öffnung von etwa zwei Zentimetern aus. Dann wendete ich die Säckchen. Nun wollte ich sie mit unterschiedlichen Materialien füllen. Jedes Säckchen sollte sich anders anfühlen. Daniel beobachtete mich interessiert und fragte mich, was ich vorhabe. „Ich gehe jetzt in die Küche und suche

Dinge, die wir in die Säckchen füllen können. Magst du mitschauen?" Daniel stand auf und kam mit mir. Der Reihe nach öffneten wir die Küchenschränke. Reis holten wir heraus, Hirse, Hörnchennudeln, Bohnenkerne und Maiskörner. Wir holten eine größere Schüssel und einen Teelöffel und nahmen die Vorratsbehälter mit an unseren Tisch. „Und jetzt, Mama?" – „Wenn du magst, darfst du dir ein Säckchen aussuchen und über der Schüssel auffüllen. Du kannst dir aus den bereitstehenden Gläsern aussuchen, was du hineingeben möchtest." Er wählte zuerst Mais. Die Öffnung war eng, und er mußte mit spitzen Fingern jedes Körnchen einzeln einfüllen. Diese Übung förderte die Konzentration und den Gebrauch von Daumen und Zeigefinger. Dieser Pinzettengriff mußte wieder und wieder angewandt werden. Schließlich war das erste Säckchen voll, und ich nähte es zu. Wir befühlten es und warfen es vorsichtig in die Luft. Aha, so fühlte sich Mais im Säckchen an. In das nächste Säckchen füllte Daniel Reis. Er verwendete den Teelöffel. Sehr genau mußte er zielen, damit nicht alles in die Schüssel fiel. Mit Spaß war er bei der Sache. Ich freute mich über seine Ausdauer und auch über meinen guten Einfall.

Dann kam eine Bekannte zur Türe herein, sah uns bei unserer Beschäftigung und meinte: „Nehmt doch einen Trichter. Das geht doch viel schneller." Sie wußte nicht, worum es ging, und machte gleich ihren Mund auf. Ich war ärgerlich über ihre Einmischung. Daniel holte sich einen Trichter und füllte das Säckchen mit dem Reis fertig auf. Dann brach ich das Basteln ab und verschob den Rest auf ein anderes Mal, wieder ohne Trichter. Vom Spaziergang brachten wir für das Füllen Sand und kleine Buzeln mit. Auch Bucheckern füllten wir in ein Säckchen.

Diese Säckchen verwendeten wir zum Werfen und Fangen. Alle Säckchen waren unterschiedlich schwer und lagen alle anders in der Hand. Wir mußten uns bei unserem Spiel an jedes Säckchen neu anpassen. Im Auto leisteten sie uns gute Dienste bei längeren Fahrten. Daniel knetete sie in seinen Händen und drückte sein Gesicht hinein. So konnte er sich den nötigen Berührungsreiz verschaffen und leichter sitzen bleiben.

Die Idee mit den Säckchen läßt sich abwandeln, wenn

unterschiedliche Geruchsstoffe eingefüllt werden. Ich habe mich für die Tastsäckchen entschieden, weil ich bei Daniel Auffälligkeiten im Bereich des Tastsinns beobachtet hatte und ihn daher besonders in diesem Bereich fördern wollte.

Unsere sechs Sinne

Auffälligkeiten im Bereich des Tastsinns äußern sich auf vielfältige Weise, entsprechend den umfassenden Aufgaben dieses Körpersinns. Über die Haut nehmen wir Wärme und Kälte auf, Druck und Schmerz. Wir empfinden diese Berührungsreize als angenehm, unangenehm oder gar schmerzhaft. Bei Wahrnehmungsstörungen im Bereich des Tastsinns werden die Sinneseindrücke im Gehirn nicht richtig verarbeitet. Dann kommt es leicht zu Verhaltensweisen, die für Außenstehende nicht nachzuvollziehen sind. „Nun hab dich nicht so, stell dich nicht so an – jetzt langt es aber!“ Solche Anschuldigungen muß sich das Kind anhören, das ja bereits unter dem Berührungsreiz leidet. Wieviel leichter ist es für alle Beteiligten, wenn sie eine Erklärung für die Vorgänge haben.

Daniel spürte Wärme und Kälte. Es wurde ihm schnell zu warm. Meistens hatte er weniger an als wir. Wenn draußen die Sonne schien und die Temperaturen anstiegen, ging er eher in den Schatten als andere Kinder. Vor der Wärme konnte er sich schützen.

Anders war es mit Berührungsreizen. Daniel klagte beim Waschen und noch einige Minuten danach über Hautirritationen, die Wassertropfen verursacht hatten. Am schlimmsten war für ihn der Augenblick nach dem Duschen, wenn einzelne Wassertropfen an ihm herunterliefen. Es half ihm, wenn ich ihm die Tropfen möglichst schnell abtupfte und ihn anschließend in ein großes Handtuch wickelte und fest abfrottierte. Dann verging dieses Jucken schneller. Zarte Hautberührungen konnte er kaum ertragen. So wollte er auf dem Rücken lieber mit den Fingernägeln gekratzt als nur sanft gestreichelt werden. Im Gesicht dagegen mochte er behutsame Berührungen. Wir wußten, wo wir ihn wie anfassen mußten. Kleine, oberflächliche Verletzungen irritierten ihn auffallend. Weniger schlimm waren sie für ihn, wenn sie unter die Haut gingen. Daniel konnte es nicht ertragen, von hinten angestoßen zu werden. Das passierte ihm manchmal beim Anstehen in einer Schlange. Ein solches Schubsen beantwortete er allzu heftig mit einem Fußtritt. Hatte er das Schubsen so heftig wie einen Schlag empfunden, oder hatte er sich beim Treten in der Kraft verschätzt, die er einsetzen mußte, um den Schubs zurückzugeben? Ich wußte es nicht.

Mit der Kleidung hatte er auch Probleme. Vieles juckte ihn. Ich nahm ihn zum Kleiderkaufen meistens mit, weil er selber das Material fühlen mußte. Es genügte nicht, daß er das Kleidungsstück mit der Hand befühlte oder einen Arm hineinsteckte. Er mußte es ganz anziehen. Seine Hände und Arme zeigten nicht so ausgeprägte Überreaktionen wie der Nacken, der Rücken und die Oberschenkel von hinten. Das war oft mühsam. Eine Bekannte sagte einmal: „Ich glaube, der tut nur so. Er weiß, daß er Kleidungsstücke, die ihn jucken, nicht anziehen muß. Dann gefällt ihm etwas nicht mehr, und er sagt einfach, es juckt ihn ganz arg." Vielleicht war es manchmal so, das ist schon möglich. Ich kann das nicht beurteilen, denn ich stecke nicht in Daniels Haut. Diese Frau kannte seine Haut aber noch weniger als ich. Außerdem wußte sie sicherlich nichts von dem verbreiteten, aber unbekannten Phänomen der Wahrnehmungsstörungen. Sonst hätte sie diese Bemerkung nicht gemacht. Ich antwortete ihr: „Ich habe den Eindruck, daß Daniel stark unter dem Jucken leidet, das manche Kleidungsstücke bei ihm verursachen, und sehe keinen Grund, seine Klagen nicht ernst zu nehmen."

Neben dem Tastsinn verfügen wir über den Geruchssinn und den Geschmackssinn und über die Fähigkeit, zu hören und zu sehen. Daniel hat eine bessere Nase als ich und auch einen feineren Geschmack. Starken Düften geht er aus dem Weg. So kann es passieren, daß er im Bus aufsteht und mir sagt: „Die Frau vor mir hat ein stinkiges Parfum. Ich gehe nach vorne." Es war in Ordnung, daß er sich wegsetzte, nur die Bemerkung brauchte er nicht so laut zu machen. Das sagte ich ihm, und beim nächsten Mal war er erheblich diskreter. Beim Essen gab es keine unangenehmen

Besonderheiten. Daniel hatte eine feinere Zunge und schmeckte Gewürze besser heraus als wir. Er wußte gute Qualität von schlechter zu unterscheiden. Verkochtes Büchsengemüse würde er wohl nicht freiwillig essen. Bei uns zu Hause aß er normalerweise alles.

Daniel verfügte über ein gutes Gehör. Das ergaben zumindest die mehrfachen Untersuchungen beim Ohrenarzt. Er konnte alles hören. Hohe, quietschende oder pfeifende Töne konnte er kaum ertragen, sie taten ihm weh. Wenn die Sirene ertönte, hielt er sich die Ohren zu, früher verkroch er sich in den hintersten Winkel der Wohnung. Julia brauchte nur zu pfeifen, wenn sie ihn ärgern wollte. Da schrie er gleich los und begann, Dinge zu ergreifen und herumzuwerfen. Julia war sicher, daß wir ihn dafür schimpften. Wenn ich solche Situationen mitbekam, ging ich zu ihm, hielt ihm die Ohren zu und bat Julia energisch, das Pfeifen einzustellen. Andere Male machte ihm das Pfeifen weniger aus. Uns fiel auf, daß Daniel uns an manchen Tagen nicht zu verstehen schien. Immer wieder fragte er nach. Wie kam das? Versank er so in seine Gedanken, daß er Geräusche von außen nicht an sich herankommen ließ? Daneben beobachteten wir bei Daniel, daß Geräusche ihn von seinem Tun ablenkten. Es kam vor, daß er etwas erzählen wollte und erst seine Gedanken sammeln mußte. Im ungünstigen Fall summte Julia dann ein Liedchen vor sich hin oder knisterte mit der Brottüte. Dabei wollte sie ihn gar nicht ärgern. Es waren ganz normale, alltägliche Geräusche. Manchmal lenkten sie ihn ab, und er vergaß seinen Gedanken. Daniel war dann sehr böse auf denjenigen, der ihn meist unbeabsichtigt gestört hatte. Solche Szenen mündeten oft in Streit. Auch bei anderen Gelegenheiten konnte er Geräusche nicht von sich fernhalten, indem er sich unbewußt sagte: Das betrifft mich nicht. So war es auch einmal beim Balancieren. Vorsichtig setzte er einen Fuß vor den anderen. Die Hälfte des Mäuerchens lag schon hinter ihm. Auf einmal stieg er ab. „Da war ein Springbrunnen. Der hat mich drausgebracht!"

Auch optische Eindrücke konnten Daniel aus dem Konzept bringen. Ich erinnere mich an manche Fahrradfahrten, wenn Julia vor ihm fuhr und auf einmal begann, Slalom zu fahren. Daniel konnte auf einmal nicht mehr radfahren und kam ins Schlingern. Meistens kam er gerade noch zum Stehen, manchmal stürzte er. Das war nicht immer so, aber auch keine Seltenheit. Ich habe nie begriffen, warum ihn an manchen Tagen seine Sinneswahrnehmungen mehr irritierten als an anderen.

Neben den üblichen fünf Sinnen gibt es noch einen sechsten. Er ist uns nicht bewußt und in seiner Funktionsfähigkeit schwerer zu erfassen als die anderen. Es ist der Sinn für die Körperstellung. Wir vermögen mit geschlossenen Augen die Stellung unseres Körpers wahrzunehmen und ihn in bezug zu unserer Umwelt zu setzen. Daher wissen wir auf einem schwankenden Boot, wie wir unseren Körper ausbalancieren müssen. Daniel hatte zu Beginn seiner Therapie große Probleme in diesem Bereich und hatte daher nur sehr ungenaue Vorstellungen von seinem Körper.

Die bewußten und unbewußten Sinneswahrnehmungen werden in den Psychomotorikstunden gezielt gefördert.

Der Dysgrammatismus taucht wieder auf

Im Mai hatten wir uns gefreut, daß der Dysgrammatismus so gut wie verschwunden war, jetzt, nach einem halben Jahr, tauchte er wieder auf. Daniel verdrehte einige Wörter, seltener ganze Satzteile. Neue Wörter waren es, die ihm Schwierigkeiten bereiteten. „Ich muß mich abverschieden", sagte er, wenn ich ihn abholte. Abends suchte er seinen Waschlappen. „Ich finde meinen Lapwas nicht." Wir verbesserten ihn nicht, sondern griffen das Wort im nächsten Satz noch einmal auf: „Du findest deinen Waschlappen nicht. Wo könnte der nur sein?" Daniels Sätze wurden länger und komplizierter und die Wörter auch. Da konnte sich schon einmal ein Fehler einschleichen. Wir waren nicht beunruhigt, hatten damit aber nicht gerechnet. Oder hatte das nachhaltige Erleben der schweren Krankheit seines Vaters einen Rückschlag bewirkt? Auch das wäre eine mögliche Erklärung.

Ich singe gern. Daniel hat viele Lieder schon zigmal gehört und kannte sie. Dennoch war er nicht in der Lage, ein Lied mitzusingen oder gar selber zu singen. Es fiel ihm sehr schwer, einen vorgegebenen Text oder eine Melodie zu wiederholen. Das ist typisch für sprachauffällige Kinder. Manchmal dachte sich Daniel selber ein Lied aus. Er sang irgend etwas, das seiner Phantasie entsprang, erst von unserem Einkaufsladen, dann vom schönen Wetter und schließlich von seinem Meerschweinchen. Wenn er einmal ein Stück von einer Melodie singen konnte, sang er dieses Stück manchmal endlos. Das machte dann Julia ärgerlich.

In der nächsten Einzelstunde sprach ich Herrn Baumer auf die großen sprachlichen Fortschritte an, die Daniel seit Beginn der Therapie bei ihm gemacht hatte. „Das ist wirklich beeindruckend. Wissen Sie, ich habe gar nicht mehr auf seine Sprache geachtet. Ich verstand ihn einfach. Man sagt ja, daß die Sprache besser wird, wenn in der Motorik Fortschritte erzielt werden." Diese Stunde war die letzte vor den Weihnachtsferien. Herr Baumer hatte sich etwas Besonderes für Daniel ausgedacht. Sie wollten zusammen ein Weihnachtsfrühstück feiern, und Daniel durfte bei den Vorbereitungen helfen. Welche Schritte waren zu planen? Daniel rührte Kakao an, schlug Schlagsahne, legte Plätzchen auf einen Teller und deckte den Tisch. Zur Tischdekoration holte er ein Ästchen aus dem Garten. Herr Baumer trug ihn auf dem Arm hinaus, damit er keine kalten Füße bekam. So ein schöner Abschluß vor den Weihnachtsferien!

Einmal war noch Psychomotorik. Das Reiten fiel wegen schlechten Wetters aus. Der Kindergarten schloß, und dann war Weihnachten.

Wir bauen die Eisenbahn auf

Daniel bekam zu Weihnachten Zubehör zur elektrischen Eisenbahn geschenkt. Sein größter Wunsch war in Erfüllung gegangen. Er baute die Gleise auf dem Wohnzimmerboden auf. Wir halfen ihm, die Gleise so aneinanderzuschließen, daß die Lokomotive im Kreis herum fahren konnte. Daniel ergänzte die Landschaft durch Mauern und Brücken aus seinen Holzklötzen und stellte Holzfigürchen auf. Es war ihm wichtig, daß mein Mann oder ich gelegentlich mitspielten und ihm halfen und ansonsten in der

Nähe blieben. Julia wollte nicht mit ihm spielen. Er erwartete, daß sie dauernd auf seine Wünsche einging. Und dazu hatte sie verständlicherweise keine Lust. Schließlich beendete Daniel sein Werk. Ich kniete mich neben ihn und legte einen Arm um ihn. Gemeinsam mit ihm betrachtete ich die Streckenführung, den Verlauf der Mauer und den Weidebereich der Kühe. In dieser Stellung schaute Daniel genauer hin und konzentrierte sich noch einmal. Herr Baumer machte das so, wenn Daniel bei ihm eine Straße oder ein Haus bzw. eine Höhle oder einen Berg aufgebaut hatte. Das habe ich mir, wie so vieles andere, bei ihm abgeschaut. Am nächsten Tag half ich Daniel, die Gleislandschaft auf Papier zu malen. Es war schwierig für ihn, die Mauer, die Weiche und die Brücke an die richtige Stelle zu setzen. Als das Bild fertig war, klebten wir es an seine Zimmertüre. Daniel war stolz darauf.

In der zweiten Ferienwoche erlitt mein Mann einen Autounfall und mußte für einige Wochen ins Krankenhaus. Ich brachte meine Kinder für fünf Tage zu Barbara und Max, wo sie im Sommer bereits einige Tage verbracht hatten. Daniel weinte zwar nicht, als ich abfuhr, aber er wäre lieber wieder mit nach Hause gekommen. Julia machte die Umstellung weniger aus als ihm. Sie kümmerte sich rührend um ihren Bruder und war ganz lieb zu ihm. Dennoch wurde Daniel unruhiger. Der ganze Trubel vorher, die Angst um den Papa, dann der ungewohnte Tagesrhythmus und zu alledem noch ein tollpatschiger, junger Hund, der durch alle Spielsachen hindurchlief und selbst durch ein energisches „Halt!“ nicht aufzuhalten war, wurden ihm zuviel. Er war traurig und hilflos, wütend wurde er aber nicht. Als die fünf Tage um waren, brachten Barbara und Max uns unsere Kinder zurück. Ihre beiden größeren Kinder und der Hund begleiteten sie. Der Hund tapste durch die Gleisanlage, und die Katastrophe begann. Daniel, der mit seiner Eisenbahn so unendlich behutsam und vorsichtig umging und wußte, daß man nicht auf die Schienen treten darf, weil sie sonst kaputtgehen, sah den Hund darüberlaufen. In seiner Verzweiflung riß er alles auseinander, und ich versuchte zu retten, was zu retten war, und brachte alles in Sicherheit. Vorher war Daniel nicht zu beruhigen. Barbara hielt den Hund fest. Dann nahm ich Daniel fest in den Arm und lenkte ihn ab. Das half. Doch eine Kleinigkeit genügte, um ihn wieder aus der Fassung zu bringen. Er tobte und schimpfte. Ich hielt ihn fest und trug ihn in sein Zimmer und machte die Türe hinter mir zu. Unsere Freunde verabschiedeten sich unterdessen. Seit mehreren Wochen hielt ich ihn wieder einmal mit aller Kraft in meinen Armen fest und gab ihm den Halt, den er verloren hatte. Dabei tat ich ihm nicht weh, ich ließ ihn nur nicht los. Ich wußte, daß ihm dieses Halten guttat, so strengte es mich psychisch nicht mehr so sehr an wie die ersten Male im September. Daniel schrie: „So kann ich mich nicht beruhigen, ich will zwischen meine Matratzen!“ Unter der Bedingung, daß er sich hinlegt, ließ ich ihn los, half ihm zwischen die Matratzen. Er stürzte sich regelrecht hinein. Ich wagte es nicht, ihn allein zu lassen, blieb in seiner Nähe und versuchte, Kontakt zu ihm aufzunehmen. Schließlich zog er mich neben sich. Ich sollte ihn drücken und fest umarmen. Daniel beruhigte sich zusehends. Nach langem gegenseitigem Umarmen konnte ich gehen. Ich weiß nicht, wieviel Zeit ich in Daniels Zimmer zugebracht habe. Vielleicht eine Stunde. Für mich hat sie länger gedauert. Die nächsten Tage klammerte sich Daniel förmlich an mich. Endlos massierte ich ihn und schaukelte ihn in der Hängematte. Ich fühlte mich richtig aufgesogen. Danach fand er zu seinem Rhythmus zurück, und es kam zu keinen nennenswerten Zwischenfällen mehr.

Ferienvergnügen

In den Ferientagen machte ich mit den Kindern einen Spaziergang über die leicht verschneiten Felder zu einem zugefrorenen Karpfenweiher. Wir suchten Spuren im Schnee. Wir entdeckten Spuren von verschiedenen Tieren und entdeckten, daß frische Spuren anders aussahen als alte. Dann hinterließen wir selber Spuren im Schnee, mit unseren Händen, Füßen und mit einem Stöckchen. Julia legte sich ganz auf den Boden und drückte ein Bild ihres gesamten Körpers in den Schnee. Daniel lief hin und her und blickte wie gebannt auf seine Fußspuren. Hatte er nicht gewußt, daß er bleibende Spuren hinterließ? Mit den Füßen versuchten wir die gefrorene Ackerscholle durch die Schuhsohlen hindurch zu erspüren. Dieser Spaziergang war ein großartiges Erlebnis für unsere Kinder.

Bevor der Alltag begann, besuchten wir ein Freizeitbad, das mit Rutschbahn, Whirlpool, Wellenbecken, Düsen und anderen Besonderheiten aufwartete. Das war etwas Besonderes. Sonst gingen wir immer in ein normales Hallenbad zum Schwimmen und Springen. Daniel war begeistert. Er probierte alles aus und ließ sich abwechselnd von den Wellen tragen, vom Whirlpool und den Düsen massieren und rutschte zusammen mit mir von der Rutschbahn ins Wasser. Julia bot ihm an, mit ihm zu rutschen. Er nahm das Angebot an. Sie kippten aber seitlich ein wenig, und Daniel wagte nicht mehr, mit Julia zu rutschen. Julia war darüber traurig. Wir rutschten dann alle drei hintereinander, und Julia war wieder zufrieden. Die Becken waren unterschiedlich temperiert und vermittelten jeweils ein anderes Wärmeempfinden. Ich ließ Daniel in dem großen Bad nicht aus den Augen. Er konnte noch nicht schwimmen. Der Nachmittag in diesem Bad hat Daniel eine Fülle von Körpererfahrungen vermittelt. Wir fuhren alle drei zufrieden und glücklich nach Hause.

Daniel fällt alles etwas leichter

Inzwischen waren die Weihnachtsferien vorbei. Der Kindergarten hatte wieder angefangen und mit ihm die Einzeltherapie, das Reiten und die Psychomotorik.

Einmal brachte Herr Baumer Luftballons mit. Die Kinder bliesen sie auf und spielten mit ihnen Werfen, Fangen und Fußball. Luftballons fliegen so langsam, daß die Kinder ihren Bewegungen leichter mit den Augen folgen können, als dies beim normalen Ball möglich ist. Das ist wichtig für Kinder wie unseren Daniel. Wie hoch kann der Luftballon fliegen, und wieviel Kraft braucht man zum Aufblasen und zum Wegwerfen? Läßt sich ein Luftballon richtig wegstoßen wie ein Fußball? Wie sieht das andere Kind durch den Luftballon hindurch aus?

Fragen über Fragen. Die Antwort auf sie ist uns Erwachsenen selbstverständlich. Ein Kind weiß sie nicht von allein. Es muß beim Spiel mit dem Luftballon erst seine eigenen Erfahrungen machen. Das Lernen erfolgt unbewußt. Es ist Ziel der Therapie, den Kindern die Therapieinhalte möglichst indirekt und zufallsbetont anzubieten. Je unbewußter ein Kind lernt, desto größer ist der Erfolg. Außenstehenden mag diese Psychomotorikstunde mit den Luftballons wie eine harmlose Spielstunde erscheinen. Das ist sie aber nicht. Es erfordert viel Geschick seitens der Therapeuten, mit den Kindern zu arbeiten und dabei diesen Eindruck zu erwecken. Abgeschlossen wurde die Stunde wie immer: Die Kinder, Herr Baumer und Frau Welte setzten sich im Kreis auf den Boden und sprachen über die einzelnen Übungen sowie über angenehme und unangenehme Empfindungen, die diese Stunde bei ihnen ausgelöst hatte.

Daniel mochte ein Kind aus dieser Gruppe besonders gern, und sie luden sich gegenseitig ein. Leider wohnte dieses Kind am anderen Ende unserer Stadt, so waren diese Treffen zwangsläufig selten. Doch freute ich mich, daß Daniel sich zunehmend öffnete und den Anschluß an andere Kinder suchte. Auch äußerte er den Wunsch, seinen Kindergartenfreund Peter zu besuchen und einzuladen. Die Buben fuhren dann im Anschluß an den Kindergarten gemeinsam zu der anderen Familie oder zu uns. Das bewährte sich jedoch nicht, weil Daniel eine ruhige Mittagspause brauchte. So brachte ihn seine Mutter nachmittags zu uns, oder ich fuhr ihn dorthin. Er wollte gern dorthin und ließ mich nach kurzem Zögern wieder fahren. Bislang war das nur bei unserer Freundin Barbara und bei Florians Familie möglich. Daniel wagte es, sich einen kleinen Schritt mehr von mir zu lösen. Ich freute mich darüber.

Florian war nach wie vor sein bester Freund. Mit ihm spielte Daniel am liebsten. Dennoch kamen sie seltener zusammen, weil Florian weiter in den alten, früher gemeinsamen Kindergarten ging und sich dort oft bereits am Vormittag mit einem anderen Kind für den Nachmittag verabredete. Um so wichtiger waren für Daniel die neuen Freunde. Sie und auch Florian waren eher ruhige Kinder. Mit ihnen konnte er gut spielen. Nachteilig war für Daniel der zum Glück seltene Kontakt zu einem unruhigen, zappeligen Kind. Das gemeinsame Spiel wurde schnell zu einem wilden Toben und putschte ihn und auch das andere Kind auf.

Auch sonst war Daniel selbständiger geworden. Er kam mit dem Anziehen besser zurecht, brauchte aber noch Hilfe. Er hat mehr Zutrauen zu sich gewonnen und war nicht mehr gleich verzweifelt, wenn der eine Arm beim Pulloveranziehen durch den Halsausschnitt statt durch den Ärmel herauskam. Er war eher bereit, einen kleinen Mißerfolg zu riskieren. Auch viele andere Fertigkeiten hatte Daniel erworben, angefangen vom Anorakanziehen bis hin zum Zähneputzen. Das hieß jedoch nicht, daß er sie immer und unter allen Umständen, insbesondere unter Druck, anwenden konnte. So war er zum Beispiel morgens vor dem Kindergarten noch verschlafen und hatte aus seiner Sicht nicht ausreichend Zeit, um sich ohne das Gefühl des Zeitdrucks selbständig fertigmachen zu können.

Er tat sich ein wenig leichter mit Anordnungen und Verboten. Zunehmend genügt es, Worte an ihn zu richten, ohne ihn gleichzeitig anzufassen. Wenn ich ihn zum Essen rief, kam er jetzt meist nach einer Weile. Früher mußte ich ihn sehr oft an die Hand nehmen und abholen. Daniel wurde zunehmend ein normales Familienmitglied, das wie alle anderen behandelt wird und weniger Extrawürste verlangt.

Er konnte noch immer ärgerlich werden. Dann sagte er häßliche Sachen und machte bewußt Unordnung, kippte zum Beispiel Stühle auf den Boden oder holte eine Blumenvase und stellte sie an einen störenden Platz. Das war nichts mehr im Vergleich zu dem unkontrollierten Ausbrechen der letzten Monate. Gelegentlich durchbrach er noch die Schranke der Selbtbeherrschung und trat mit den Füßen wie wild um sich. Das passierte, wenn jemand ihn bei einer ihm wichtigen Tätigkeit nachhaltig ablenkte und auf Vorwarnungen nicht reagiert hatte. Auf zwei Dinge konnte er sich nämlich nicht gleichzeitig konzentrieren. Daher war er beim Anziehen am liebsten allein. Niemand konnte ihn dann ablenken. Wenn ihn währenddessen jemand ansprach, konnte er sich entweder nicht mehr weiter anziehen und hörte ihm zu, oder er bat ihn, zu gehen, und schlug nach ihm, wenn er sich nicht an seine Bitte hielt.

Daniel fand Spaß daran, Buchstaben und Zahlen zu schreiben. Er bat jemanden, ihm seinen Namen oder etwas anderes aufzuschreiben. Mit Ausdauer schrieb er von der Vorlage ab. Oft begann er mit dem Abmalen unten statt oben und malte seitenverkehrt. Ich ging dazu über, die Stelle, wo er mit einem Buchstaben oder einer Zahl beginnen mußte, mit einem Punkt zu kennzeichnen. Ich erklärte ihm: „Hier fängt der Buchstabe an. Hier setzt du mit dem Stift an." Vielleicht hilft ihm das, sich die Form richtig einzuprägen. Sonst muß er in der Schule umlernen, und das ist schwerer als Neulernen. Ohne Vorlage konnte Daniel keine Wörter schreiben, auch nicht seinen Namen. Er konnte die Reihenfolge der Zeichen nicht behalten. Diese Schwierigkeiten entsprechen den Auffälligkeiten, die Daniel noch vor einem Jahr in der Wort und Satzstellung hatte. Das zeigt, daß die Störungen mit Beseitigung der sprachlichen Besonderheiten noch nicht behoben waren.

Kürzlich hatte Florian Geburtstag. Daniel wollte ihm ein Geschenk selber machen. Wie so oft hatte er eine sehr eigene, liebe Idee. Er nahm eine rechteckige Spanplatte und schrieb nach Vorlage auf die eine Seite: Für meinen Florian. Ich regte ihn an, auf die andere Seite einen Glückskäfer zu malen und das Brett anschließend in einzelne Teile zu zersägen und ein Puzzle daraus zu machen. Daniel ging auf meine Idee ein, und ich half ihm bei der Durchführung. Er arbeitete mit Freude und großer Ausdauer und verfolgte unbeirrt sein Ziel. Sicherlich war es für ihn wichtig, daß ich bei ihm blieb und ihn durch Lob und Hilfestellung unterstützte. Doch war die Aufgabe schwer und erforderte Konzentration. Dieses Puzzle war eine große Leistung.

Ich als Mutter bin einen weiten Weg gegangen

Pöbeleien am Ende einer schönen Reise

Mein Mann erholte sich langsam von den Unfallfolgen. Er war in der Zwischenzeit in eine Kurklinik verlegt worden. An den Wochenenden besuchten wir ihn hin und wieder. Wir reisten mit dem Zug. Daniel genoß die Fahrt und das Wiedersehen mit dem Papa. Interessiert sog er alle Eindrücke förmlich in sich hinein. Er war lebhaft, fiel aber in keiner Weise auf. Auf der Rückreise, kurz vor unserer Ankunft, wurde ihm alles zuviel. Er wurde unruhig, unleidig. Ich nahm ihn auf den Schoß und massierte seinen Rücken. Das half eine Weile. Dann stand er auf und pöbelte einen älteren Herrn im Nachbarabteil an, streckte ihm die Zunge heraus und nannte ihn ein Arschloch. Das alles ging sehr schnell. Der Herr reagierte ungehalten. Da war ich schon bei Daniel und holte ihn zurück. Ich entschuldigte mich kurz bei dem Herrn und sagte zu Daniel: „Ich möchte nicht, daß du den Herrn belästigst. Komm zu mir zurück." Und gleichsam die scheinbar schlechte Erziehung erklärend fügte ich hinzu: „Er weiß nicht, daß du eine lange Reise hinter dir hast und dir alles zuviel wird." Dabei blieb ich ganz ruhig. Ich fühlte mich für das Fehlverhalten nicht schuldig, mochten die anderen darüber denken, was sie wollten. Vor einem Jahr wäre mir diese Szene äußerst peinlich gewesen, und ich hätte mich am liebsten in einem Mäuseloch versteckt. Zwischen damals und jetzt bin ich einen weiten Weg gegangen.

Anders erging es Julia. Ihr war das Benehmen ihres Bruders sehr peinlich, und sie schämte sich für ihn. Sie wollte in solchen Augenblicken nicht mit ihm in Verbindung gebracht werden. Aus diesem Grund vermied sie es auch, mit ihm und mir gleichzeitig in die Stadt zu gehen. Daniel bettelt aufdringlich in den Geschäften, faßt alles an und redet immer wieder fremde Leute im Vorübergehen an. Man könnte jetzt sagen, daß fünfjährige Kinder das oft so machen und daß das normal ist. Aber Daniel war bei alledem ein wenig penetranter, als andere Kinder das sind. Julia vermied es, wie gesagt, gemeinsam mit Daniel und mir in die Stadt zu gehen. Wenn sie es aber nicht vermeiden konnte und Daniel sich nach ihren Vorstellungen „schlecht" benahm, beschimpfte sie ihn laut und böse. Jeder sollte mitbekommen, daß sie sein Verhalten ablehnte. Dadurch wurde alles noch schlimmer, weil Daniel auf die Beschimpfungen seinerseits mit Beschimpfungen und auch Fußtritten reagierte. Ich stellte mich dann zwischen meine Kinder und versuchte, den Konflikt beizulegen. Einmal hatte ich Julia in einem ruhigen Augenblick in Daniels Abwesenheit klarzumachen versucht, daß sie für sein Verhalten nicht verantwortlich war: „Ich verstehe, daß dir Daniels Verhalten nicht gefällt. Auch mir gefällt es nicht. Doch bist du dafür nicht verantwortlich. Wir wissen, daß Daniel hier Schwierigkeiten hat, deswegen bekommt er Medizin. Die Frühförderung ist Medizin für ihn. Sein Verhalten und seine Sprache werden jede Woche in kleinen Schritten besser. Daniel braucht unsere und deine Liebe. Mit Beschimpfungen kommen wir nicht weiter. Meistens hast du viel Geduld mit Daniel. Das sehe ich. Ich bin stolz auf dich!"

Jetzt, in den letzten Minuten unserer Zugreise, schien sich Julia an dieses Gespräch nicht zu erinnern. Sie ließ Daniel ihre tiefe Ablehnung spüren. Ich litt unter dem Konflikt zwischen den Kindern weit mehr als unter dem Fehlverhalten meines Sohnes.

Wir fertigen eine Gipsmaske

Die Faschingszeit nahte heran, und die Kinder wünschten sich Masken. Ich erinnerte mich an ein Straßenfest im letzten Sommer, bei dem Kinder Gipsabdrücke von ihren Gesichtern fertigen lassen konnten. Julia und Daniel hatten interessiert zugesehen, wie Gipsstreifen aufgelegt wurden und Masken entstanden. Selber hatten sie das nicht an sich machen lassen wollen. Ich erinnerte sie nicht daran und sagte: „Masken können wir selber aus

Gips machen. Das tut nicht weh und sieht ganz toll aus. Ich helfe euch dabei. Möchtet ihr das mit mir versuchen?“ Sie wollten es, und wir holten aus der Apotheke für jede Maske zwei breite Gipsbinden. Wir schnitten sie in unterschiedlich breite Streifen. Einige schmale Streifen brauchte ich für den Nasenrücken und das Stück zwischen Nase und Oberlippe. Dann stellte ich Niveacreme und ein Schüsselchen mit Wasser bereit und legte ein Tuch zum Zurückbinden der Haare dazu. Daniel setzte sich auf einen Stuhl, und ich begann. Die Haare verdeckte ich sorgfältig unter dem Tuch. Keines durfte herausschauen, es würde beim Abnehmen der Maske abgerissen werden und Daniel weh tun. Dann strich ich das Gesicht bis zu den Ohren und auch den Bereich unter den Ohren mit Niveacreme ein. Das verhinderte das Verkleben der Härchen im Gips. Streifen für Streifen tauchte ich einzeln in das Wasser und strich ihn auf dem Gesicht sorgfältig glatt. Die Augen, die Nasenlöcher und den Mund sparte ich aus. Streifen um Streifen legte ich auf. Dabei benannte ich gelegentlich die Stelle, die ich soeben mit Gips bestrich. Daniel hielt ganz still. Ich bat ihn, so schön still zu bleiben, damit die Maske um den Mund herum nicht reißt. Der Gips begann zu trocknen und auf der Haut zu spannen. Daniel nahm sein Gesicht bewußt wahr. Ich hielt ihm einen Spiegel vor. Dann wollte er etwas sagen, doch es ging nicht. Die Maske umschloß sein Kinn, und er konnte nicht sprechen. Er merkte: Beim Sprechen bewegt sich mein Kinn, das wußte ich gar nicht. Auch lachen und selbst grinsen konnte er nicht. Die Backen wurden von dem Gips festgehalten. Aber er konnte die Zunge herausstrecken und sich einen Mandarinenschnitz in den Mund schieben lassen.

Dann nahm ich vorsichtig die Maske ab. Wir hatten unsere Vorbereitungen gründlich getroffen, und so hat kein Härchen geziept. Staunend betrachtete Daniel den Abdruck seines Gesichts. Etwas dünn geratene Stellen konnten wir auf der abgenommenen Maske nachbessern. Rechts und links bohrte ich ein kleines Loch in den Gips für das Gummiband. Daniel setzte sie auf und betrachtete sich fasziniert im Spiegel. Dann besuchte er Nachbarn und freute sich, wenn sie erschraken.

Am nächsten Tag wollte Daniel die Maske bemalen. Er malte

ihr Lippen hin und umrandete die Augen grün. Ansonsten ließ er sie weiß. Ich nahm an, daß er sein Gesicht nicht gut kannte und deshalb auf weitere Ausschmückungen verzichtet hatte. Gerade für sprachauffällige Kinder ist es wichtig, daß sie die Teile ihres Körpers kennenlernen und bewußt wahrnehmen, die am Vorgang des Sprechens beteiligt sind. Dazu gehört insbesondere die Partie um den Mund. Ich ließ es mir nicht entgehen, die Maske gründlicher zu bemalen. Ich sagte zu Daniel: „Du hast damit begonnen, deine Maske zu bemalen. Was soll sie denn darstellen?“ – „Ein Gespenst!“ – „Dein Gespenst hat grüne Augen und einen roten Mund. Schau einmal in den Spiegel und betrachtete dein Gesicht. Vielleicht hast du eine Idee, wie wir deine Maske noch vollständiger als Gespenst bemalen können.“ Daniel betrachtete sein Spiegelbild und schnitt Grimassen. Die Oberlippe malten wir dicker als die Unterlippe, die Nase bekam Nasenflügel und bei den Gespensteraugen ergänzten wir Wimpern und Augenbrauen in schrecklichen Farben. Daniel staunte über seine Wimpern. Er schloß die Augen und machte sie wieder auf. „Die Wimpern kann ich nicht fühlen!“ Prüfend strich er mit einem Finger darüber. Dann betrachtete er sie nochmals im Spiegel. Er kniff die Augen zusammen und fragte mich, als ob eine knifflige Angelegenheit zu überprüfen wäre: „Hast du auch Wimpern?“ Er betastete behutsam meine Augen. Das war wieder eine Entdeckung.

In ähnlicher Weise verfuhren wir bei den Füßen. Wir legten einmal von oben, ein anderes Mal von unten Gipsstreifen auf den Fuß. So bekamen wir ihn anschließend wieder aus dem Gips heraus. Das Anfertigen dieser Gipsabdrücke war gut für den Tastsinn der Füße. Er nahm erstmals bewußt wahr, was alles zu seinen Füßen gehörte: die Zehen mit den Zehennägeln und den Zehenzwischenräumen, der Rist, der Ballen, die zwei Knöchel, die Ferse, das Fußgewölbe, die Fußsohle und die Achillessehne. Wieder bemalten wir die Gipsabdrücke mit Plakafarben.

Julia besuchte einen Töpferkurs. Er fand an zehn aufeinanderfolgenden Samstagen statt. Daniel verspürte Lust, auch mitzumachen. Allerdings wollte er, daß ich dabei bleibe. Zwischen den anderen elf Kindern fühlte er sich verloren. Ich blieb die ersten beiden Male da und töpferte neben und mit Daniel. Die Töpferlehrerin kannte ich als eine erfahrene, einfühlsame Frau, und ich erzählte ihr, daß Daniel gern töpfern möchte, sich in der Gruppe aber ohne mich unsicher fühlte, selbst wenn seine Schwester in der Nähe war. Auch sagte ich ihr, daß es mir ein Anliegen sei, daß sie ihn ermuntert und ihm zu erkennen gibt, daß sie ihn beachtet und auch für ihn da ist. Sie hörte mir interessiert zu und verstand es anschließend, verständnisvoll und geschickt auf Daniel einzugehen. In der dritten Stunde wagte Daniel es, mich kurz nach Beginn der Stunde wieder gehen zu lassen. Bis zum Kursende begleitete er gern und ziemlich regelmäßig seine Schwester zu der Töpferstunde. Das freute mich, denn Töpfern ist gerade für ihn sehr empfehlenswert. Es regt den Tastsinn an und fördert die Geschicklichkeit der Hände und den phantasievollen Umgang mit Material. Zuerst formte Daniel unförmige und nicht erkennbare Gebilde, doch bald schon entstanden unter seinen Händen klare Figuren und Landschaften. Er machte anderen nichts nach, das konnte oder wollte er nicht. Stets entwickelte er eigene Ideen von originellem Charakter. Hinter dem Töpfern stand kein Zwang. Daniel hatte schon so viele Stunden in der Woche, daß wir nicht noch mehr Programm wollten. Und wenn er einmal keine Lust hatte, dann blieb er zu Hause.

An den Wochenenden gingen wir seit langem ziemlich regelmäßig als Familie ins nahe gelegene Hallenbad. Das bedeutete für uns immer einen fröhlichen Badespaß. Wir schwammen, sprangen, spielten Ball und tauchten, zogen uns hintereinander her und hatten noch andere Einfälle. Daniel liebte es, sich im Wasser wie eine Schraube um die eigene Achse zu drehen, sprang vom Beckenrand und seit neuestem sogar vom Startblock ins Wasser und spielte mit uns Ball. Das alles war günstig für seine Körperwahrnehmung und die Koordination.

Im Februar bat er uns, die Schwimmflügel schwächer aufzublasen und versuchte, richtige Schwimmbewegungen zu machen. Er wollte schwimmen lernen. Der Wunsch wurde immer drängender. Da meldeten wir ihn für den nächsten Schwimmkurs im April an.

Mama, Mama, ich kann Schuh sagen!

In diesen Tagen kam er strahlend aus dem Kindergarten nach Hause. Ich hatte den Bus gehört und stand schon an der Türe. Daniel hielt ein großes Schulheft in den Händen und streckte es mir aufgeregt entgegen. „Mama, das ist mein Logopädieheft. Schau mal, komm mit!“ Er lief zum Eßtisch und schlug die letzte Seite auf. Nicht einmal den Anorak und die Schuhe hatte er heute ausgezogen. Er hatte es sehr eilig. Ich sah verschiedene kleine Quadrate, auf denen jeweils ein Gegenstand abgebildet war. Sie waren in das Heft geklebt. Sie alle stellten Dinge dar, deren Bezeichnung mit sch begann. „Mama, das alles habe ich heute bei Frau Bach aus einer Schüssel geangelt. Ich durfte nur sch-Wörter angeln! Hör mal!“ Und er las mit angespannter Mimik bei größter Konzentration: „Schuh, Schirm, Schal, Schilf, Sch-kamin.“ Der Schornstein war ihm nicht so vertraut wie der Kamin, aber das Wort mußte mit sch anfangen. So entstand der Sch-Kamin.

Daniel war überglücklich, und ich teilte seine große Freude. Ich war richtig aufgeregt. Für Daniel war dieser Tag wieder einmal ein Festtag. Beim Mittagessen erzählte er begeistert seiner Schwester, daß er jetzt Schuh richtig sagen konnte. Sie freute sich mit ihm und sagte wie er schuhschuhschuh. „Nicht, Julia, nicht, ich habe Angst, ich verlerne es wieder. Das habe ich heute bei Frau Bach gelernt.“ Natürlich würde es noch eine Weile dauern, bis er sch nicht nur bei bewußter Anwendung, sondern in der Spontansprache verwenden würde. Aber Daniel hatte bestimmt die größte Schwierigkeit hiermit überwunden. Daniel konnte jetzt sch vor einem Vokal am Wortanfang sagen.

In den nächsten Stunden übte Frau Bach weiter am sch. Sie baute mit ihm ein Spinnennetz aus Fäden, und sie sagten dazu: „Die Spinne baut ein Spinnennetz.“ Daniel strengte sich sehr an und versuchte, den Satz richtig mitzusprechen. Es wollte ihm aber nicht gelingen. Er wußte nicht mehr, vor welches Wort er sch sagen mußte. Es war, als ob er sch nicht hören würde. Daniel verkrampfte sich zusehends. Ganz verzweifelt meinte er zu Hause: „Ich weiß nicht, wann ich sch sagen soll. Dann sch-sage sch-ich sch-es sch-überall.“ Ich antwortete ihm: „Mein Schatz, ich glaube, du bist ganz unglücklich, daß du nicht weißt, wo sch hinkommt. Ich weiß, daß du das lernen wirst, ich denke sogar, daß du es bald kannst. Das kommt dann von allein. Wir verstehen dich auch so, manchmal müssen wir eben nachfragen." Trostsuchend war er auf meinen Schoß geklettert. Ich hielt ihn im Arm, streichelte ihn und sagte ihm, daß wir ihn sehr liebhaben.

Herr Baumer ist stärker als Daniel

Nach der nächsten Psychomotorikstunde sprach mich Herr Baumer auf Daniel an: „Daniel kann sich inzwischen einfügen und hat es gelernt, mit Schwierigkeiten und Auseinandersetzungen in der Gruppe umzugehen. Er hat auch einen recht guten Überblick über das, was in der Gruppe vor sich geht. Sein Verhalten ist viel besser geworden. Im Augenblick ist die Gruppe etwas unruhig, da sind wir richtig froh, daß er dabei ist." Ich freute mich, das zu hören.

In der Einzelbehandlung machte Herr Baumer im März nochmals den Entwicklungstest nach Frau Dr. Frostig, um die Therapie hinsichtlich ihres Erfolgs und ihrer Schwerpunkte zu überprüfen. Bei Daniel fiel seine feinmotorische Schwäche auf. Es fiel ihm äußerst schwer, zwei Punkte durch eine gerade Linie miteinander zu verbinden oder eine vorgegebene Linie nachzuzeichnen. Das schien der sonstigen feinmotorischen Geschicklichkeit beim Basteln, Schneiden und Tasten zu widersprechen. Er hatte hier eine Teilleistungsstörung.

In einem Kreis mit vielen wirren Linien waren Eier versteckt. Daniel sollte sie suchen und den Linien nachfahren. Er fand sie nur mit Mühe und ließ sich beim Nachfahren der Linien von anderen Linien ablenken und zeichnete ihnen nach. Zu der Ablenkbarkeit kam die feinmotorische Unsicherheit. Er hat letztlich nicht alle Eier gefunden. Dieses Ergebnis gab Hinweis auf eine mögliche Schwäche in der Figur-Grund-Wahrnehmung, bei der eine bestimmte Form vor einem anderen Hintergrund nur schwer oder gar nicht zu erkennen ist. Herr Baumer hatte dafür noch keine Hinweise bemerkt und wollte der Frage nachgehen. Die Schwäche in der Feinmotorik war ihm hingegen bekannt.

In abgewandelter Form fand sich hier Daniels Problem wieder, eine geradlinige Handlung durchzuführen bzw. eine Straße zu planen und sich an ihren Verlauf zu halten. Für die Feinmotorik empfahl Herr Baumer mir Geschicklichkeitsspiele wie Mikado und Packesel und regte Töpfern an. Nur ja nicht üben, gerade Linien zu ziehen. Überhaupt ist es ein wichtiges Element der Therapie, nicht das zu üben, was das Kind nicht kann, sondern eine Stufe darunter anzusetzen. Wenn das Kind sie sicher beherrscht, kommt die nächste Stufe von allein. Es wäre ein sehr großer Fehler gewesen, wenn wir als Eltern jetzt mit Daniel das Zeichnen von Linien geübt hätten. Bevor Eltern einen solchen Kardinalfehler begehen, sollen sie lieber mit ihrem Kind gar nichts machen und die Therapie dem Therapeuten überlassen. Falls sie unsicher sind, wie sie ihr Kind fördern können, sollten sie sich von dem Therapeuten beraten lassen und ihn um ein Gespräch in Abwesenheit des Kindes bitten.

In der nächsten Stunde holte Herr Baumer ein Döschen aus dem Regal. Er leerte es auf dem Boden aus. Lauter bunte Dreiecke, Kreise und Vierecke lagen da. Herr Baumer verteilte sie locker, so daß sich die Ränder etwas überschnitten. Daniel sollte die Teile nach Formen sortieren. Das bereitete ihm keine Schwierigkeiten. Das sprach dafür, daß er keine Schwierigkeiten hatte, Formen vor einem anderen Hintergrund zu erkennen. Ich förderte das Unterscheidungsvermögen, indem ich zu Hause ein Puzzle gelegentlich bewußt auf einem gemusterten Teppich ausgoß. Daniel gelang das Puzzle auch da. Er hätte die Teile hinunter auf das Parkett schieben können. Eine weitere Möglichkeit zum Üben der Figur-Grund-Wahrnehmung stellt das Sortieren und Einräumen von Besteck dar.

Herr Baumer hatte eine neue Waage bekommen. Zu ihr gehörten runde Scheiben von unterschiedlichem Gewicht und Würfel, die in ihrem Gewicht jeweils einer Scheibe entsprachen. Herr Baumer bot Daniel dieses neue Spiel an. Er wollte gleich damit wiegen. Herr Baumer forderte ihn auf: „Nimm in jede Hand eine

Scheibe und versuche herauszufinden, welche schwerer ist. Dann kannst du dein Ergebnis anhand von der Waage kontrollieren." Daniel wollte aber nur mit der Waage wiegen. Er fühlte sich unsicher, wenn er allein auf seinen Körper gestellt war. Seine Gelenkmuskeln gaben ihm keine verläßliche Informationen. Darum wich er der Aufgabe aus und versuchte auszubrechen. Mit Mühe gelang es Herrn Baumer, ihn zur gestellten Aufgabe zu motivieren. Zu mir gewandt sagte er: „Ich gebe Daniel bewußt eine klare Anweisung. Im Hinblick auf die Schule ist es wichtig, daß er lernt, damit umzugehen." Dann sollte er versuchen, jeder Scheibe den gleich schweren Würfel zuzuordnen. Wir mußten zu dritt spielen, daß Daniel überhaupt noch mitmachte.

Dann beendete Herr Baumer die Stunde, und Daniel begann, mit ihm zu kämpfen. Er meinte tatsächlich, daß er stärker ist als Herr Baumer. Herr Baumer sagte: „Meinst du wirklich? Ich bin stärker als du. Das kann ich dir beweisen!" Er sah sich im Raum um und überlegte, dann fiel sein Blick auf eine Kiste. Er fragte Daniel, ob er sie hochheben könne. Sie war ihm zu schwer. Dann sollte Daniel sich darauf setzen, und er hob ihn mitsamt der Kiste hoch. „Ich bin stärker als du, Daniel. Mit meiner Kraft beschütze ich alle Kinder, die in die Frühförderung kommen." Es ist wichtig für Daniel zu wissen, wer stärker ist. Nur der Stärkere kann ihn führen. Hält er den anderen für ihm unterlegen, dann macht er mit ihm, was er will. Ich dachte an das Festhalten bei Wutausbrüchen. Zum Schluß kniete Herr Baumer sich noch einmal neben Daniel, hielt ihn locker im Arm und verabschiedete sich von ihm. Er hat eine sehr liebe Art. Ich fühle mich mit meinem Sohn bei ihm gut aufgehoben.

Ein Arzt aus unserem Bekanntenkreis, der selber Schulmediziner ist, sprach mich an: „Bei der Minimalen Cerebralen Dysfunktion liegen die Störungen vermutlich im Bereich der Neurotransmittersubstanzen. Vielleicht ist es möglich, den Stoffwechsel in nicht-schulmedizinischer Weise anzuregen. Ich kenne hier eine Ärztin für Naturheilverfahren. Sie heißt Frau Dr. Linz und hat Erfahrungen mit Elektroakupunktur. Vielleicht findet sie etwas, was Daniel hilft und den Kreis der erfreulichen Entwicklungen schließt. Diese Maßnahmen müßten die laufenden Fördermaßnahmen ergänzen und dürften sie keinesfalls ersetzen.“ Ich war offen, dem Hinweis nachzugehen, verwerfen konnte ich ihn immer noch. Mein Mann reagierte skeptisch, war aber nicht ablehnend. Wir beschlossen, dem Hinweis nachzugehen. Ich rief bei Frau Dr. Linz an, bat um eine Untersuchung und brachte am Telephon mein Anliegen vor. Ich wollte es vermeiden, in Daniels Gegenwart über seine Schwächen zu sprechen. Ich erhielt einen Termin im Mai.

Daniel ist aufgeweckt und erfaßt schnell Zusammenhänge und Situationen. Das spricht für seine Intelligenz. Im scheinbaren Gegensatz dazu fiel es ihm schwer, sich bestimmte Wörter und Satzmuster zu merken. Zur DDR sagt er Tente-Er, auch wenn Julia es ihm viele Male richtig vorgesagt hatte. Sie meinte schon, er wolle sie ärgern, weil er gleich wieder Tente-Er sagte. Ähnlich ist es mit unserem beliebten Spiel „Ich sehe etwas, was du nicht siehst, und das ist grün.“ Daniel sagte immer: „Was du nicht siehst, und das ist grün.“ Der erste Satzteil ging regelmäßig unter. Dieses Spiel spielen wir übrigens öfters beim Autofahren, um die Langeweile zu vertreiben, und um Daniel von einer argen Unart abzulenken.

Daniel wußte oft trotz Pausen nicht, wohin mit seinem Bewegungsdrang. Dann schlug er manchmal seine Zähne aufeinander und ließ sie knirschen. Dabei ist ihm sogar einmal ein Stückchen Schmelz abgebrochen. Mit Kaugummi und ablenkenden Spielchen wie eben jenem „Ich sehe etwas ...“ konnten wir manchmal das Zähneaufeinanderschlagen unterbrechen. Erklärungen wegen Zahnschmerzen halfen nichts. Daniel hätte ja gern aufgehört, wenn er die Muskelspannung unter Kontrolle gebracht hätte. Ich verfiel auf die Idee, ihm vom Beifahrersitz aus mit der linken Hand die Fußsohlen zu massieren. Das brachte manchmal auch Erleichterung.

Der Couchtisch muß dem Trampolin weichen

In einer der nächsten Psychomotorikstunden baute Herr Baumer mit Frau Welte und den Kindern einen Erlebnisweg auf. Diese Idee griff er in anderen Stunden in abgewandelter Form wieder auf. Der Weg begann an der Sprossenwand, dort hängte Herr Baumer ein Brett ein. Dahinter wurden Matten ausgelegt und dazwischen ein Trampolin gestellt. Den Abschluß bildete ein Kriechtunnel. Die Kinder kletterten zuerst die Sprossenwand hoch, dann rutschten sie das Brett hinunter. Unten nahm sie Herr Baumer in seine Arme, schwang sie einmal im Kreis herum und ließ sie dann den Mattenweg weiterlaufen. Durch das Herumschwingen wurde das Klettern, Rutschen, Hüpfen und Tunnel-Kriechen durch eine seitliche Beschleunigung ergänzt. Außerdem machte das Herumschleudern auf dem Arm den Kindern Spaß. Und darauf kam es in entscheidendem Maß an. Nach den Psychomotorikstunden war Daniel besonders ausgeglichen und mit sich selbst im Einklang. Das fiel auf.

Durch die wiederkehrende Verwendung des Trampolins angeregt, wurde ich aufmerksam auf Mini-Trampoline, die zu einem erschwinglichen Preis im Handel sind. Erwachsene und Kinder können darauf springen, die Geräte sind auf ihre Sicherheit hin überprüft und können platzsparend aufgeräumt werden. Wir kauften ein solches Trimpolin, wie es auch heißt, und stellten es in unser Wohnzimmer. Der Couchtisch mußte vorübergehend weichen. Die Kinder nahmen es gut an. Sie erfanden verschiedene Spiele. So legten sie einen kleinen Ball darauf und sprangen immer so, daß sie ihn nicht unter ihre Füße bekamen. Sie legten auch einmal einige von unseren Teppichfliesen um das Trampolin auf den Teppich und versuchten, auf die Fliesenstücke zu springen. Daniel bewegte sich vorsichtig auf dem neuen Spielgerät. Er hatte Angst, daß es ihm schlecht wird.

Wenn Daniel längere Zeit auf dem Trampolin geturnt oder sich auf dem Gymnastikball gerollt hatte, war er ruhiger als vorher und konnte besser spielen. Zunehmend nahm er das bereitstehende Angebot spontan an und brauchte kaum mehr meine Anleitung. Nach zwei Monaten wurde es ihm nicht mehr schlecht, und er sprang mit Lust und Freude. Er hüpfte hoch hinauf. Ich achtete darauf, daß er nicht strümpfig hüpfte. Er hätte sonst ausrutschen können.

In unsererem Wohnzimmer hatten wir das Trampolin und einen Gymnastikball. In Daniels Zimmer hing die Hängematte an der Decke, und eine Sprossenwand war an der Wand befestigt, daneben lehnte das Rollbrett, und ein Hüpfball mit zwei Griffen lag in einer Zimmerecke. In Julias Türrahmen befand sich eine Kletterstange. Die Turngeräte häuften sich und wurden gern genützt.

Nun kam noch eines dazu. Julia hatte Geburtstag und wünschte sich zu diesem Tag einen Sportkreisel. Den hatte sie einmal bei Herrn Baumer gesehen, als sie Daniel und mich in den Ferien ausnahmsweise zur Einzelförderung begleitet hatte. Er sieht aus wie ein Ball, bei dem die oberen vier Fünftel abgeschnitten und durch eine oben angerauhte Scheibe ersetzt wurden. Es ist nicht leicht, sich auf diese Scheibe zu stellen und darauf zu balancieren. Einen solchen Kreisel wollte Julia gern haben. Er nimmt wenig Platz ein und läßt sich unter das Bett oder den Schrank schieben. Julia konnte ihn in ihrem Zimmer aufbewahren. Nach diesen Überlegungen bestellten wir ihn. Nach einer Woche war er da. Julia stellte sich oft mit einem Fuß auf den Kreisel und schob sich mit dem anderen an.

Daniel versuchte das auch, und schließlich gelang es ihm. Sicherer fühlte er sich, wenn er sich bäuchlings darauf im Kreis herumschob oder vor und hinter schaukelte. Dieser Kreisel kostete nicht mehr als andere Spielsachen, die sonst oft verschenkt werden, hatte aber den Vorteil, auf engstem Raum und ohne Lärm Bewegungsspiele zu ermöglichen. Daniel legte diesen Kreisel auf das Rollbrett und sich darüber. Ob er sich so noch anschieben konnte? Es ging.

Ein paar Geschicklichkeitsspiele

Daniel wurde in seinen Bewegungen sicherer und traute sich immer mehr zu. Dabei vermochte er jetzt Entfernungen genauer einzuschätzen und auch die Kraft besser abzumessen, die er einsetzen mußte. Er fiel kaum noch hin und tat sich seltener weh. Beim Radfahren hat er noch größere Sicherheit gewonnen. Er konnte jetzt für einige Meter eine Hand herausstrecken, ohne vom Weg abzukommen. Dabei mußte er sich sehr konzentrieren. Der Fahrradweg ist oft durch einen Strich vom Fußgängerweg abgetrennt. Wenn gerade keine Fußgänger unterwegs waren, ermunterte ich ihn, genau auf diesem Strich zu fahren. Anfangs fuhr er in unsicheren, geschlängelten Linien. Mit der Zeit gelang es ihm, sein Rad ziemlich genau auf der Linie zu halten. Er fand Spaß daran. Man könnte auch einen Hindernisweg aufbauen mit Holzscheiten oder anderen Gegenständen, die im Slalom zu umfahren sind. Uns fehlte dazu der passende Hof. Es ist wichtig für all die beschriebenen Übungen, daß sie oft wiederholt werden. Die entsprechenden Schaltstellen im Gehirn werden bei häufigem Gebrauch durchgängiger. Wenn sie ihre Aufgabe besser übernehmen können, machen sie den Weg für neue Fertigkeiten frei. Daniel machte solche Geschicklichkeitsspiele von sich aus fast nie. Er brauchte dazu den Anstoß von außen. Mit viel Geduld und Ausdauer ermunterte ich Daniel immer wieder zu solchen Spielen, mit denen andere Kinder sich mit Freude ganze Nachmittage lang beschäftigen.

Daniel fragte mich seltener als früher, ob ich mit ihm spielen könne. Er konnte sich immer besser allein beschäftigen und über einem Spiel bleiben. An diesem Tag wußte er nicht so recht, was er mit sich anfangen konnte, und bat mich, mit ihm zu spielen. Er hatte keinen besonderen Wunsch. Ich füllte gemeinsam mit ihm einen Kissenbezug mit verschiedenen Dingen. Ich steckte eine Glasmurmel hinein, eine Schraube, einen Klotz, einen Kamm, eine Gabel und noch ein paar Dinge. Dann kniete ich mich auf den Boden, und Daniel kniete sich neben mich. Ich erklärte ihm meine Spielidee: „In diesem Bezug sind verschiedene Gegenstände versteckt. Der Bezug ist ein Krabbelsack geworden. Wir fassen abwechselnd hinein, nehmen einen Gegenstand in die Hand und versuchen, ihn zu erraten, ohne ihn anzufassen. Wenn er schwer zu erkennen ist, nehmen wir die zweite Hand zur Hilfe. Wir können uns auch gegenseitig helfen. Würdest du mir helfen? Ich bin nicht so sehr geschickt.“ Daniel lachte verschmitzt: „Nein! Oder vielleicht auch ja. Ich fange an.“ Mit angespannter Mimik tastete er. Meistens benannte er den Gegenstand richtig, den er in der Hand hielt. Ich riet immer wieder daneben und brauchte Daniels Hilfe. Dadurch war er häufiger dran und hatte mehr Gelegenheit zum Fühlen. Die Aufgabe kann erschwert werden, wenn unbekanntes Material angeboten wird und geringere Unterschiede ertastet werden müssen. Eine weitere Variante ist das Ertasten mit den nackten Füßen. Hier eignet sich ein Krabbelsack weniger. Es ist günstiger, wenn der Gegenstand auf dem Boden liegt und der Ratende seinen Fuß daraufstellen kann. Oder der Gegenstand wird an den Fuß gehalten. Anfangs lehnte Daniel gerade bei den Füßen solche Spiele ab. Jetzt ist er bereit, bei ihnen mitzuspielen. „Daniel, mach mal deine Augen zu. Ich stelle dich auf eine andere Unterlage. Sage mir, was du spürst!“ – „Du trägst mich und stellst mich auf das Parkett.“ – „Richtig geraten. Jetzt kommst du dran.“ Daniel stellte mir vorsichtig einen Porzellanteller unter den einen Fuß. Bedingung bei all diesen Spielen ist, daß weder ekelhafte noch anderweitig unangenehme Dinge zu raten sind.

Nach unserem Spiel mit dem Krabbelsack ging Daniel hinaus auf die Terrasse. Er verzog seine Nase und atmete prüfend ein. „Papa, es riecht nach Schwefel!“ Daniel hatte ganz richtig Schwefel gesagt. Ohne daran zu denken, daß Schwefel mit sch anfängt. Wir freuten uns.

Daniel wollte ein Schiff aus Brettern, Hölzern und Nägeln bauen. Ihm fehlte eine Schnur. „Mama“, rief er, „ich brauche bitte eine Nur!“ Ich wußte, was er meinte, tat aber, als ob ich ihn nicht verstanden hätte. „Was brauchst du bitte?“ – „Ich brauche Schnur!“ – „Prima, jetzt habe ich dich sehr gut verstanden. Hier hast du eine Schnur. Ist sie lang genug?“ Daniel nickte und nahm die Schnur mit. Frau Bach hatte mit Daniel bis jetzt das sch nur am Wortanfang geübt. Und so verwendete er es jetzt gelegentlich spontan und ohne nachzudenken. Sobald er sich Mühe gab, alles richtig zu sagen, verkrampfte er sich und stellte es vor jedes Wort. So ging es ihm bei Frau Bach in der Logopädiestunde und wohl auch bei einigen Beschäftigungen in der Kindergartengruppe.

Die Logopädin kommt nicht weiter

Frau Bach bat mich um ein Gespräch. Ich kam wieder zu einer Behandlung mit Daniel und blieb anschließend mit ihr allein im Raum. Dieses Mal hatte sie ein Säckchen und eine Handpuppe bereitgelegt. Sie sollte Peter heißen und aus dem Säckchen einen Gegenstand herausholen. Daniel sollte den Peter führen und passend zu dem herausgeholten Gegenstand einen vorgegebenen Satz sagen, beispielsweise: Peter spielt mit dem Ball. Jeder Satz sollte beginnen mit: Peter spielt mit ... Anschließend sollte Daniel noch aus einem Bogen Papier ein Kind und verschiedene Spielsachen ausschneiden, in sein Logopädieheft kleben und dazu wieder den gleichen Satz sagen: Peter spielt mit ... Daniel gab sich anfangs angestrengt Mühe. Doch wußte er bereits beim ersten Satz nicht, wo das sch nun überall hinkommen könnte. Dann verweigerte er die Mitarbeit. Ich saß stumm daneben. Mit unterdrücktem Ärger bat Frau Bach ihn mitzumachen. „Ach Daniel, mach doch mit. Sonst machst du doch auch mit!" Unwillig bequemte er sich zur Mitarbeit. Er schnitt schlampig aus und klebte alles kreuz und quer in sein Heft. In seinem Heft sah es aus wie in seiner Seele. Die Stunde war unbefriedigend. Dann ging er in seinen Gruppenraum, und ich blieb mit Frau Bach zurück.

Sie sagte zu mir: „Seit Anfang des Schuljahres arbeite ich mit Daniel am sch. Das sind schon sieben Monate. Er kann es jetzt isoliert und mit einer angehängten Silbe sprechen." Ich dachte mir: der arme Kerl. Dann fuhr sie fort: „In einem Satz bringt er aber alles durcheinander. Mit meiner halben Stunde komme ich nicht zurecht. Ich bitte Sie um Ihre Unterstützung." – „Dazu bin ich gern bereit, wenn Sie mir sagen, wie Sie sich meine Mithilfe vorstellen." – „Sie haben gerade die Stunde erlebt. Üben Sie mit Daniel in ähnlichen Spielsituationen einfache Sätze mit sch. Die Sätze dürfen sich nur durch einen Baustein unterscheiden." Ich hörte zu und stellte mir vor, wie ich mit Daniel stereotyp Sätze mit sch übe. Dieser Gedanke widerstrebte mir. Obwohl Daniel guten Willens war, blockierte er, wenn er einen vorgegebenen Satz bewußt richtig sprechen sollte. Dieser Weg schien mir in eine Sackgasse zu führen. Ich sagte ihr meine Gedanken und fragte sie: „Können Sie das sch nicht einfach ruhen lassen und sich anderen Schwächen Daniels, also dem zw und dem Lispeln, zuwenden? Seit September dreht sich alles um das sch. Das muß doch für Sie und ihn frustrierend sein." Doch Frau Bach hatte Bedenken: „Ich habe Angst davor, ihn noch mehr zu verwirren. Außerdem ist er für das anlautende zw motorisch noch nicht weit genug. Und das Lispeln bekomme ich durch Übungen wahrscheinlich auch noch nicht weg. Es hängt vermutlich mit seiner Körperspannung zusammen, sie ist zu hoch. Bei dem sch fehlt nicht mehr viel, das muß doch zu schaffen sein."

Frau Bach schien ratlos. Ich sagte ihr zu, daß ich versuchen wollte, mit Daniel Spielsituationen in ihrem Sinn zu nützen, fügte aber hinzu: „Wenn er mich in der Rolle als logopädischen Ko-Therapeuten ablehnt, lasse ich solche Übungen wieder sein. Wir machen so viel mit Daniel, was ihm einfach Spaß macht und ihn letztlich auch sprachlich fördert, daß ich es gegebenenfalls dabei belasse." Frau Bach war einverstanden, und ich verabschiedete mich von ihr.

Mittags kam Daniel vom Kindergarten heim und erzählte. „Mama, wir hatten eine Tassenlampe. Und ..." – „Ihr hattet eine Taschenlampe." – „Mama, Mens, das ist doch egal Tassenlampe oder Taschenlampe. Laß mich doch erzählen!" Daniel hatte recht. Die Erzählfreude ist wichtiger als das richtig ausgesprochene Wort. Ich unterbrach ihn nicht mehr. In diesem Augenblick war mir klar, daß ich mit Daniel keine Sätze üben würde.

Nach dem Mittagessen legten wir ein Tierlotto und nannten die Namen aller Tiere. Daniel sagte: „Mama, und bei Frau Bach müßte ich immer einen ganzen Satz sagen. Das mag ich nicht." Ich antwortete: „Ich bin nicht Frau Bach. Ich bin deine Mama. Bei mir darfst du einfach spielen." Die Rollenverteilung war Daniel klar. Ich war seine Mama und keine Logopädin. Unsere therapeutischen Beschäftigungen machten Daniel Spaß. Er ist nie auf die Idee gekommen, in ihnen Therapie zu sehen. So blieb das Verhältnis zwischen Mutter und Sohn unbelastet.

Einschulen oder zurückstellen?

Wir entscheiden uns

Inzwischen war es April geworden, und der Termin für die Schuleinschreibung oder Rückstellung rückte näher. Daniel war kurz vor dem Stichtag geboren, und wir neigten dazu, ihn noch ein Jahr in den Sprachheilkindergarten gehen zu lassen und ihm für seine Entwicklung Zeit zu lassen. Vor unserer endgültigen Entscheidung führten wir Gespräche mit Herrn Baumer von der Frühförderung und mit Frau Meier. Herr Baumer stimmte für eine Zurückstellung, damit die Therapie Daniel weiter festigen kann, Frau Meier riet uns zur Einschulung in die Regelklasse der Sprachheilschule.

Danach besuchten wir den Elternabend der Sprachheilschule zum Thema Einschulung – Zurückstellung. Der Rektor stellte die Sprachheilschule vor. Sie nimmt nur normal begabte, aber sprachauffällige Kinder auf. In kleinen Klassen von zehn bis zwölf Kindern wird der reguläre Stoff der Grundschule durchgenommen. Daneben erfolgt auf vielfältige Weise Förderung im Bereich der Motorik, des Sozialverhaltens und der Sprache.

Anschließend kam er auf die Diagnose-Förderklasse zu sprechen, die es an seiner Schule seit einem Jahr gab. Sie wird vom Personal der Sprachheilschule betreut. Diagnose-Förderklassen gibt es auch an Lernbehinderten-Schulen. Doch ist dort das Personal nicht für sprachliche Auffälligkeiten ausgebildet. Diese neue Einrichtung wendet sich an Kinder mit Teilleistungsstörungen, die in manchen Bereichen schulreif sind, in anderen aber noch nicht. Die Kinder lernen bereits Rechnen, Lesen und Schreiben. Sie gehen langsamer voran als die Kinder der Regelklasse. Der Stoff der ersten zwei Grundschuljahre wird auf drei Jahre verteilt. Diese Klassen sind mit acht bis zehn Kindern noch kleiner als die Regelklassen der Sprachheilschule, und zusätzlich stehen ihnen erheblich mehr Lehrer- und Therapiestunden zur Verfügung. Dadurch ist eine ausgezeichnete Förderung der Kinder möglich, die auf die Besserung oder sogar Beseitigung der Teilleistungsstörungen hinzielt. Die Diagnose-Förderklasse ist offen zur Regelschule. In beiden Richtungen können die Kinder bei Bedarf wechseln. Nach den drei Jahren Diagnose-Förderklasse besuchen die Kinder die Regelklassen der Sprachheilschule oder der allgemeinen Grundschule. Bei entsprechender Entwicklung können die Kinder auch unter dem Schuljahr wechseln.

Im Vergleich zur Zurückstellung von der Schulpflicht bietet diese Möglichkeit auch rechtliche Vorteile. Das Kind verliert das Jahr, das es auch im Falle einer Rückstellung verlieren würde, doch wird es ihm im schulrechtlichen Sinn nicht als verloren angerechnet. Ein Kind darf im Verlauf seiner vier Grundschuljahre nur ein Schuljahr wiederholen, sonst wird es auf Lernbehinderung überprüft. Die Zurückstellung wird als Wiederholung gewertet. Ein zurückgestelltes Kind darf also keine Klasse wiederholen, ohne ernsthafte Konsequenzen befürchten zu müssen. Der Besuch der Diagnose-Förderklasse wird dagegen als normaler Schulbesuch gewertet. Das Kind darf ohne Konsequenzen anschließend die dritte oder vierte Klasse wiederholen. Das ist sehr beruhigend und entspannt unter Umständen die Familienatmosphäre erheblich.

Auf dem Heimweg vom Elternabend überlegten wir, ob wir Daniel in der üblichen Grundschule oder in der Sprachheilschule anmelden sollten, er machte schließlich solche Fortschritte, daß wir bereits die Möglichkeit sahen, daß die Sprachheilschule im September nicht mehr nötig wäre. Ein Jahr wollten wir ihm trotz alledem noch Zeit geben bis zur Einschulung. Daniel wäre sonst wahrscheinlich der Jüngste in der Klasse, und dabei war er in vielem langsamer als Gleichaltrige. Der Gedanke mit der Diagnose-Förderklasse war interessant, doch fühlten wir uns nicht persönlich betroffen.

Wir baten den Rektor der Sprachheilschule um ein Beratungsgespräch. In Vorbereitung darauf untersuchte er Daniel eingehend. Er kam zu der Überzeugung, daß Daniel ein Kind für die Diagnose-Förderklasse ist. In diesem Sinn beriet er uns. Er nannte uns verschiedene Bereiche, in denen Daniel nicht altersgemäß entwickelt war, unter anderem das sogenannte Körperschema. „Im Kindergarten wäre er im kommenden Jahr unterfordert und folglich nicht gut aufgehoben. In der Regelklasse der Sprachheilschule wäre er wegen der teilweise nicht altersgemäßen Entwicklung wiederum überfordert. Und in der Diagnose-Förderklasse kann gezielt auf seine Schwächen eingegangen werden. Es liegt an Ihnen, diesen Rat anzunehmen." Im Verlauf dieses Gesprächs entschieden wir uns für die Diagnose-Förderklasse. Der Rektor war erfreut und erstaunt, daß wir seinen Rat so offen annahmen und uns nicht mit Händen und Füßen gegen ihn wehrten. Er sagte: „Eltern wie Sie findet man selten. Ihre positive Einstellung zu der Sprachheilschule und zur Diagnose-Förderklasse wird es Daniel leichtmachen, zu uns zu kommen. Und Sie werden sehen, daß er bei uns gut aufgehoben ist. Alle vier Wochen setzen wir Erzieher uns zusammen und überlegen für jedes einzelne Kind, wie seine individuelle Förderung im nächsten Monat aussehen soll."

Am nächsten Tag konnten wir Daniel endlich mit Sicherheit sagen, daß er ab September in die Schule gehen darf. Er wollte so gern ein Schulkind sein. Er freute sich riesig. Dann stellte er die etwas bange Frage: „Darf ich dann mit meiner Schwester zusammen in die Schule gehen?" Wir mußten ihn enttäuschen. „Daniel", sagte ich, „es gab zwei Möglichkeiten. Entweder daß du noch ein Jahr in den Kindergarten und dann in Julias Schule gehst, oder daß du jetzt in die Sprachheilschule kommst. Wir finden es prima, daß du schon jetzt in die Schule kommst." – „Und warum muß ich dahin?" – „Ich sehe das anders. Ich finde, du mußt nicht dahin, sondern du darfst dahin. Es gibt viel kleinere Klassen, und die Kinder kommen viel häufiger dran. Die Klassenzimmer sind gemütlicher als in Julias Schule. Mir gefällt es in der Sprachheilschule. Nicht jeder darf dort zur Schule gehen. Die Lehrer sind ganz besonders nett. Ich bin froh, daß du in die Sprachheilschule gehen darfst." Daniel hatte aufmerksam zugehört. Er schwieg eine Weile. Dann fragte er mich: „Und wie komme ich in die Schule?" – „Du wirst wie immer mit dem Bus fahren. Dein Schulzimmer befindet sich in dem Haus, in dem auch dein Kindergarten ist. Vieles wird dir vertraut sein." Daniel blieb noch eine Weile auf meinem Schoß sitzen und hing seinen Gedanken nach. Er schien beruhigt. Dann stand er auf und ging zu Julia. Er wollte mit ihr spielen.

Wir informierten Herrn Baumer und Frau Meier von unserer Entscheidung bezüglich der Diagnose-Förderklasse.

Daniel ist außer sich

Mein Mann war vor kurzem nach seinem wochenlangen Krankenhausaufenthalt wieder nach Hause gekommen. Die letzten Wochen hatten mir und den Kindern viel abverlangt. Jetzt wurde die familiäre Situation wieder stabil. Der Alltag kehrte wieder ein. In diese Zeit der Entspannung fiel eine Serie von ausnehmend heftigen Wutausbrüchen, wie ich sie bei Daniel in dieser Weise noch nie erlebt hatte. Einmal steigerte er sich so in sein Geschrei hinein, daß er Nasenbluten bekam. Das Blut lief nur so herunter, und er schrie und tobte. Ich hielt ihn fest und hinderte ihn daran, Dinge herumzuwerfen, die er wahllos zu ergreifen versuchte. Dann sprach ich ihn laut und befehlend an: „Hör auf zu schreien, sonst wird das Nasenbluten noch heftiger!" Julia bat ich um die Kühlpackung, die wir für Beulen und andere Verletzungen in der Türe des Kühlschranks aufbewahren. Sie reichte sie mir, und ich drückte sie an seinen Nacken. Er hörte unter dem festen Griff meiner Arme und Hände auf, sich wie wild zu gebärden. Er heulte verzweifelt und begann vor lauter Erregung zu stottern: „Iich kakakann ninicht aaaufhöhören." Er ließ es zu, daß ich ihn auf meinen Schoß setzte und den Kopf über den Nacken mit der Kompresse nach hinten bog. Ich hielt ihn sanft fest und gab ihm Sicherheit.

Mit der Zeit beruhigte er sich und steckte den ersten Bissen von seinem Mittagessen in den Mund. Eineinhalb Stunden waren seit dem Beginn des Wutausbruchs vergangen. Da hatte ich gerade mit dem Verteilen des Essens auf die Teller begonnen, als das Telephon ging und ich für wenige kurze Augenblicke den Tisch verließ. Die Enttäuschung darüber hatte ausgereicht, um Daniel die Kontrolle über sich selbst verlieren zu lassen. Julia war gerade aus der Schule heimgekommen und wollte von dem erzählen, was sie erlebt hatte. Sie hat neben dieser Szene ihr Mittagessen gegessen, mir die Kompresse gereicht und war dann sehr enttäuscht in ihr Zimmer gegangen. Sie tat mir sehr leid, und ich konnte sie nicht erreichen, weil immerfort Daniel zwischen uns tobte.

Als er sich beruhigt hatte, ging Daniel ziellos in der Wohnung herum. Ich fragte ihn, ob er eine Höhle bauen wolle. Die Erfahrung des begrenzten Raumes tat ihm in solchen Augenblicken immer gut. Daniel begeisterte sich für die Idee und bat mich um Mithilfe. Ich stellte unsere Matratzenteile senkrecht aneinander und zog ein Leintuch darüber. Ich hatte keine Zeit, ihn alles selber machen zu lassen und bis zur Fertigstellung der Höhle dabei zu bleiben. Er richtete sich seine Höhle ein und verwendete für den Eingang den engen Kriechtunnel, den wir früher einmal den Kindern geschenkt hatten und den auch Herr Baumer in der Frühförderung hatte. Er spielte bis zum Abend in der Höhle und aß dort sogar sein Abendessen. Er wollte ganz für sich sein. Er sperrte alle von außen hereinströmenden Reize aus. Es ging ihm immer besser, und am Abend war er wieder fröhlich und ausgeglichen.

Ich konnte mir Daniels Verhalten nicht erklären. Seine Wutausbrüche waren ausnehmend heftig und dauerten lang. Zudem wurden sie häufiger statt seltener. Daneben sah ich die Fortschritte in der Sprache und Motorik. Ich konnte mir diesen Widerspruch nicht erklären. In der nächsten Einzelförderung sprach ich Herrn Baumer auf Daniels Wutausbrüche neben der ansonsten positiven Entwicklung an. Er bestätigte meine Beobachtung aus der Einzelförderung und der Psychomotorikgruppe: „Auch bei mir bricht Daniel wieder häufiger aus. Die Psychomotorikgruppe war eine Zeitlang sehr unruhig, jetzt ist sie mit dem Ausscheiden von einem Kind stabiler geworden. Seitdem scheint wieder Raum zu sein für den alten Daniel, der bei Anforderungen ausbricht und mit Enttäuschungen nicht umgehen kann. Gibt es in Ihrer Familie Vorkommnisse, die Daniels Verhalten erklären könnten?" – „Nein, im Gegenteil. Seit mein Mann nach wochenlanger Krankheit aus dem Krankenhaus nach Hause gekommen ist, haben sich bei uns die Verhältnisse wieder stabilisiert." Herr Baumer forschte weiter: „Gab es etwas im Kindergarten?" Ich konnte es mir nicht denken, doch wollte ich gleich nachfragen, wenn ich Daniel im Anschluß an diese Stunde dorthin brächte. Die Kindergärtnerin konnte sich Daniels Verhalten auch nicht erklären. Sie riet mir, eine Spieltherapie zu beginnen und statt dessen eine andere Therapie wegzulassen. Diesen Gedanken griff ich nicht auf. Wichtig war mir zu wissen, daß im Kindergarten nichts vorlag, was Daniels Verhalten erklären konnte. Im Kindergarten machte er immer und überall mit.

Herr Baumer hat neue Riesenbausteine

Herr Baumer hatte neue Riesenbausteine aus Schaumstoff bekommen. In der nächsten Stunde bot er Daniel an, mit ihnen zu spielen. Neugierig zog er die verschiedenen Teile aus dem Regal, baute aus ihnen ein Haus und kroch hinein. Auf einmal geriet das Bauwerk ins Wanken und stürzte ein. Herr Baumer hielt es nicht fest. Ich wollte spontan aufstehen und die Bausteine stützen, denn ich fürchtete Daniels Reaktion. Herr Baumer winkte ab. Das Haus stürzte ein. Daniel schaute betreten aus den Trümmern heraus und blickte fassungslos Herrn Baumer an. Der schaute ihn eine Weile schweigend an und sagte dann: „Hast du dich bewegt?" Daniel nickte. „Du bist mit deinem Rücken an die Wand gestoßen." Daniel schwieg, noch immer betroffen. Sonst passierte nichts. Das Einstürzen des Hauses war für Daniel eine wichtige Erfahrung. Herr Baumer hatte mich rechtzeitig daran gehindert, sie ihm zu nehmen.

Anschließend spielte Herr Baumer mit Daniel ein Spiel. Er verteilte die Bausteine paarweise an Daniel und sich. Dann baute er etwas aus seinen Teilen auf, und Daniel sollte es nachbauen und umgekehrt. Daniel hatte Mühe, die Steine richtig zu setzen. Es passierte ihm laufend, daß er Teile um 90 oder 180 Grad verdrehte oder sie statt vorne hinten anbrachte und umgekehrt. Er kasperte immer wieder herum und versuchte so, von der Aufgabe abzulenken. Es kostete Herrn Baumer Mühe, ihn zur Mitarbeit zu motivieren. Er machte beim Nachbauen von Daniels Bauwerken bewußt Fehler. Zum einen machte er Daniel dadurch Mut, auch einen Fehler zu riskieren, zum anderen konnte er auch den Teil des Spiels therapeutisch nützen, in dem Daniel sonst nur passiv gewesen wäre. Die Bauwerke durfte Daniel jedesmal einstürzen lassen. Mit Freude zerstört er sie. Die neuen Riesenbausteine ermöglichten die Kombination der beiden häufigsten Beschäftigungen, die Herr Baumer in den letzten Wochen und Monaten für Daniel ausgewählt hatte, nämlich Hausbauen und Figurenlegen.

Die Geschichte mit dem sch-Körbchen

In den letzten Wochen waren zwei Probleme herangewachsen, mit denen ich nicht zurechtkam. Das eine war die Schwierigkeit mit dem sch und das andere die verstärkte Neigung zu Wutausbrüchen. Ich rief seit langem wieder einmal Hannelore an.

Für das sch gab sie mir den Rat, ein sch-Körbchen anzulegen. „Geh gemeinsam mit Daniel durch die Wohnung, und legt Dinge hinein, die mit sch beginnen. Sag ihm ganz deutlich, daß du ihm helfen willst, Wörter mit sch und ohne sch unterscheiden zu lernen. Du kannst ihm ja sagen, daß ein sch-Körbchen ein Trick ist, sch-Wörter zu lernen. Wenn Daniel wieder etwas Richtiges in das Körbchen gelegt hat, mußt du ihn natürlich loben. Versuch das einmal. Ich empfehle dir, ihn Dinge be-greifen zu lassen und das Lernen mit einer Handlung zu verbinden. In Begreifen steckt das Wort greifen und in Handlung die Hand. Nimm das ruhig ganz wörtlich. Wenn du Sätze mit sch üben willst, dann verbinde den Satz mit einer Handlung. Wichtig ist, daß Daniel gern mitmacht. Spielt zum Beispiel Mikado und sagt zu jedem abgehobenen Stab einen Satz, z. B.: Eis schmeckt süß, Paprika schmeckt scharf usw. Daniel wird lachen, wenn du sagst: Schokolade schmeckt scheußlich. Beim nächsten Stab wird er sicher sagen: Schokolade schmeckt gut. Laß ihn um die Stäbe herumgehen, damit er besser dran kommt. Ähnlich kannst du später beim anlautenden zw verfahren. Das Z und das W kann er isoliert ja richtig aussprechen. Denkt euch ein Wort, das mit zw beginnt, zum Beispiel Zwiebel, und spannt dann einen Faden durch das Zimmer, fangt beim Anknoten mit dem Z an, zieht den Faden lang bis zum Ende und sagt Z, bis ihr da angekommen seid, wo er wieder angeknotet wird. Dort erst sagt das Wort fertig. Dann wird ihm spürbar bewußt, daß z neben w steht. Sprich mit ihm offen darüber, warum du das machst. Wenn es ihm ein Anliegen ist, das sch und später das zw zu lernen, wird er dankbar mitmachen. Im Gegensatz zum Hüpfball-Hüpfen und Rollbrett-Fahren, die dem Kind unbewußtes Lernen ermöglichen, mußt du hier klar und deutlich sagen, was du ihm begreifbar machen willst und warum du es tust." Die Idee mit dem sch-Körbchen gefiel mir gut, und auch das Mikado-Spiel konnte ich mir vorstellen. Ich wollte beides einmal versuchen.

Hannelore konnte zuerst Daniels Verhalten nicht verstehen. Doch wurden ihr im Verlauf unserer Unterhaltung die Ursache klar: „Du sagst, daß dein Mann wieder gesund ist und das Familienleben wieder in ruhigen Bahnen läuft. Lange Zeit mußte Daniel sein Bestes geben. Das ist jetzt nicht mehr nötig. Je weniger ihm die Situation abverlangt, desto mehr kann er sich gehen lassen." Das erklärte auch Daniels Verhalten in der Einzelförderung und in der Psychomotorikgruppe. Jetzt glaubten wir die Ursache für die neuerlichen Ausbrüche in der Stabilisierung des Familienlebens gefunden zu haben. Daran konnte und wollte ich nichts ändern. Der Lösung des Problems war ich nicht näher gekommen. „Hannelore, hast du eine Idee, was ich gegen die Ausbrüche unternehmen kann?" – „Wichtig sind und bleiben eindeutige, klare Regeln und konsequentes Verhalten. Daniels Verhalten muß Konsequenzen haben. Ich weiß, wie anstrengend solche klaren Spielregeln sind, man muß sich ja auch selber an sie halten. Erinnerst du dich an das Bild, auf dem er dich als einen kleinen, herumturnenden Affen dargestellt hat? Daniel muß wissen, wer stärker ist und die Marschrichtung bestimmt." Das war ein entscheidender Hinweis. In der letzten Zeit hatte ich es mir leichter gemacht und des öfteren Daniels Launen nachgegeben. Jetzt mußte ich ihm wieder zeigen, daß ich die Marschrichtung bestimmte und nicht er.

Ich erzählte Hannelore noch von der Anmeldung zur Diagnose-Förderklasse und dem zunehmend besser werdenden Verhältnis zwischen den Geschwistern sowie den Fortschritten in der körperlichen Geschicklichkeit. Sie freute sich mit mir.

Daniel lag am nächsten Nachmittag bäuchlings auf dem Gymnastikball und rollerte etwas unschlüssig darauf herum. Ich erzählte ihm, daß ich mit Hannelore telephoniert hatte und daß sie mir einen Trick verraten hat. Hellhörig und erwartungsvoll schaute Daniel mich an. „Was für einen Trick?“ – „Einen Trick, sch-Wörter von anderen zu unterscheiden.“ – „Und wie geht der Trick?“ Immer noch rollerte er auf dem Gymnastikball vorwärts und rückwärts. „Wir nehmen ein Körbchen und füllen lauter Sachen hinein, die mit sch anfangen. Das ist lustig. Magst du mitmachen?“ Daniel stand auf und holte eilfertig ein Körbchen. Konzentriert sah er sich im Raum und in den Schränken um. „Mama, Schrank! Schrank fängt doch mit sch an? Aber der ist zu groß, Mist. Mama, ich könnte ihn malen und das Bild hineinlegen.“ Das tat er auch. Wir fanden noch andere Dinge für unser sch-Körbchen. Bald war es voll, und wir ließen es gefüllt stehen. Julia kam heim und wunderte sich über das Körbchen. „Daniel, was soll das Körbchen mit all den Dingen, die nicht zusammenpassen?“ – „Sie passen schon zusammen, sie fangen alle mit sch an.“ Zwei Tage lang sammelte Daniel sch-Sachen in sein Körbchen und fragte mich, ob sie auch wirklich hineingehören. Wenn er etwas Richtiges hineingetan hatte, lobte ich ihn. Hatte er sich getäuscht, so nahmen wir den Gegenstand wieder heraus.

Nach zwei Tagen war auf einmal der Knoten geplatzt, das sch bereitete keine Schwierigkeiten mehr, und Daniel stellte das Körbchen wieder weg. Endlich! Daniel hatte eine große Schwierigkeit gemeistert. Er war erleichtert. Von der darauffolgenden Logopädiestunde erzählte mir Frau Bach später: „Er kam stolz zu mir herein und verkündete glücklich: Du brauchst mit mir keine sch-Sätze mehr zu üben. Die Mama hat mit mir ein sch-Körbchen gefüllt, und jetzt kann ich das sch. Toll, gell!“

Es war Samstagmorgen, wir Eltern lagen noch in unseren Betten, und die Kinder unterhielten sich bereits. Sie vertrugen sich und spielten. Als wir dann aufstanden, bemerkten wir bei Daniel eine zunehmende Unruhe, er kratzte sich und klagte über einen starken Juckreiz an Bauch und Rücken. Was war los? Gab es irgend etwas Besonderes, das anders war als sonst? Wir überlegten gemeinsam, und Julia fand die richtige Antwort: „Ich habe ihm zwei Cola-Weingummis von mir geschenkt, und die hat er gegessen.“ Er reagierte offensichtlich allergisch auf diese Süßigkeit. Ähnliche Beschwerden hatten wir schon früher nach dem Genuß von Fanta und bestimmten Bonbons beobachtet. Im Zeitschriftenladen bekamen die Kinder solche Bonbons geschenkt. Daniel ging gelegentlich dorthin, kaufte sich etwas, bekam ein Bonbon und nahm es entgegen. Er dachte meistens nicht an den bevorstehenden Juckreiz und steckte es in den Mund. Zu dem Juckreiz führte auch eine etwas größere Menge an handelsüblicher Schokolade. Succanat-Schokolade aus dem Reformhaus machte ihm nichts aus. Unser normales Essen verursachte bei ihm nie Juckreiz und Unruhe. Wir haben vor Jahren auf Vollwertküche umgestellt, verwenden keine Fertigprodukte und meiden chemische Zusatzstoffe. Das ist sicherlich günstig für Daniel. Bei manchen Produkten wissen wir, daß Daniel sie nicht gut verträgt. Wir verbieten sie ihm nicht strikt, sondern appellieren an seine Vernunft. Dann sagen wir zum Beispiel: „Daniel, Marion bietet euch Kindern Eiskakao an. Manchmal läßt Kakao deine Haut jucken. Du darfst auch Eiskakao haben, wenn du ihn möchtest. Laß dir besser weniger Kakaopulver geben. Kannst du das Marion selber sagen?“ oder: „Du darfst auch eine Fanta-Flasche haben. Nimm sie mit und trinke sie daheim. Wir haben erst eine längere Autofahrt vor uns. Wenn du jetzt die Fanta trinkst, wird dir das Sitzenbleiben schwerfallen.“ Daniel ist kooperativ und verständig, wenn er sich wohl fühlt und nicht bedrängt wird. Wenn es doch zum Juckreiz kam, tat es ihm gut, mit einem rauhen Handtuch abgerieben zu werden. In schlimmen Fällen griff ich zu einer Salbe gegen Juckreiz.

In den Osterferien reiste ich mit den Kindern allein nach Tunesien. Mein Mann konnte und wollte nach der langen Krankheit nicht schon wieder fehlen. Ich wollte ans Meer in die Wärme. Die Kinder sollten einfach im Sand spielen können. Daniel lief viel barfuß, spielte einmal im warmen, trockenen, dann wieder im nassen, kalten Sand. Er baute Staudämme und grub Löcher. Er ließ sich eingraben, nur sein Kopf schaute noch heraus. Ein Jahr zuvor hatte er nicht einmal zugelassen, daß seine Beine mit Sand bedeckt werden. Er liebte es, am Saum der Wellen entlangzugehen. Dabei betrachtete er seine Spuren und beobachtete, wie die nächsten Wellen sie wieder wegspülten. Er hüpfte auch mit Freude über die Wellen hinweg. Der Strand bot eine Fülle von Körpererfahrungen.

Daniel traute sich lange nicht, im Meer zu baden. Das Wasser war ihm zu kalt, und außerdem wollte er keine Schwimmflügel mehr anziehen. Niemand sollte sehen, daß er noch nicht schwimmen konnte. Er spielte ausdauernd und zufrieden mit sich allein oder noch lieber mit Philip. Sie waren gleich alt und hatten sich angefreundet. Wenn andere Kinder dazukamen, wurde es Daniel schnell zuviel. Unwirsch sagte er zu ihnen: „Haut ab!" Und wenn sie nicht gingen, warf er mit Sand nach ihnen oder legte sich weinend auf den Boden: „Jetzt kann ich nicht mehr spielen." Dann griff ich ein und half Daniel. „Daniel möchte allein oder nur mit Philip spielen. Ihr seid ihm jetzt zuviel. Das ist eben so. Spielt bitte an einer anderen Stelle." Dann wunderten sie sich und bauten eine eigene Burg woanders. Daniel konnte es nicht haben, wenn andere Menschen sich dicht neben ihm bewegten.

Schön waren die Mahlzeiten, die ich mit meinen Kindern am Strand oder auf dem Balkon unseres Zimmers einnahm. Sie waren beschaulich und richtig gemütlich. Aufregend waren dagegen die gemeinsamen Abendmahlzeiten in dem großen Speisesaal. Die vielen Eindrücke konnte Daniel kaum ertragen. Er zappelte hin und her, war laut und belästigte andere Feriengäste auf verschiedenste Art und Weise. Ich war immer froh, wenn er mit dem Essen fertig war und hinausspringen konnte. Neidisch betrachtete ich die anderen Mütter, die neben ihren Kindern saßen und lediglich hin und wieder ein Fleischstück klein schneiden mußten. Sie mußten nicht dauernd bremsen, wackelnde Gläser auffangen und mit Mühe die Stimmung im Gleichgewicht halten.

Julia fand eigene Freundinnen und wollte nicht immer Daniel bei sich haben. Daniel spielte oft mit Philip. Ich erlebte und beobachtete ihn. Er war ein lieber, fröhlicher Junge und erinnerte mich in seinem Spielverhalten in manchen Dingen an Daniel. Sie hatten sich richtig gefunden. Daniel wollte nur Philip, und Philip wollte nur Daniel zum Spielen haben. Stundenlang durchstreiften sie die Anlage und spielten miteinander. Daniel brauchte mich nicht.

Wenn Philip aber nicht da war, sog Daniel mich förmlich auf. Er ließ es kaum zu, daß ich mich mit anderen Leuten unterhielt und er einen Augenblick warten mußte. Ich erinnere mich an einen Nachmittag. Ich stand mit drei anderen Feriengästen zusammen und unterhielt mich mit ihnen. Daniel kam dazu und begann, an meiner Kleidung zu zerren. Er streckte wütend seine Hand nach einer Flasche aus, um sie hinunterzuwerfen. Ich schimpfte ihn nicht und schlug ihn nicht. Ich hielt ihn nur fest, schaute ihm in die Augen – so konnte ich ihn besser erreichen – und sagte in aller Ruhe: „Ich möchte, daß du einen Augenblick wartest. Ich halte dich fest, bis du zur Ruhe gekommen bist." Dann führte ich in wenigen Minuten mein Gespräch zu Ende.

Die Blicke der anderen Feriengäste bohrten sich mir förmlich unter die Haut. Verwunderung und Fragen spürte ich, manchmal auch Ablehnung. Ich wußte, daß es richtig war, Daniel zu halten. Ich strahlte Sicherheit und Ruhe aus. Nichts passierte mehr. Die Leute wandten ihre Blicke wieder ab. Nicht nur dieses Mal flippte Daniel aus. Das passierte ihm insbesondere inmitten mehrerer Menschen, wenn er mich oder Philip mit anderen teilen mußte.

Ich wußte, warum Daniel die Nerven verlor. Darum war ich ihm nie böse. Ich wußte auch, wie ich mich ihm gegenüber zu verhalten hatte, und handelte dementsprechend. Die Erwartungen der anderen Feriengäste beeinflußten mich nicht mehr wesentlich. Mit manchen Leuten war ich häufiger zusammen. Ihnen gegenüber verspürte ich das Bedürfnis, Daniels Verhalten und meine Reaktion darauf zu erklären. Ich stieß auf großes Interesse.

Julia litt, wenn Daniel die Nerven verlor. Sie schämte sich für sein Verhalten. Es war auch schwer für sie, vor den Augen der anderen Feriengäste mit ihm an einem Tisch im Speisesaal sitzen zu müssen. Die Blicke der Umgebung und die andauernde Unruhe am Tisch waren für sie unerträglich. Unter dem Tisch trat sie Daniel ans Bein, um ihn zurechtzuweisen, und machte dadurch alles noch schlimmer. Diese Spannungen bei den Mahlzeiten strengten mich mehr an als alle Wutausbrüche im Urlaub zusammen.

Bei den Mahlzeiten war wenig davon zu spüren, daß Daniel und Julia sich zunehmend besser verstanden. In der Feriensiedlung gingen sie meist getrennte Wege. Wenn sich ihre Wege kreuzten und Julia merkte, daß Daniel unglücklich und ich nicht in sichtbarer Nähe war, ging sie zu ihm und war ihm eine sehr liebe, gute Schwester.

Alles in allem hatten wir einen sehr schönen, erholsamen Urlaub.

Der Schwimmkurs beginnt

Nach den Osterferien begann wieder der Alltag mit Kindergarten, Beschäftigungstherapie, Reiten und Psychomotorik. Dazu kam zweimal in der Woche der Schwimmkurs. Er fand am späten Nachmittag statt, so daß Daniel vorher Zeit zum Spielen hatte. Der Schwimmkurs begann mit zehn Stunden Wassergewöhnung. Das war ein großes Programm. Mit Beginn der Schulzeit würde das nicht mehr möglich sein. Ob es uns zuviel werden würde?

Daniel freute sich auf den Schwimmkurs. Er konnte es kaum noch erwarten, schwimmen zu lernen. Die Gruppe war mit zwölf Kindern recht groß, und ich bemerkte, daß Daniel sich unsicher fühlte. Ich blieb in der Nähe und zwinkerte ihm gelegentlich aufmunternd zu. Dann ging es wieder für eine Weile. Die psychische Unterstützung war für ihn wichtig, zu leicht gab er sonst auf oder rastete aus. Ich sprach die Schwimmlehrerin auf Daniels Schwierigkeiten an, als er nicht zuhören konnte. „Für Daniel ist es schwer, sich in so einer großen Gruppe zurechtzufinden. Er braucht noch mehr Ansporn und Ermunterung. Ich wäre Ihnen dankbar, wenn Sie daran denken könnten." Sie versicherte mir, daß sie es tun wollte, und dankte für den Hinweis. Sie richtete sich danach, und Daniel gewann an Zutrauen und Sicherheit. Ich konnte mich zunehmend zurückziehen und im anderen Becken schwimmen. Bevor ich ging, zeigte ich ihm auf der großen Uhr, wann ich wieder bei ihm sein wollte. Er wußte, daß ich mich an die Abmachung hielt und erreichbar war. Daniel ging sehr gern zum Schwimmen. Er lernte, Ringe hoch zu tauchen, mit dem Kopf unter Wasser zu paddeln, durch einen großen Reifen zu springen und zu tauchen. Die Dusche verlor ihren Schrecken, und er wagte es, sich allein darunter zu stellen und auf den Knopf zu drücken. Ich war erstaunt. „Du duschst dich ja!" Er antwortete unter dem Wasserstrahl: „Die Dusche ist stärker als unsere, das juckt nicht so." Dann lief er schnell zum Becken, damit die Tropfen ihn nicht kitzeln konnten.

Nach den ersten Schwimmstunden bekam Daniel Fieber und mußte eine Woche zu Hause bleiben. Bald ging es ihm wieder besser, und er wollte basteln. Ich bot ihm an, einen Lampion zu basteln. Daniel dachte gleich an die Kerze, die er darin anzünden wollte, und stimmte meiner Idee zu. Wir holten einen Luftballon, bliesen ihn auf und stellten ihn mit der einen Seite auf eine kleine Schüssel, damit er nicht wegrutschen konnte. Dann strichen wir mit den Händen Kleister auf den Luftballon, rissen Seidenpapier in Streifen und legten sie um den Ballon. Wir klebten mehrere Schichten übereinander, bis uns der Lampion dick genug erschien. Daniel machte freudig und konzentriert mit. Der Kleister störte ihn erst an den Händen, und er bat mich um einen Pinsel. Ich gab ihm einen. Der war ihm jedoch zu dünn. Daraufhin arbeitete er mit den Händen weiter. Ich legte ihm einen Lappen zum Abschmieren des Kleisters hin. Das Lampionbasteln war eine gute Übung für den Tastsinn und die Geschicklichkeit der Hände. Am Ende stellte ich die Schüssel mit dem Ballon zum Trocknen auf die Terrasse. Leider hatte ich nicht an die Sonne gedacht. Sie erwärmte ihn und ließ ihn schließlich platzen. Daniel schimpfte mich: „Ich bin ärgerlich, daß du meinen Lampion hast platzen lassen. Ich finde das ganz doof.“ Zur Bekräftigung brummte er noch einmal und wandte sich von mir ab. Das war alles. Er konnte mit der Enttäuschung recht gut umgehen.

Am nächsten Tag wollte Daniel wieder basteln. Diesmal wollte er etwas mit Papier machen. Ich hatte Flechtpapier zu Hause, und wir fertigten ein Flechtdeckchen. Zum Flechtpapier gehören ein Bogen Papier mit parallel verlaufenden Schlitzen, die jeweils den gleichen Abstand voneinander haben, und Papierstreifen in passender Länge und Breite. Diese Papierstreifen werden in den Papierbogen gewebt. Ich zeigte Daniel, wie er flechten mußte. Konzentration und Fingerspitzengefühl waren notwendig, damit das Papier nicht riß. Er mußte sich an die Reihenfolge der Arbeitsgänge halten, sonst entstanden Löcher. Das Thema Reihenfolge zieht sich wie ein roter Faden durch Daniels Therapie. Das Herstellen des Flechtdeckchens zielte wieder in diese Richtung. Die Enden der Streifen klebten wir auf der Unterseite fest. Schließlich war das erste Deckchen fertig. Daniel sah es stolz an. Er wollte noch eines machen. Jetzt gab ich ein Farbmuster vor, ließ ihm dabei aber eine Entscheidungsfreiheit. „Ich bereite Papierstreifen in zwei Farben vor, die du abwechselnd verwendest. Welche Farben gefallen dir zu dem grünen Papier?“ Daniel entschied sich für Rot und Silber und machte sehr ausdauernd mit. Wir bastelten das zweite Deckchen noch fertig und hörten dann auf. Daniel brauchte mich beim Basteln neben sich, ich konnte nicht neben ihm eine andere Arbeit machen. Sonst hätte er gleich aufgehört und das gleiche tun wollen wie ich. In dem Basteln sah ich nicht nur eine gemütliche Bastelstunde, sondern eine gezielte Förderung. Darum wollte ich das Flechtdeckchen zu Ende bringen und blieb bei ihm sitzen. Ich bastelte mit Daniel viel seltener als früher. Seit er in den Sprachheilkindergarten ging und er dort eine entsprechende Förderung erfuhr, sah ich keine Notwendigkeit mehr dazu.

In der Woche, in der Daniel nicht in den Kindergarten ging, bastelte und spielte ich wieder vermehrt mit ihm. Einmal holte ich Logifix aus dem Schrank. Zu dem Spiel gehören runde, rechteckige und quadratische Holzplättchen. Alle Formen gibt es in dicker, dünner, großer und kleiner Ausführung und dann noch jeweils in drei Farben. Die Kinder lernen diese Formen spielerisch kennen und unterscheiden. Es gibt vielerlei Spielmöglichkeiten. Daniel und ich legten Schlangen, bei der sich die Teile in der Form oder der Farbe unterschieden, und Figuren, die der andere mit seiner Farbe nachahmen sollte. Ich machte dabei hin und wieder einen Fehler, ganz so, wie ich es bei Herrn Baumer gelernt hatte. Von sich aus griff Daniel nie zu diesem Spiel. Gemeinsam fand er aber Spaß daran. Der Spielpackung ist ein Heftchen mit Anregungen beigelegt.

Die eine Woche Krankheit war schnell vorüber, und Daniel ging wieder in den Kindergarten und zum Schwimmkurs. Das Schwimmen war sicherlich sehr gut für ihn, weil es die Koordination und das Gleichgewichtsempfinden fördert. Ich war froh, daß er mit so großer Freude den Schwimmkurs besuchte.

Jetzt wurde ihm das andere Programm zuviel. Daniel hatte keine Lust mehr, zur Frühförderung zu gehen. Nur unwillig machte er bei Herrn Baumer mit. „Ich will da nicht mehr hin. Ich kann schon gut reden." Ich sprach Herrn Baumer auf Daniels Wunsch an, nicht mehr zur Frühförderung gehen zu müssen. Er hörte mir zu und sagte: „Daniel kommt seit Januar letzten Jahres zu mir. Nach so einer langen Zeit kann man dem Kind und auch dem Therapeuten eine gewisse Müdigkeit zubilligen. Im übrigen habe ich den Eindruck, daß er die Einzelförderung im Augenblick nicht unbedingt braucht. Es ist mir recht, wenn er nur zur Psychomotorik kommt. Ich halte es aber, auch wegen der Gruppe, für wichtig, daß er diese Stunde weiterhin besucht. Die Beschäftigungstherapie hat im Gehirn Entwicklungen in Gang gesetzt, die eine Zeitlang ohne weiteren Anstoß von außen weitergehen. Das ist wie bei einer Uhr, erst zieht man sie auf, dann läßt man sie gehen." Von jetzt an entfiel die Stunde in der Frühförderung. Der Therapieplatz blieb Daniel jedoch erhalten.

Auf das Reiten hatte Daniel seit dem Schwimmkurs auch nicht mehr so viel Lust. Wir ließen es gelegentlich ausfallen. Ganz wollte ich auf die Reitstunde jedoch nicht verzichten, bis der Wassergewöhnungskurs und der gleich darauffolgende Block von zehn Schwimmstunden Mitte Juli zu Ende war. Ich wußte, daß

Walter nur noch bis Juli Reitstunden geben konnte. So wollte ich die letzten Reitstunden zumindest gelegentlich noch nützen.

Daniels Gesichtsausdruck hat sich verändert

Wir hatten jetzt Mai, die Temperaturen waren angenehm und wir suchten häufig Spielplätze auf. Ein schöner Abenteuerspielplatz befand sich in der Nähe des Schwimmbades, so suchte ich ihn gern vor dem Schwimmkurs auf. Wenn wir einen ganzen Nachmittag Zeit hatten, fuhr ich manchmal zu anderen Spielplätzen mit verschiedenen Geräten zum Klettern, Hangeln, Rutschen, Drehen, Balancieren, Schaukeln, Durchkriechen und Wippen. Ich gehe nicht auf irgendeinen Spielplatz, sondern wähle bewußt einen Abenteuerspielplatz aus. Daniel und Julia freuen sich immer, wenn ich ihnen ankündige, daß ich sie zu einem solchen Spielplatz mitnehmen möchte. Den ganzen Nachmittag verbringen sie dann vorwiegend an den Geräten.

Eines Tages setzte sich Daniel auf eine Schaukel und begann, mit den Beinen kräftig zu schaukeln. Er schaukelte hoch hinauf, und dann bremste er wieder ab, um wieder hoch hinauf zu schaukeln. „Mama, siehst mich?" Daniel strahlte vor Glück, und ich schaute ihm voll Freude zu. Wie sicher er jetzt war! „Mama, das kann ich seit zwei Wochen. Mit dem Kindergarten gehen wir doch manchmal zum Spielplatz, und da habe ich das geübt." Auch bei anderen Spielgeräten war er sicherer geworden. Die Hangeln bereiteten ihm keine Schwierigkeiten mehr, und auf der schräggestellten Drehscheibe drehte er sich bäuchlings im Kreis. Dann entdeckte Daniel am Rande des Spielplatzes ein Gerät zum Balancieren. Mehrere senkrecht miteinander befestigte Reifen drehen sich auf einer harten Bahn im Kreis, gehalten von einer in der Mitte an einem Pflock befestigten Achse. Daniel versuchte, dieses Gerät zu bezwingen. Er wollte auf den Reifen laufen können. Nach einer halben Stunde kam er zu mir und rief mich zu diesem Gerät: „Mama, du mußt einmal schauen, was ich kann. Ich bin ganz aufgeregt. Mama, ich kann es!" Ich ging mit ihm. Dieses Gerät hatte ich vorher nicht bemerkt. Daniel stieg auf die

Reifen und setzte vorsichtig einen Fuß hinter den anderen und fuhr damit vorwärts auf der Bahn. Er wurde schneller. Er lachte und strahlte über das ganze Gesicht. Seine Gesichtszüge waren weich und gelöst. Wenn er sich konzentrierte und anstrengte, wurden seine Lippen sonst immer schmal, und die Backenmuskulatur spannte sich an. Die Bewegungen fielen ihm jetzt ganz leicht, er schien sich mühelos auf den Reifen zu bewegen.

Daniel konnte mit seinem Körper besser umgehen. Das zeigte sich auch in der Geschicklichkeit seiner Hände. Beim Frühstück hob er seine eine Hand etwas hoch und spreizte seine Finger leicht. Dann berührte er der Reihe nach mit dem Zeigefinger, dem Mittelfinger, dem Ringfinger und dem kleinen Finger die Daumenkuppe. „Schau mal, ich freue mich. Ich kann jetzt mit meinen Fingern den Daumen besuchen. Vielleicht schaffe ich es auch rückwärts?“ Jetzt spannte sich sein Gesicht an, und er machte unter größter Konzentration die gleiche Übung rückwärts, und sie gelang ihm. Beim spielerischen Test für die Einschulung im März hatte er über diese Fingergeschicklichkeit noch nicht verfügt. Daniel freute sich so über den Fortschritt, wie sich nur ein Kind freuen kann, das ihn zäh erkämpft hat. Darüber lernte ich, die vielen kleinen Entwicklungsschritte zu sehen und sie nicht selbstverständlich zu nehmen. Ich hatte dadurch mehr Anlaß, mich zu freuen.

Wir erhielten Besuch von Verwandten, die wir drei Monate nicht gesehen hatten. Sie sprachen uns auf Daniel an: „Es ist kaum zu glauben, wie er sich in dieser kurzen Zeit verändert hat. Uns fiel als erstes sein Gesichtsausdruck auf. Er ist viel weicher und freier geworden. Er hat auch nicht mehr diesen funkelnden Blick. Und was das Verhalten betrifft, so haben wir den Eindruck, daß er ruhiger geworden ist und sich besser einfügen kann. Wir hätten wirklich nicht gedacht, daß in drei Monaten noch einmal ein solcher Fortschritt möglich ist.“ Es tat mir gut, daß sie Daniel so sahen. Ich hatte Weiterentwicklungen beobachtet, sie aber nicht für so erheblich gehalten. Die allgemeine Besserung im Verhalten fiel mir nicht so auf wie gelegentliche Rückschläge. Jetzt bemerkte ich erst, daß Daniels heftige Wutausbrüche, über die ich im April geklagt hatte, viel schwächer geworden waren.

Noch immer gab es das Verhaltensmuster Erwartung – Enttäuschung – Verzweiflung, doch behielt Daniel in der Verzweiflung sein Verhalten besser unter Kontrolle. Dann beschimpfte er mich zwar und drohte, mit den Füßen nach mir zu treten. Das war keine Kampfansage mehr, sondern ein Hilferuf. Er kam allein mit der Enttäuschung nicht zurecht. Manchmal konnte ich ihm helfen, andere Male nicht. Einmal kam er gerade aus dem Kindergarten nach Hause, hatte noch seine Schuhe und den Anorak an, da wollte er ein Papier, das er vor längerer Zeit gemalt hatte und das ich weggeworfen hatte. Ich konnte es ihm nicht geben. Dann wollte er Draht, und zwar sofort. Auch diesen Wunsch konnte ich nicht erfüllen. Es gelang mir auch nicht, ihn abzulenken. Mit verbissenem Gesicht ging er knurrend aus der Küche. Beim Mittagessen schmeckte das Mineralwasser komisch. Aus Rache hatte er in die Flasche Putzmittel eingefüllt. Angeblich hatte er nicht gedacht, daß ich die angebrochene Flasche, die im Wohnzimmer stand, noch verwenden würde. Er wollte nur Mist machen und nicht etwas wirklich Schlimmes anrichten. Nach dem Essen legte ich Daniel in die Hängematte und besprach mit ihm noch einmal in aller Ruhe den Vorfall. Er schaukelte sehr lange. Er stieg erst wieder aus der Hängematte aus, als sein Freund Florian vor der Türe stand. Dann ging es ihm wieder gut, und er war zufrieden und sonnig, als ob nichts gewesen wäre.

An einem anderen Tag fragte mich Daniel nach etwas, das ich ihm früher einmal erzählt, aber vergessen hatte. Er hatte sich Mühe gegeben, die Begebenheit richtig nachzuerzählen, und ich konnte damit nichts anfangen. Ich spürte, wie die Verzweiflung in ihm aufstieg, und bekam regelrecht Angst, wegen so einer lächerlichen Kleinigkeit wieder einen sinnlosen Kampf ausstehen zu müssen. Ich hatte einen Gedankenblitz und erfand eine Antwort, die Daniel zufriedenstellte.

Daniel konnte manchmal besser, manchmal schlechter mit Enttäuschungen umgehen. Müdigkeit und Hunger wirkten sich ungünstig aus. Dagegen war er nach Spielplatzbesuchen, einem Fahrradausflug oder einem Besuch im Schwimmbad mit der entsprechenden Bewegung auffallend ausgeglichen. Es kam vor, daß Daniel bei einem Freund längere Zeit fernsah. Dort saß er vielleicht noch ruhig vor dem Fernseher, zu Hause aber war er völlig überdreht. In einem solchen Zustand konnte er keine Enttäuschung ertragen, und wir behandelten ihn wie ein rohes Ei. Mir tat es um den Nachmittag leid. Er hätte im Sand spielen oder auf Geräten turnen können und die Bewegung gehabt, die für seine Entwicklung wichtig ist. Statt dessen saß er still und wurde obendrein von den schnell aufeinanderfolgenden Bildern und dem nicht ganz verstandenen Text überreizt. Wenn er in diesem Zustand nach Hause kam, half unsere Hängematte. Sie wirkte Wunder. In ihr fand er zur Ruhe. Gerade ein Kind, das die unterschiedlichen Eindrücke der Wirklichkeit aufgrund seiner Wahrnehmungsstörungen nur mit Mühe zu einem ganzen Bild zusammensetzen kann, ist durch einen Fernsehfilm überfordert. Es mag sein, daß es dennoch gern fernsieht. Auch ist dies eine – kurzfristig gesehen – bequeme Lösung für die Eltern. Das ändert nichts daran, daß das Fernsehen dem Kind nicht nur nicht nützt, sondern sogar schadet. Denn es wird ihm die Bewegung und die eigene Erfahrung vorenthalten.

Ausflug in die Naturheilkunde

Für Ende Mai hatte ich einen Termin bei Frau Dr. Linz bekommen. Sie untersuchte Daniel gemäß den Methoden der bioelektronischen Funktionsdiagnostik. Sie bemerkte Unstimmigkeiten im Kopfbereich, die sie mit den Unfällen des vorangegangenen Jahres in Verbindung brachte. Des weiteren diagnostizierte sie ausgeprägte Lebensmittelallergien und Beschwerden im Bereich des Magens. Ich erinnerte mich daran, daß Daniel nach dem Essen oder auch schon während der Mahlzeit oft aufstieß und gelegentlich über Bauchschmerzen klagte. Da sie immer wieder vorübergingen und der Kinderarzt nichts fand, hatten wir unseren Beobachtungen keine große Bedeutung beigemessen. Außerdem stellte die Ärztin eine Narbe im Zwölffingerdarm fest. Sie erklärte: „Er muß da einmal ein Geschwür gehabt haben. Geschwüre sind durch Streß begünstigt. Daniel stand wahrscheinlich so unter Streß, daß er krank wurde.“ Ich dachte zurück an Daniels Krankenhausaufenthalt vor vier Jahren. Damals war er knapp zwei Jahre alt gewesen und hatte unter einem sehr starken Brechdurchfall gelitten, den ich nicht in den Griff bekam. Es war Sonntag, und ich stellte meinen apathisch wirkenden Sohn in der Kinderklinik vor. Der diensthabende Arzt warf mir schwere Fehler in der Diät eines Allerweltsdurchfalls vor. Die Schuld an dem Gesundheitszustand bekam ich. Sollten die Beschwerden damals von einem Zwölffingerdarmgeschwür verursacht worden sein, das niemand entdeckt hat? Die Theorie mit dem Streß schien für ein Kind mit Wahrnehmungsstörungen einleuchtend. Frau Dr. Linz verordnete jetzt Trinkampullen zur Behandlung des Verdauungstrakts.

Sie behandelte seine Lebensmittelallergien und verschrieb ihm ein homöopathisches Medikament zur Förderung des Entwicklungsgehirns, wie sie sich ausdrückte.

Die Behandlung begannen wir noch im Mai. Sie sollte sich über mehrere Monate erstrecken. Ich verabreichte Daniel in vorgegebenen Abständen die Trinkampullen. Daniel wollte wissen, wofür sie gut sein sollten. Ich sagte ihm, daß sie ihm bei seinen Lebensmittelallergien helfen sollen, damit es ihn nicht mehr so juckt und er nicht ganz zappelig wird, nur weil er woanders einmal Nutella gegessen hat. Er verstand mich. Am Vortag hatte es im Kindergarten Pfannkuchen mit Nutella gegeben, und deswegen hatten wir alle einen chaotischen Nachmittag gehabt.

Bereits nach wenigen Wochen bemerkten wir den wohltuenden Effekt. Daniel klagte nicht mehr über Bauchschmerzen, und er stieß viel seltener auf. Der Juckreiz nach bestimmten Süßigkeiten ließ nach. Die Auswirkungen auf die Entwicklung des Gehirns ließen sich nicht so leicht erkennen wie das Verschwinden von Beschwerden. Das war für mich kein Grund, an ihnen zu zweifeln. In dieser Behandlung sah ich eine wertvolle Ergänzung für die laufenden Therapien.

Wir nähern uns dem Ziel

In den Pfingstferien unternahmen wir mit den Kindern eine mehrtägige Radtour. Wir fuhren auf Fahrradwegen an der Tauber entlang und hatten, von einem Regentag abgesehen, eine sehr schöne Zeit. Diese Radtour machten wir, weil es uns einfach Spaß machte, mit dem Rad die Landschaft kennenzulernen. Und doch war da immer wieder der Gedanke: Dieses Hinauf und Hinunter, die Kurven und das fortwährende Anpassen an das Gelände und das Gleichgewichthalten ermöglichen zahlreiche Körpererfahrungen. In diesen Tagen war Daniel ausnehmend gut zu haben. Niemand wäre auf die Idee gekommen, daß er mehr Schwierigkeiten hatte als andere Kinder.

Es war Kirschenzeit. Wir sammelten wieder unsere Kirschkerne. Unsere Bäuerin hatte Frauen, die Kirschen zum Einmachen kauften, um die Steine gebeten, die bräuchte sie für jemanden. Eines Tages überraschte sie uns mit einer Tüte voller Kirschkerne. Wir lachten und nahmen sie freudig entgegen. Wir füllten sie zu den Kirschkernen vom Vorjahr. Am Ende der Kirschenzeit hatten wir eine ordentlich gefüllte Wanne voller Kirschkerne. Sie fand immer wieder Verwendung. Die ganze Familie steckte ihre Füße hinein.

Nach den Pfingstferien begann der neue Schwimmkurs mit zehn Stunden, dem im Herbst noch ein dritter und letzter Block von zehn Stunden folgen sollte. Daniel lernte die Schwimmbewegungen und traute sich bald, vom Ein-Meter-Brett ins Tiefe zu springen und bis zur Treppe zu schwimmen. Sein Selbstvertrauen wuchs noch ein Stück. Daniel forderte mich auf, die ganze Zeit allein im anderen Becken zu schwimmen, er brauchte mich nicht mehr. Er kam mit der Gruppe und den Anforderungen allein zurecht.

Es war ein neues, ungewohntes Gefühl für mich. Ich konnte ihn unbesorgt loslassen, mußte ihn nicht mehr aus dem Augenwinkel beobachten, um notfalls unauffällig dazusein. Daniel konnte in einer ganz normalen Gruppe bestehen. Ich schaute zurück an den Anfang der Therapie. Mein Wunsch war, ihm zu helfen, sich in sein soziales Umfeld einzufügen und mit ihm normal zu kommunizieren. Hier im Schwimmbad spürte ich, daß wir am Ziel ankamen. Ich atmete auf.

Es war nur noch ein Monat bis zum Ende des Kindergartenjahres. Ich ging mit Daniel in die Stadt, um seine Schultasche auszusuchen. Daniel entschied sich nach reiflicher Überlegung für eine blaue, auf der ein Rennauto abgebildet war. Er setzte sie gleich auf und nahm sie mit zu der Turnstunde, von der ich Julia anschließend abholte. Dort sprachen ihn alle auf seine neue Schultasche an. Wie schön sie doch war! Ein Mädchen fragte Daniel: „Und du kommst dann in die Theodor-Heuss-Schule, in die deine Schwester geht?“ – „Nein!“ Wie sollte Daniel erklären, wo er hingeht? Ich spürte, daß er verlegen wurde, und griff in das Gespräch ein. Es entstand eine bemerkenswerte Unterhaltung, die für Daniel und für die anderen Kinder wichtig war.

„Daniel kommt nicht in die Theodor-Heuss-Schule. Er wird die Sprachheilschule besuchen.“ Alle Kinder staunten, nur Marion nicht. Sie ging selber in die vierte Klasse der Sprachheilschule, nur wußte es niemand in der Gruppe. „Sprachheilschule. Sprachheilschule? Heißt die nur so oder ist die, äh äh?“ Das Mädchen, das diese Frage gestellt hat, hielt sich verlegen die eine Hand vor den Mund. Daniel stellte sich ganz nah neben mich, hielt sich mit einer Hand an meinem Hosenbein fest und schaute der Reihe nach jedes Kind an. Ich legte einen Arm um seine Schulter. Wie sollte ich antworten? Nach kurzem Nachdenken sagte ich: „Die Sprachheilschule ist für Kinder, die mit dem Sprechen Schwierigkeiten hatten oder noch haben. Daniel hatte früher erhebliche Schwierigkeiten, jetzt kommt er schon gut zurecht.“ – „Der spricht doch ganz normal. Warum geht er dann dahin?“ fragte ein anderes Kind. „Für Daniel ist es noch schwer, einen Text auswendig zu lernen oder eine Geschichte nachzuerzählen. Das hängt mit seinen früheren Sprachschwierigkeiten zusammen. In der Sprachheilschule sind Lehrer, die das wissen und von Daniel und den anderen Kindern nur das verlangen, was sie auch können.“ – „Und wo ist die Sprachheilschule?“ Ich erklärte, wo sie ist, und sagte, daß Daniel jeden Morgen mit dem Bus abgeholt und mittags mit dem Bus heimgebracht wird. Das erste Mädchen begann wieder: „Bei mir in der Klasse ist der Niko, der stottert. Manchmal müssen wir richtig lachen.“ Ich sagte darauf: „In der Sprachheilschule würde niemand über den Niko lachen. Da hätten alle Verständnis für ihn und würden ihn ausreden lassen. Die Klassen sind übrigens viel kleiner als bei euch. Die Kinder nehmen den gleichen Stoff durch wie ihr. So können sie zu euch herüberwechseln, wenn sie ihre Schwierigkeiten mit Hilfe der Lehrer überwunden haben." Ich hatte offen mit den Kindern über die Sprachheilschule geredet und ihre Vorzüge geschildert. Das Peinliche war für sie verschwunden. Dann wandte ich mich an Marion und sagte: „Ich hoffe, ich habe die Sprachheilschule richtig geschildert." Sie nickte und fügte hinzu: „Ich gehe auch in die Sprachheilschule." – „Und gehst du gern in die Schule?" – „Ja, meistens schon!" Die anderen Kinder fragten wie im Chor: „Was, du gehst auch dahin?" – „Ja" sagte Marion, „schon immer." – „Und ihr, geht ihr gern in die Schule?" fragte ich. „Na ja, es geht", war ihre einhellige Meinung. Dann schauten sie Marion und Daniel an, als wollten sie sagen: Dann sind Kinder von der Sprachheilschule also ganz normale Kinder wie wir auch. Daniel freute sich nach diesem Gespräch genausosehr auf seine Schule wie zuvor.

Psychomotorik an einem heißen Tag

Es war sehr heiß und die Sonne lud zum Baden ein. Wie konnte Herr Baumer die Psychomotorikstunde gestalten, daß die Kinder Lust hatten, mitzuturnen? Er dachte sich Wasserspiele aus. Er ging mit ihnen auf die Wiese vor der Turnhalle und nahm eine Wanne mit Wasser mit hinaus. Damit füllte er Luftballons und bat die Kinder, einen Kreis zu bilden. Als sich alle aufgestellt hatten, warfen sie sich die Luftballons gegenseitig zu. Im Flug eierten sie etwas durch das Gewicht. Manchmal platzte einer. Herr Baumer wurde besonders naß. Ein Kind wollte nicht mitmachen, es hatte Angst, naßgespritzt zu werden. Herr Baumer ließ es gewähren und sagte zu ihm, als alle Luftballons kaputt waren: „Sven, jetzt wirst du nicht mehr angespritzt. Wir spielen jetzt etwas anderes. Wenn du Lust hast, kannst du mitmachen." Sven wollte erst nicht, und Herr Baumer drängte ihn nicht. Mit der Zeit spielte er von sich aus mit.

Herr Baumer hatte Becher vorbereitet, und jedes Kind durfte sich einen Becher nehmen, mit Wasser füllen und damit über die

Breitseite und später über die Schmalseite der bereitgestellten Bank balancieren. An die Bank schloß sich ein Kriechtunnel an. Wer würde sein Wasser auch noch da hindurch tragen können? Zum Schluß stellte Herr Baumer eine Büchse mit Wasser vor sich und legte Löffel daneben. Jeder durfte sich einen Löffel nehmen und mitspielen. Es ging darum, das Wasser von einem Löffel in den nächsten zu gießen, bis alle Kinder an der Reihe waren. Auge und Hand mußten gut zusammenspielen, sonst ging das Wasser verloren.

Am Anfang der Stunde führten die Kinder mit den Luftballons großräumige Bewegungen aus. Beim anschließenden Wassertragen und dem Spiel mit dem Löffel waren die Bewegungen kleinräumig. So war es bei jeder Psychomotorikstunde. Die Kinder wurden von der Unbeherrschtheit zur Selbstkontrolle geführt. Diese Stunde hat Daniel besonders viel Spaß gemacht.

Kurz vor dem Ende des Kindergartenjahres besuchte ich noch ein letztes Mal die Kindergärtnerin. Ich bedankte mich bei ihr für ihr liebevolles Engagement, das sie den Kindern entgegengebracht hatte, und fragte sie, ob sie mir etwas über Daniel erzählen könnte. Sie berichtete mir nur Erfreuliches. Wir rollten noch einmal die Frage der Einschulung in die Regelklasse der Sprachheilschule bzw. Diagnose-Förderklasse auf. Frau Meier konnte sich Daniel gut in der Regelklasse der Sprachheilschule vorstellen. Der Einschulungstest war im März gemacht worden. Er lag schon weit zurück, und Daniel hat in dieser Zeit große Fortschritte gemacht. Ich hielt für möglich, daß ein neuer Test zu einem anderen Ergebnis käme. Dann wäre Daniel in der Diagnose-Förderklasse unterfordert. Ich bat den Rektor, Daniel vor der Klassenverteilung noch einmal anzuschauen. Er ging auf meine Bitte ein. Er blieb bei seinem Rat, Daniel angesichts der weiterbestehenden Teilleistungsstörungen und der optimalen Förderungsmöglichkeiten in die Diagnose-Förderklasse zu geben.

Vor den Ferien suchte ich auch noch Frau Bach auf. Sie erzählte mir: „Seit Ihrer Idee mit dem sch-Körbchen ergreife ich keine lautanbahnenden Maßnahmen mehr. Das können Sie besser. Deswegen mache ich auch nichts mit dem zw. Ich arbeite mit ihm an seiner Grammatik. Manche Artikel stimmen nicht, und bei den starken Verben macht er Fehler mit dem Partizip Perfekt Passiv. Für gekriegt sagt er z.B. gekrugt. Und bei Verben mit zwei Vorsilben vertauscht er ihre Reihenfolge. Aus verabschieden wird abverschieden und aus verunsichern unversichern. Da kommt der Dysgrammatismus wieder zum Vorschein. Ich bin sicher, daß diese Vertauschungen damit zusammenhängen, daß Daniel immer schwierigere Satzmuster und auch schwierigere Wörter verwendet. Das beunruhigt mich nicht. Mehr Sorgen bereitet mir Daniels Sigmatismus. Er schiebt die Zunge beim s zwischen den Zähnen hervor und lispelt dadurch. Daniels Muskelspannung ist zu hoch, daher ist seine Zunge beim s gespannter, als sie es sein darf. Vielleicht legt sich das mit dem Buchstabenlernen, das kommt gelegentlich vor. Ich werde Daniel auch in der Schule betreuen. Da werde ich an seiner Körperspannung und dem s arbeiten." Ich dankte Frau Bach für das Gespräch und für die gute Zusammenarbeit.

Am Ende des Kindergartenjahres stand das Sommerfest der Sprachheilschule. Es unterschied sich wohltuend von den vielen anderen Schulfesten, die ich an anderen Schulen erlebt hatte. Die Stimmung war auffallend harmonisch. Die Menschen lachten und unterhielten sich, aber es war nicht laut. Die meisten der angebotenen Spielideen waren denkbar einfach: Wasserlaufen, Teppichlaufen, Kartoffellaufen, Dreibeinlaufen, Riesenpuzzle-Legen, Angeln und Pedalo-Fahren. Ein Pedalo ist ein wunderbar einfaches, aber relativ teures Spielgerät zum Üben des Gleichgewichts. Zwei Brettchen für die Füße sind durch insgesamt sechs Räder miteinander verbunden. Wenn man das eine Brettchen nach unten tritt, geht das zweite nach oben und umgekehrt. So kann man auf diesem Spielgerät vorwärts- oder rückwärtsfahren.

Als weitere Belustigung gab es einen Schminktisch. Die Kinder konnten sich selber schminken oder sich schminken lassen. Daniel ließ sich ein Vampirgesicht aufmalen. Mit Wasserpistolen konnte man Kerzen ausspritzen, die in einem mit Sand gefüllten Blumenkasten steckten. Wir empfanden das Fest als lebendig, übersichtlich und fröhlich und gehörten gern zu den Gästen.

Die letzten Therapiestunden vor der Schule

In der letzten Zeit hat Daniel wiederholt den Wunsch geäußert, wieder in die Einzelstunde zu Herrn Baumer zu dürfen. Herr Baumer gab ihm zwei Termine für die beiden letzten Wochen vor den Ferien. Daniel freute sich auf die Stunden. In der ersten Stunde wollte er mit den Riesenbausteinen aus Schaumstoff ein Haus bauen. Daniel überlegte sich, welche Elemente er wofür verwenden wollte, und baute sein Haus planvoll und mit ruhigen Bewegungen. Beim Dachbau brauchte er Herrn Baumers Hilfe. Anschließend gingen sie zusammen in das Haus, tranken Saft und unterhielten sich über Daniels Schultasche. Daniel bewegte sich vorsichtig in dem engen Raum und stieß nichts um. Herr Baumer war sehr erfreut über Daniels Verhalten. Die vielen Stunden mit Bauen und Planen und Formen-Erkennen hatten ihr Ziel erreicht. Herr Baumer dachte zurück an unsere Gespräche mit Herrn Dr. Hartmann, von denen ich ihm berichtet hatte. Er hatte zu einer medikamentösen Behandlung von Daniels Verhalten geraten. Herr Baumer fragte mich nun: „Geben Sie eigentlich Ritalin?" Ich verneinte und erzählte in groben Zügen von der Behandlung durch Frau Dr. Linz. Er staunte, von dieser Methode hatte er noch nicht gehört.

In der nächsten Woche ging Herr Baumer mit Daniel in das gekachelte Bad und gab ihm Fingerfarben zum Bemalen der Fliesen. Daniel wollte die Farben einfach verschmieren, da sagte er: „Male bitte etwas Richtiges, zum Beispiel eine Landschaft." Daniel malte einen Bauernhof mit Scheune, Traktor und Beeten und einer Sonne darüber. Er verlor sich leicht in Einzelheiten und vergaß darüber den Zusammenhang. Beim Traktor malte er ausführlich zwei große Reifen mit Felgen, das Führerhaus deutete er bestenfalls mit einem Strich an. Herr Baumer forderte Daniel auf, sich selbst zu malen. Daniel behauptete, daß er das schon könne, aber trotzdem nicht mache.

Ich sagte zu Herrn Baumer: „Daniel malt sich selber nie. Er hat neulich ein Strichmännchen mit Opas Rasierspray auf die Wiese gemalt. Es hatte einen Kopf mit Augen, Nase und Mund, Hals, Rumpf, Arme mit Fingern und Beine, auch die Proportionen stimmten so weit. Doch auf Papier hat er bis jetzt mit einer einzigen Ausnahme, als er Max und Moritz zeichnete, keine Menschen und auch keine Tiere gemalt. Ich habe den Eindruck, daß er dazu nicht in der Lage ist.“ Herr Baumer konnte sich das nicht vorstellen. Er wollte Daniel noch einmal diesbezüglich überprüfen.

Dann kam die letzte Reitstunde. Daniel fragte, ob er ausnahmsweise seine Schwester mitbringen dürfe, weil sie früher Schule aus hatte und gern mitkommen wollte. Walter erlaubte es ihm. Julia und Daniel ließen sich hügelauf und hügelab durch den Wald führen und stiegen danach bei der Wiese vor dem Reitstall ab. Dort ließen sie das Pferd grasen. Sie setzten sich daneben auf den Boden und schauten ihm zu, wie es einen Büschel Gras nach dem anderen abriß. Ich dankte Walter dafür, daß er Daniel eineinhalb Jahre lang jede Woche einmal seine Mittagspause geopfert hat. Sonst hätte Daniel nicht reiten können.

Anschließend machten wir ein gemütliches Picknick am Waldrand, das letzte Mal zwischen Reiten und Psychomotorik. Julia ging dann zu einer Freundin, und ich brachte Daniel zur letzten Psychomotorikstunde vor den großen Ferien. Nach der Stunde verabschiedeten wir uns von Herrn Baumer und wünschten uns gegenseitig schöne Ferien.

Zum Abschluß wunderschöne Ferien

Wir verbrachten unseren Urlaub auf einem Bauernhof in Norddeutschland. Er lag weit abseits von der nächsten Straße. Daniel und Julia waren viel zusammen und streiften in der Umgebung herum. Außer ihnen gab es bis auf die Wochenenden keine anderen Kinder auf dem Hof. Sie fuhren stundenlang auf dem Traktor mit und ließen sich über die Felder schaukeln. Sie halfen auch beim Füttern und Enten-Einfangen und im Garten. Zu der Zeit wurde Stroh eingefahren. Auch da machten sie begeistert mit. Sie kletterten auf den Strohwagen, schoben und stemmten die Ballen mit ihren Händen und rutschten mit Begeisterung auf den entstehenden Rutschbahnen herunter. Sobald der eine Bauer sein

Stroh abgeladen hatte, liefen sie zum nächsten und fragten, ob sie dort helfen dürfen, Stroh abzuladen. Natürlich durften sie. Und wenn Julia keine Lust hatte, dann zog Daniel allein los. Er war ganz selbständig. Wir sahen unseren Daniel und unsere Julia kaum. Morgens machten sie sich in aller Frühe allein fertig, auch Daniel zog sich inzwischen selber an. Dann sahen wir sie nur noch gelegentlich. Zum Essen kamen sie heim, soweit sie nicht bei einem der Bauern mit Brotzeit gemacht hatten. Zwischendurch sahen wir sie auf einem Traktor vorbeifahren oder hörten ihr fröhliches Lachen und Rufen.

Daniel genoß hier einen fast grenzenlosen Freiraum und hatte fast keine Verpflichtungen. Sie beschränkten sich auf das Abtrocknen nach einer Mahlzeit. Unter diesen günstigen Bedingungen hatte Daniel keine Schwierigkeiten, mit sich und den Menschen um ihn herum zurechtzukommen. Er war ausgeglichen und fröhlich.

Anders wurde Daniel, wenn wir in ein Restaurant gingen und etwas warten mußten. Oder wenn wir bei einer Besichtigung zwischen mehreren Menschen standen. Und auch, als einmal fünf Kinder aus verschiedenen Familien für wenige Tage auf unseren Bauernhof kamen und gleichzeitig mit Daniel und Julia auf den Strohwagen kletterten und bei seinen Spielen dabeisein wollten. Dann wußten wir, daß Daniel noch nicht alle Hürden zum friedlichen Miteinanderleben genommen hatte. Wir bemühten uns darum, solchen Situationen, in denen Daniel noch überfordert war, aus dem Weg zu gehen. Wir waren sicher, daß er es irgendwann lernen würde, auch in ihnen zu bestehen und die Ruhe zu wahren.

Die letzten Ferienwochen verbrachte Daniel fast ausschließlich auf einem betreuten Abenteuerspielplatz in unserer Stadt. Ich brachte ihn am Vormittag zusammen mit seiner Schwester hin. Daniel war schon oft für ein, zwei Stunden dort gewesen und fühlte sich wohl und sicher. Die Betreuer mochte er gern und hatte Vertrauen in sie. Im Laufe des Tages schaute ich einmal vorbei, um zu sehen, ob Daniel heim wollte, und kam noch einmal am Abend, um die beiden endgültig nach Hause zu holen. Daniel war anerkannt, unterhielt sich mit anderen, spielte, baute und machte bei den verschiedenen Tätigkeiten, die anfielen, mit. Er benahm sich in diesem betreuten Freiraum wie alle anderen Kinder und unterschied sich in nichts von ihnen. Die Schwierigkeiten, die er noch hatte, fielen hier nicht auf. Doch wir wissen um sie und behalten sie im Auge. Daniel wird auch sie noch überwinden oder zumindest lernen, mit ihnen umzugehen. Dabei wird ihm jeder helfen, der ihm bei einem Fehlverhalten Verständnis und Geduld entgegenbringt und ihm zeigt, daß er ihn mag.

Daniel freut sich sehr auf die Schule. Wir sind gespannt, wie es ihm dort ergehen wird. Ich wünsche ihm, daß er bald im normalen Klassenverband bestehen kann und dabei das Interessante und Besondere behält, das untrennbar zu dem Daniel gehört, den wir so gern haben.

Literaturverzeichnis

Grundlegende Literatur

Ayres, A. Jean, Bausteine der kindlichen Entwicklung. Die Bedeutung der Integration der Sinne für die Entwicklung des Kindes. Springer-Verlag, Berlin – Heidelberg – New York – Tokyo 1984.

Bötsch, Silvia, Zottel, Bilderbuch zur Frühförderung. Zu beziehen über Ricke-Verlag GmbH, Pellergasse 47, Nürnberg 50, Tel. 0911/830101, Fax 0911/8325360. Unbedingt dazu die Handreichung bestellen.

Brand, Ingelid, Breitenbach, Erwin, Maisel, Vera, Erziehung und Förderung in den schulvorbereitenden Einrichtungen für behinderte Kinder. Edition Bentheim, Ohmstr. 7, 97076 Würzburg.

Holle, Britta, Die motorische und perzeptuelle Entwicklung des Kindes. Ein praktisches Lehrbuch für die Arbeit mit normalen und retardierten Kindern. Psychologie Verlags Union München – Weinheim 1988.

Kiphard, Ernst J., Unser Kind ist ungeschickt: Hilfen für das bewegungsauffällige Kind. Ernst Reinhard Verlag, München – Basel, in der Reihe „Kinder sind Kinder", 1984, 2. erw. Aufl.

Meier, Christina, Richle, Judith. Sinnvoll und alltäglich. Materialiensammlung für Kinder mit Wahrnehmungsstörungen. Reihe praxis ergotherapie, verlag modernes lernen, Dortmund 1995.

Mertens, Christa, Körperwahrnehmung und Körpergeschick, verlag modernes lernen, Dortmund 1986.

Schaefgen, Rega, Sensorische Integration. Eine Elterninformation. Direktbezug über: pro praxis, Malsleben 5, 29468 Bergen.

Weitere Literatur

Affolter, Felicie D., Wahrnehmung, Wirklichkeit und Sprache, Neckar Verlag, Villingen, o. J.

Albrecht, Patricia, Diagnose und Therapie von Wahrnehmungsstörungen nach Jean Ayres. verlag modernes lernen, Dortmund 1977.

Augustin, Anneliese, Beschäftigungstherapie bei Wahrnehmungsstörungen. verlag modernes lernen, Dortmund 1983.

Ayres, Jean, Lernstörungen, Sensorisch-integrative Dysfunktion. Springer-Verlag Berlin – Heidelberg – New York 1979.

Brand, Ingelid, Kreatives Spielen. Entwicklungsförderung mit dem Pertra-Spielsatz. verlag modernes lernen, Dortmund 1988.

Calatin, Anne, Kursbuch Eltern: Das hyperaktive Kind, Ursachen, Erscheinungsformen und Behandlung. Heyne, München 1992.

Eggert, Dietrich (Hrsg.), Psychomotorisches Training. Beltz Verlag, Weinheim und Basel 1975.

Ehrlich, P., Heimann K., Bewegungsspiele mit dem Pedalo, Ein Praxishandbuch für Spiel, Sport und Therapie. verlag modernes lernen, Dortmund 1986.

Gaddes, William, Lernstörungen und Hirnfunktionen. Springer Verlag, Berlin 1991.

Hügel, Werner, Entwicklung und Behinderung des Körperschemas. Ein Therapieansatz aus ergotherapeutischer Sicht. verlag modernes lernen, Dortmund 1986.

Kiphard, Ernst J., Mototherapie Teil 1. verlag modernes lernen, 2. Auflage, Dortmund 1986.

Kiphard, Ernst J., Mototherapie Teil 2. verlag modernes lernen, Dortmund 1983.

Kiphard, Ernst J., Psychomotorik in Praxis und Theorie. Flöttmann Verlag, Gütersloh 1989.

Liedloff, Jean, Auf der Suche nach dem verlorenen Glück. Verlag C.H. Beck, München 1983.

Miller, Alice, Am Anfang war Erziehung. Suhrkamp Verlag, Frankfurt am Main 1980.

Pauli, Sabine, Kisch, Andrea, Was ist los mit meinem Kind? Bewegungsauffälligkeiten bei Kindern. Ravensburger Buchverlag. Ravensburg 1992.

Prekop, Jirina, Der kleine Tyrann. Welchen Halt brauchen Kinder? Kösel-Verlag, München 1988.

Prekop, Jirina, Hättest du mich festgehalten ... Kösel-Verlag, 2. Auflage, München 1989.

Richter, Eberhard, Eltern, Kind und Neurose. Die Rolle des Kindes in der Familie. Rowohlt Verlag, Hamburg 1969.

Stöcklin-Meier, Susanne, Eins, zwei, drei, ritsche, ratsche, rei. Kinderspielverse zum Necken, Lachen, Hüpfen, Tanzen. Ravensburger Buchverlag, Otto Maier, 1987.

Tikkanen, Märta, Aifos heißt Sofia. Rowohlt Taschenbuch Verlag, Hamburg 1983.

Treeß, Helga, Treeß, Uwe, Möller, Manfred, Soziale Kommunikation und Integration. verlag modernes lernen, erschienen in der Buchreihe „Psychomotorische Entwicklungsförderung“, Dortmund 1990.

Welch, Martha G., Die haltende Umarmung. Ernst Reinhardt Verlag, München 1991.

Wölfel, Ursula, Achtundzwanzig Lachgeschichten. HOCH-Verlag, Stuttgart 1969.

Nützliche Adressen

Aktionskreis Psychomotorik
Kleiner Schratweg 32
32657 Lemgo
Tel. 05261/72321

Arbeitskreis Überaktives Kind e. V.
Beratungsstelle
Dieterichstr. 9
30159 Hannover
Tel. 0511/3632729

Beratungs- und Informationsstelle
für Linkshänder und umgeschulte
Linkshänder
Sendlinger Str. 17
80331 München
Tel. 089/268614

Berufsverband
der Heilpädagogen e. V.
Rudolf-Kinau Str. 1
24782 Büdelsdorf bei Rendsburg
Tel. 04331/31974

Brand, Ingelid (Sonderpädagogin,
veranstaltet Seminare auch für Eltern
zum Thema ganzheitliche Förderung)
Hans-Sachs-Str. 39
97204 Höchberg

Bundesarbeitsgemeinschaft
Teilleistungsstörungen
Frau Breuer
Postfach 450246
50877 Köln
Tel. 0221/4995998

Bundesverband
Rhythmische Erziehung
Küppelstr. 34
42857 Remscheid
Christine Gerock

Bundesverband Legasthenie e. V.
Königstr. 32
30175 Hannover
Tel. 0511/318738

Deutscher Berufsverband der
Motopäden/Mototherapeuten e. V.
Frau Dorothee Schäfer-Bier
Tannenkamp 5
49143 Bissendorf
Tel. 05402/4819

Deutscher Berufsverband für
Logopädie
Augustinusstr. 9d
50226 Frechen-Königsdorf
Tel. 02234/691153

Deutsche Gesellschaft für angewandte
Kinesiologie
Dietenbachstr. 22
79199 Kirchzarten
Tel. 07661/980756

Deutsche Gesellschaft für
Sprachheilpädagogik
Leonberger Ring 1
12349 Berlin

Deutscher Verband der
Ergotherapeuten (Beschäftigungs- und Arbeitstherapeuten) e. V.
Postfach 2208
76303 Karlsbad-Ittersbach
Tel. 07248/6328
Fax 07248/8913

Firma edacta
(psychomotorisches Übungsgerät, Bücher und Lernmittel. Bei Anforderungen von Katalogen bitte Altersstufe und Problemkreis angeben.)
Norma Kern
Käswasserstr. 45
90562 Kalchreuth
Tel. 0911/5181581
Fax 0911/5181671

Firma Holz Hoerz
(pädagogische Holzspielwaren, Therapiemittel und -geräte, auch Seminare für Fachleute)
Lichtensteinstr. 50
72525 Münsingen
Tel. 07381/1569

Gesellschaft zur Förderung des Festhaltens als Lebensform und Therapie e.V.
Grießweg 5
88319 Aitrach
Tel. 07565/6374

Internationale Frostig Gesellschaft
Berner Str. 10
97084 Würzburg
Tel. 0931/661355

Kindernetzwerk e. V. (bietet weiterführende Adressen und Informationen bei unterschiedlichsten Erkrankungen und Behinderungen)
Hanauer Str. 15
63739 Aschaffenburg
Tel. 06021/12030
Fax 06021/12446

Klinik Hochried für Kinder und Jugendliche, Abteilung für Teilleistungsstörungen
Hochried 1–6
82418 Murnau
Tel. 08841/4740

Kuratorium für Therapeutisches Reiten e. V.
Freiherr-von-Langen-Str. 13
48321 Warendorf
Tel. 02581/636294

Spielen und lernen (Lehr- und Lernmittel für Gesunde und Behinderte jeden Alters; persönliche Beratung, kein Katalog)
Tucherstr. 4
90403 Nürnberg
Tel. 0911/241477

Sport Thieme (u... a. Lieferant für psychomotorisches Übungsgerät)
Postfach 320
38365 Grasleben
Tel. 05357/18181

Verein zur Förderung wahrnehmungsgestörter Kinder e.V.
Büdingerstr. 17
60435 Frankfurt am Main
Tel. 069/9543180

Adressen in Österreich

Aktionskreis Motopädagogik
Österreich
Geymüllergasse 4–6/5
A-1180 Wien

Österreichischer Bundesverband
Legasthenie
Rosentalgasse 13/11
A-1140 Wien

Verband der diplomierten
Ergotherapeuten Österreichs
Sperrgasse 8–10
A-1150 Wien
Tel. 0222/8929380

Verband der diplomierten
Physiotherapeuten Österreichs
Giesserstr. 6/7
A-1090 Wien

Adressen in der Schweiz

Breitenmoser-Staub, Marianna
(Bewegungspädagogin)
Vorderbergstr. 17
CH-4104 Oberwil/BL
Tel. 061/4012578

Kuntz, Stephan (Dozent für
Bewegungserziehung, der die
Motopädagogik in der Schweiz
fördert)
Promenadenstr. 47
CH-071/422865

Schweizerische Vereinigung für
Heilpädagogisches Reiten und
Voltigieren
Postfach 124
CH-8320 Fehraltdorf

Verband Schweizerischer
Ergotherapeuten
Stauffacherstr. 96
CH-8026 Zürich

Verband der Schweizer
Physiotherapeuten
Oberstadt 11
CH-6204 Sempach-Stadt

Bitte allen schriftlichen Anfragen einen frankierten und adressierten Briefumschlag beifügen.